사일런트 리더십

리더가 반드시 알아야 할 신체 언어

The Silent Language of Leaders

사일런트 리더십

리더가 반드시 알아야 할 신체 언어

The Silent Language of Leaders

발 행 일	2012년 5월 21일 초판 1쇄 발행
	2012년 10월 12일 초판 4쇄 발행
저 자	캐롤 킨제이 고먼
역 자	설 혜 란
발 행 인	이 호 욱
발 행 처	한국표준협회미디어
출판등록	2004년 12월 23일(제2009-26호)
주 소	서울시 금천구 가산디지털 1길 92 에이스하이엔드 3차 1107호
전 화	02-2624-0362
팩 스	02-2624-0369
홈페이지	http://www.ksamedia.co.kr

ISBN 978-89-92264-43-3 03320
값 13,000원

사일런트 리더십

리더가 반드시 알아야 할 신체 언어

The Silent
Language of Leaders

캐롤 킨제이 고먼 지음 / 설혜란 옮김

KSAM 한국표준협회미디어

차 례

＊본문 중의 각주 번호는 참고 문헌 순서입니다.

머리말 • 8

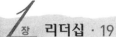

1장 리더십 · 19

리더의 신체 언어는 타인에게 어떻게 비치는가 • 20
세 가지 뇌 • 21
신체 언어 인식 방법 • 25
관찰자의 시각 • 26
개인적 매력 • 27
신체 언어를 읽을 때 주로 하는 실수 • 32
언행 불일치 • 37
위대한 리더의 신체 언어 • 39

2장 협상 · 41

신체 언어 올바로 읽고 활용하기 • 42
신체 언어를 읽는 네 가지 요령 • 45
내 편인가, 아닌가 • 49
무관심을 관심으로 돌리는 방법 • 58
상대방이 허풍을 떠는 것은 아닐까 • 59
협상자들이 알아야 할 신체 언어 지침 • 62

3장 변화 유도 · 71

변화 관리의 성공 열쇠 : 비언어적 소통의 효과적 활용 • 72
변화에 대한 뇌의 반응 • 73
신체와 정신의 연관 관계 • 77
변화 발표 • 82
사람들은 무엇을 원하는가 • 93
공감의 힘 • 95

4장 협력 · 97

포용을 의미하는 신체 언어 • 98
언제, 어디서나 필요한 협력 • 99
인간은 사회적 동물 • 102
포용의 신체 언어를 위한 6가지 비결 • 106
말하는 방법의 중요성 • 112
공간의 활용 • 114
성공 의상 코드 • 123
사무실이 전달하는 메시지 • 125
협력으로 이어지는 친밀감 • 127

5장 가상 커뮤니케이션과 1:1 커뮤니케이션 · 129

효과적인 비즈니스 커뮤니케이션이란 무엇인가 · 130
비즈니스의 최대 공헌자, 기술 · 131
컨퍼런스 콜의 6가지 성공 비법 · 137
비디오 컨퍼런스의 성공 비법 · 139
기술 발전이 몰고 온 커뮤니케이션 선택권의 다양성 · 140
1:1 대화의 장점 · 144

6장 남과 여 · 151

리더의 성별이 신체 언어에 끼치는 영향 · 152
성별의 신경 과학 · 153
여성 리더가 적은 이유 · 156
성별에 의한 비언어적 커뮤니케이션의 13가지 차이 · 158
여성과 남성의 리더십 스타일 · 162
여성과 남성 리더의 신체 언어 · 163
남성과 여성 리더의 신체 언어에 대한 조언 · 167
화성에서 온 남자, 금성에서 온 여자 · 173

7장 글로벌 팀과의 협업 · 175

다문화 세계에서의 효과적 신체 언어 · 176
다양한 문화 · 177
문화 간 통용되는 신체 언어 · 185
기억해야 할 점 · 189

8장 국제적으로 통용되는 신체 언어 · 191

전문가 12명의 조언 • 192
인사법 • 196
명함 건네기 • 200
시간 개념 • 202
거리 개념과 신체 접촉 • 206
눈 맞춤 • 209
자리 배치 • 211
감정 표현 • 215
여성 임원 • 218
마지막 조언 • 220

9장 리더십의 비언어적 미래 · 227

차세대 신기술 • 228
신세대가 가져 온 변화 • 229
Y세대의 등장 • 231
Y세대와 비주얼 기술의 미래 • 231
미래의 리더십 • 237
신체 언어의 미래에 대한 예측 • 238

저자 후기 • 242
역자 후기 • 243
참고 문헌 • 244
찾아보기 • 254

머리말

리더십과 신체 언어body language의 관계

리더십은 커뮤니케이션에 관한 것이라고 해도 지나치지 않다. 여러분도 그 사실에 대해서는 이미 알고 있을 것이다. 따라서 중요한 회의를 앞두고 상대방에게 신뢰와 확신을 심어 주기 위해 무엇을 말할 것인가, 기억해야 할 핵심 포인트는 무엇인가에 대해 고심하면서 프레젠테이션을 연습할 것이다.

그렇다면 여러분은 알고 있는가? 처음 만난 지 7초 만에 신뢰가 가는 사람인지, 호감이 가는 사람인지, 자신감에 차 있는지 등이 간파된다는 사실, 또 그동안 열심히 준비해 온 말을 시작하기도 전에 여러분에 대한 평가는 이미 내려졌다는 사실, 그리고 상대방과의 거리, 몸짓, 자세, 얼굴 표정, 시선 등이 여러분이 전달하고자 하는 메시지와 상반된다는 사실을.

만약 여러분의 말과 신체 언어가 정반대의 메시지를 전달한다면 상대방은 여러분의 말보다는 신체 언어를 믿어 버리게 되는데, 이것이 가장 중대한 문제이다. 따라서 만약 여러분이 어떤 중요한 회의에서 말은 제대로 잘했지만 행동을 잘못했다면 아마도 그 회의 결과는 실망스러울 것이다. 또 회의를 망쳤음에도 불구하고 그 이유조차 파악하지 못하는 일이 일어날 수도 있다.

뿐만 아니라, 리더십이란 긍정적 관계를 수립하고 유지하는 것에 관한 것이라고 해도 과언이 아니며, 여러분도 그 사실에 대해 이미 알고 있을 것이다. 바로 그러한 이유 때문에 주요 고객을 직접 만나러 가기도 하고, 동료에 대해서 자세히 알기 위해 함께 시간을 보내기도 하며, 현장 직원들과의 관계를 돈독하게 하기 위해 '현장 회의'도 마다하지 않는 것이다.

그러나 타인과 원활한 관계를 맺기 위해서는 상대방의 신체 언어를 정확히 읽어내고 이에 대응하는 능력이 필수적이다. 만약 고객, 윗사람 또는 동료 직원들과의 중요한 비언어적 신호를 잘못 이해하거나 무시한다면, 그동안 쌓아 온 우호적 관계가 '모래 위의 성'이 될 수도 있다. 그럴 경우 여러분은 그 정확한 이유를 파악하지 못한 채 무언가 대책을 세우려 할 것이다.

바로 그때가 여러분이 필자를 찾는 순간이다.

필자는 돈을 받고 리더들을 '스토킹'한다. 고객 중 한 분이 우스갯소리로 '스토커'라는 별명을 붙인 후부터 이 말을 쓰고는 있지만, 엄밀히 말하면 스토킹은 아니다.

필자는 전문 커뮤니케이터이자 11권의 경영서를 저술했으며, 국제 기조 연설가로도 활동하고 있다. 강연을 하지 않을 때면 타인과의 관계를 돈독히 수립하여 그들에게 영향력을 효과적으로 행사하기를 원하는 관리자, 팀장, 임원, 기업가 등을 코칭한다.

필자는 리더들의 일거수일투족을 스토킹한다. 자세히 말하면, 리더들을 '그림자'처럼 따라다니며 회의를 어떻게 주재하는지, 비공식석상에서 아랫사람들을 어떻게 대하는지, 고객에게는 어떠한 모습으로 컨설팅하는지, 비즈니스 계약 협상은 어떻게 하는지, 공식석상에서의 프레젠테이션은 어떻게 하는지 등을 꼼꼼히 확인한다.

핵심은 신체 언어!

신체 언어, 즉 보디 랭귀지는 시간, 공간, 외모, 자세, 몸짓, 음성 운율, 감촉, 냄새, 얼굴 표정, 눈 맞춤 등의 총 집합체라고 해도 과언이 아니다. 최근에 실시된 신경 과학 및 심리학 연구 조사에서 리더십의 가장 효과적인 방법이 신체 언어라고 밝힌 바 있다.

이 책은 리더의 협상, 변화 관리, 신뢰 구축, 프로젝트 카리스마, 협력 유도의 능력 등에 신체 언어가 끼치는 영향에 대해서 심도 있게 다룰 것이다. 사실 필자가 신체 언어에 관심을 갖기 시작한 것은 강연이나 코칭을 직업으로 삼기 훨씬 전부터이다.

과거에 필자가 심리 치료사로 일한 적이 있는데, 심리 치료사 교육 과정을 수강할 당시, 비언어적 신호를 주의 깊게 살피라고 배웠다. 그때 신체 언어가 말하고자 하는 바를 강조할 수도, 약화시킬 수도, 심지어는 정반대의 의미를 전달할 수도 있음을 깨닫게 되었다. 필자의 사무실에 들어올 때 사람들은 심리 상태에 따라 다양한 모습을 보인다. 즉, 마음이 편할 때와 걱정이 있거나 확신이 없을 때 보이는 몸짓과 자세는 현격히 다르다.

뿐만 아니라, 사람들의 신체 언어가 전달하는 의미가 말로 전달하는 의미와 정반대인 경우도 많이 보았다. 또 신체 언어를 통해 무의식적으로 보여 주는 의미가 말로 전달하는 의미만큼, 또는 그 이상으로 신뢰할 수도 있다는 사실도 알았다. 그 이후, 사람들의 신체 언어를 주의 깊게 살피게 되었고, 이를 활용하여 사람들의 내적 갈등을 극복하도록 도와주거나 동기를 부여하여 변화를 유도할 수 있게 되었다.

필자가 리더십 코칭을 처음 시작할 때, 많은 리더들이 비언어적 커뮤니케이션에 대해 무지한 것을 발견하고는 깜짝 놀랐다. 지난 20년간 신체 언어가 리더십에 끼치는 영향에 대해 연구해 왔고 그 성과에 대해 경이로움을 금치 못했다. 비언어적 신호들이 리더의 성공과 실패를 좌우한다는 것을 내 눈으로 직접 목격했을 뿐만 아니라, 대다수 리더들이 비언어적 신호에 대해 무지하다는 점도 실감하였다.

리더들은 자신의 신체 언어가 타인들에게 끼치는 영향이 어떠한지, 또한 업무상 만나게 되는 고객과 아랫사람들에게 어떠한 비언어적 신호를 보내고 있는지를 인식하지 못하고 있었다. 인간의 뇌는 비언어적 신호들을 읽어 내고 그에 반응할 수 있도록 되어 있지만, 대부분의 리더들은 그 프로세스를 알지 못하기 때문에 제대로 활용하지 못하고 있다.

때는 바로 지금!

비언어적 지능nonverbal intelligence을 알아야 할 때가 바로 지금이다. 사실 지금 이 순간보다 더 좋은 때가 있을 수 있겠는가. 신체 언어 스킬을 리더의 우선 과제로 삼기 위해서는 ⑴ 시각적 기술 혁신visual technology revolution, ⑵ 신체 언어와 리더십 성과 간의 직접적 연관을 증명해 주는 과학적 연구, ⑶ 글로벌 인력과 이루어지는 문화 간 커뮤니케이션의 중요성, 이 세 가지 요소들을 효과적으로 활용해야 한다.

시각적 기술 혁신

미소를 지으라 – 이 순간 누군가가 당신의 모습을 카메라에 담고 있을지도 모른다. 동영상 카메라가 장착된 휴대폰, 이미지를 업로딩할 수 있는 소셜 미디어 등, 우리는 시각적 기술의 혁신에서 빠져나갈 수 없다. 여러분이 지금 목격하고 있는 시각적 기술 혁신이 전 세계 기업들에 끼치는 영향력은 빙산의 일각에 불과하다.

예를 들어 시스코 시스템즈Cisco Systems의 텔레프레전스TelePresence는 직장에서 놀라운 변화를 이끌어 내는 최첨단 제품 중 하나일 뿐이다. 텔레프레전스는 차세대 비디오 컨퍼런싱 기술로서 여러 곳에 흩어져 있는 사람들을 마치 직접 대면하는 것처럼 느끼게 해 준다. 어디서나 고화질 비디오와 실시간 오디오 스트리밍이 가능하여 거리감을 전혀 느끼지 않고 직접 만나는 것과 같다.

이렇듯 놀라운 기술 발전으로 인해 기업, 근로자, 고객들은 예전과는 완전히 다른 커뮤니케이션 방법을 경험하게 될 것이다. 멀티미디어 애플리케이션의 통합이 박차를 가하고 있고 그 활용도 대폭 증가하게 되면서, 장소와 기기에 상관없이 이들 애플리케이션에 접근할 수 있게 해 달라는 사용자들의 요구 또한 증가할 것이다. 음성과 데이터의 활용이 언제 어디서나 기기와 상관없이 활용되고 있는 것처럼. 앞으로는 시스코의 텔레프레전스의 사용이 오늘날 전화를 거는 것만큼이나 쉬워지고 보편화될 것이다.

과학, 리더십 그리고 신체 언어

MIT 미디어 랩Media Lab이 실시한 연구 조사는, '파악하기 쉽지 않은 비언어적 신호들이 비즈니스 거래가 어떠한 상황인지를 알려 주는 강력한 도구'라고 밝힌 바 있다.[1] 예를 들어 무의식적 요소들에 의해 협상의 승패 여부가 결정된다. 협상 당사자들의 몸짓, 자세, 목소리 톤 등 다양한 무의식적 요소들이 거래의 상당 부분에 영향을 끼친다는 것이다.

협상 당사자 간에 이루어지는 무의식적, 사회적 신호의 패턴을 모니터링하고 분석하는 기기Sociometers를 사용함으로써, 대화의 내용은 알지 못하더라도 연구자들은 대화를 시작한 지 단 2분 만에 협상, 비즈니스 계획 프레젠테이션, 구직 인터뷰의 결과를 예측해 낼 수 있다는 것이다.

그렇지만 신체 언어를 가장 정확하게 읽어 낼 수 있는 것은 기능적 자기 공명 이미징functional magnetic resonance imaging(fMRI)과 신경 과학을 활용하는 방법이다. MRI는 전파와 강력한 자기장을 활용하여 신체의 장기 및 조직을 정확하게 파악할 수 있도록 하는 기기이며, fMRI는 신경 과학 기술을 뇌의 각 부분을 파악하는 데 적용시킨 기기이다. fMRI를 활용하여 뇌의 어느 부분에서 혈관이 팽창하고 화학적 변화가 일어나며 산소 공급량이 늘어나는지 등을 알아낼 수 있다.

fMRI는 혁신적 기술로 뇌에 대한 연구를 활성화하는 데 기여했으며,

이를 통해 비언어적 커뮤니케이션에 대한 신뢰 또한 강화시키는 성과를 이루어 냈다. 예를 들어 듀크 대학이 실시한 연구 결과를 살펴보자. 이 연구는 미소 짓는 사람은 호감도가 높고 기억이 더 잘 되는 이유를 증명했다. 듀크 연구팀은 fMRI를 활용하여 실험자가 미소 짓는 사람들의 이름을 알게 되고 기억할 때 안와 전두 대뇌 피질orbitofrontal cortice이 활성화되는 것을 보여 주었다.[2]

글로벌 인력

신체 언어가 까다로운 것은 신체 언어에 적절하게 응대하는 방법을 잘 모른다는 점이다. 구부정하게 서 있다거나 눈길을 피한다거나(또는 의식적으로 쳐다본다거나), 너무 가까이 서 있음으로써 부정적 인식을 초래할 수 있다. 타인에 대해 판단을 하는 이유와 그 방법에 대해 무지하기 때문에, 타인에 대한 편견을 사전에 여과시키는 것이 불가능하다. 이러한 문제가 극명하게 나타나는 것은 다양한 문화의 사람들을 접할 경우에 직면하게 되는 비언어적 커뮤니케이션에 대응할 때이다.

이 문제에 대해서는 나중에 다시 자세하게 언급하겠지만, 지금 한 가지 반드시 기억해 두어야 할 것은 리더의 성공은 다민족 인력을 효과적으로 이끌어 비즈니스 성과를 낼 수 있느냐에 달려 있다는 점이다. 그 이유는 단지 글로벌팀과 일해야 할 기회가 늘어나기 때문만은 아닐 것이다. 이제는 국내에서도 인종적, 문화적으로 다양한 인력들을 일상에서 만날 기회가 늘어나고 있기 때문이다. 다문화의 신체 언어의 유사점과 차이점을 이해하고, 이에 적절하게 대응하는 것이 리더로서 성공할 수 있는 지름길이다.

본문 내용 소개

여러분이 이 책을 선택한 이유는 비언어 커뮤니케이션이 리더의 성공에 필수적이라는 점을 인식했거나 혹은 그렇지 않을까를 생각했기 때문일 것이다. 또 필자가 이 책을 집필한 이유도 여러분과 같은 유능한 리더들에게 '비언어적 경쟁력'을 배양해 주는 데 있다. 이 책은 신체 언어에 관한 다른 책들과는 다르다. 이 책은 여러분이 리더로서 매일 접하게되는 상황을 직접 다루어, 보다 효과적인 커뮤니케이터와 러더가 되기위해서 이들 상황을 타개할 수 있는 실질적인 전략과 통찰력을 제공할것이기 때문이다.

이 책은 실제 활용이 가능한 핵심적 리더십 전략을 흥미롭게 소개한다. 독자 여러분은 이 책을 통해 실생활에서 접할 수 있는 리더십의 실례들은 물론, 여러 업무 현장에서 신체 언어를 효과적으로 활용할 수 있는 다양한 조언을 얻을 수 있을 것이다. 뿐만 아니라, 이들 조언을 뒷받침해 줄 최근의 과학 연구 결과들도 소개한다.

'*1장 – 리더십*'에서는 리더십을 성공으로 이끌 수 있는 신체 언어의중요성을 개략적으로 살펴봄으로써, 이 책에서 다룰 내용을 큰 틀에서설명한다. 1장에서는 리더의 '개인적 매력curb appeal(첫인상)'에 대해서다룰 것이다. 또 개인적 매력뿐만 아니라, 리더십에서 가장 중요한 역할을 하는 비언어적 신호, 당신에 대한 타인의 오해, 효과적 신체 언어의 평가자는 자신이 아니라 상대방인 이유에 대해 다룬다.

이 책의 개괄적 내용을 소개하는 1장 이후에 2~4장에서는 리더십의 핵심적 요소인 신체 언어의 힘과 그 힘을 활용할 수 있는 효과적 방안에 대해 중점적으로 다룰 것이다. 각 장에서는 타인들의 비언어적 신호를 어떻게 읽을 것인가에 대해 설명하고, 최대의 효과를 얻기 위해 여러분 자신의 신체 언어를 어떻게 조정할 것인지 그 전략에 대해 초점을 맞추어 설명할 것이다.

*'2장 - 협상'*에서는 협상에 대비하여 갖추어야 할 비언어적 지능에 대해서 다룰 것이다. 즉, 협상 상대방의 신체 언어를 읽어 내는 요령, 7초 내에 긍정적 인상을 심어 주는 방법, 협상에서 우위를 되찾기 위한 단서를 적극적으로 활용할 수 있는 방법, 신체 언어를 통해 솔직함과 거짓을 구별해 낼 수 있는 방법 등에 대해 설명한다.

*'3장 - 변화 유도'*에서는 신체 언어를 활용하여 조직 변화에 대한 저항을 최소화하고 직원들의 적극적 참여를 유도해 낼 수 있는 방법에 대해 살펴볼 것이다. 이 장에서는 변화를 공식적으로 어떻게 발표할 것인가에 대한 가이드라인을 제시하고 감정의 효과(감정 전이, 감정 몰입, 감정 억압 등)에 대해서 살펴보는 것은 물론, 감정을 숨기는 것이 어려운 이유에 대해 다루고, '카리스마가 있는 척 상대방을 속일 수 있는가?' 라는 흥미로운 질문을 던지고 그에 대해 답을 제시한다.

*'4장 - 협력'*에서는 동기를 부여하고 협력을 이끌어 낼 수 있는 신체 언어에 대해서 살펴보고, 모든 팀원들이 스스로를 '가치 있는 사람'이라고 느낄 수 있도록 하는 '거울 효과mirroring'와 눈 맞춤의 중요성

을 중점적으로 다룰 것이다. 준언어학paralinguistics(어떻게 말할 것인가)이 중요한 이유는 무엇인가, 회의할 때 자리 배치가 중요한 이유는 무엇인가, 리더의 사무실 분위기가 협력에 끼치는 영향은 무엇인가 등에 대해 자세하게 설명한다.

'5장 – 가상 공간 커뮤니케이션과 1:1 커뮤니케이션'에서는 디지털 시대에서의 신체 언어는 어떠한 의미를 가지고 있는지에 대해 뇌 연구 결과를 토대로 설명할 것이다. 이 장에서는 가상 환경에서의 비언어적 커뮤니케이션, 1:1 회의의 이점, 직접 대하는 것보다 비디오 컨퍼런스에서 효과가 큰 신체 언어 신호 등에 대해 설명한다.

'6장 – 남과 여'에서는 성별 간의 차이점과 이들 차이점이 남성과 여성 리더의 리더십에 끼치는 영향에 대해서 다룬다. 이 장에서는 성별 간 신체 언어의 강점과 약점을 구체적으로 살펴보고, 보다 효과적인 커뮤니케이션을 위해 주의하여야 할 사항에 대해서 알아본다.

'7장 – 글로벌 팀과의 협업'에서는 보편적으로 통용되는 신체 언어와 문화 간에 차이가 있는 신체 언어에 대해서 설명할 것이다. 한 문화에서는 별 무리 없이 효과를 내는 신체 언어가 다른 문화에서는 비효과적이거나 심지어 거부감을 느끼게 하는 이유에 대해서 살펴본다. 이 장에서는 여러 문화 출신의 신체 언어 전문가들을 초빙하여 비언어 커뮤니케이션의 영향에 대한 의견을 물어 보았으며, 이는 최초의 시도라 할 수 있다.

'8장 – 국제적으로 통용되는 신체 언어'는 국제적 시각에서 쓰여졌다. 이 장에서는 12명의 글로벌 커뮤니케이터 전문가들이 그들을 방문한 임원들에게 다문화적 차원의 비언어를 비즈니스에 효과적으로 적용할 수 있는 방법에 대해 조언한다.

'9장 – 리더십의 비언어적 미래' 에서는 차세대 근로자들의 가치와 기대치, 커뮤니케이션 기술의 발전, 리더십의 신모델에 대해서 살펴본다. 또한 이들 요소를 모두 아울러서 신체 언어 스킬을 미래 리더십의 핵심으로 만들 방안을 전망해 본다.

최고의 리더십을 향하여

필자는 종종 실적이 저조한 리더들을 코칭하기도 하지만, 대부분의 경우에는 이미 최고의 실적을 올리고 있는 실력이 쟁쟁한 리더들을 코칭한다. 유능하고 명석하며 적극적인 리더들과 함께 연구하고 그들의 훌륭한 리더십 성과를 지켜보는 것은 참으로 유쾌한 일이다.

신체 언어는 적절하게만 활용된다면 여러분의 성공을 보증하는 열쇠가 될 것이다. 이는 긍정적인 비즈니스 관계를 수립해 주는 것은 물론 아랫사람들에게도 긍정적 영향을 끼쳐 동기를 부여할 수 있고, 생산성을 향상시키며 팀원들과의 유대 관계를 돈독하게 한다. 뿐만 아니라, 자신의 생각을 효과적으로 다른 사람들에게 전달할 수 있으며, 다문화 환경에서 업무를 효과적으로 수행할 수 있고, 강렬한 카리스마를 발휘할 수 있도록 도와 준다.

효과적인 신체 언어야말로 위대한 리더들을 성공으로 이끌어 주는 '비밀 병기'이다. 이제 여러분이 그 비밀 병기를 사용할 차례이다. 여러분 모두에게 행운이 함께 하시길…

1장

리더십

리더의 신체 언어는 타인에게 어떻게 비치는가

세 가지 뇌

신체 언어 인식 방법

관찰자의 시각

개인적 매력

신체 언어를 읽을 때 주로 하는 실수

언행 불일치

위대한 리더의 신체 언어

1장 리더십

리더의 신체 언어는 타인에게 어떻게 비치는가

《포춘Fortune》 500대 기업'의 어떤 수석 부사장이 뉴욕의 리더십 컨퍼런스에서 연설한 적이 있다. 그는 기업의 '전쟁 스토리'라는 강렬한 주제를 선택하여, 재미있는 유머까지 곁들여 가며 매우 흡입력 있는 강연을 했다. 청중들은 그의 강연에 만족을 넘어 열광할 정도였다.

그런데 그가 강연을 마무리하면서 팔짱을 끼며, "어떤 질문이든지 환영합니다. 무엇이든지 궁금한 것이 있으면 질문하십시오."라고 말했다. 그때 강연장에는 이상한 기운이 감돌았다. 확신에서 불확신으로의 변화라고나 할까. 잠시 전까지만 해도 열광하던 청중이 갑자기 질문에 대해 생각조차 할 수 없는 것처럼 보였다.

필자는 강연장에서 모든 것을 목격할 수 있었다. 필자도 그 컨퍼런스에서 강연을 할 예정이었기 때문에 무대 위에 준비된 의자에 앉아 있었고 청중들의 반응을 낱낱이 살필 수 있었다. 그의 몸짓 하나하나에 청중이 어떠한 반응을 보였는지를 정확히 목격했다. 그 강연이 끝나고 어느 정도 시간이 흐른 뒤 필자는 연사(그는 자신이 팔짱을 꼈다는 사실을 전혀 인식하지 못했다)와 청중(청중 가운데 그 누구도 연사가 팔짱을 꼈다는 사실을 기억하지는 못했지만, 질문을 생각해 내기가 힘들었다는 사실은 기억해 냈다)들을 인터뷰할 기회가 있었다.

그렇다면 무슨 일이 일어났다는 말인가. 강연회 참석자들이 인식하지도 못한 단순한 동작 하나가 어떻게 그렇게 엄청난 결과를 초래할 수 있었을까. 이 장에서는 (1) 인간의 뇌는 언어적, 비언어적 커뮤니케이션을 어떻게 처리하는가, (2) 원시 시대의 신체 언어가 어떻게 예측된 반응을 이끌어 내는가의 두 가지 이론을 설명하면서 그에 대한 해답을 유추해 낼 것이다.

머리말에서도 이미 언급했듯이, 1장에서는 리더십 성공에 끼치는 신체 언어의 중요성을 개괄적으로 살펴볼 것이다. 즉, 효과적인 신체 언어의 열쇠는 보는 이의 시각에 달려 있다. 이를 통해 여러분만의 개인적 '첫인상'을 평가할 수 있다. 이 장에서는 아랫사람들이 리더에게 찾고자 하는 두 가지 비언어적 신호들을 소개하고, 신체 언어에 대해 타인들이 오해할 수 있는 보편적 경우에 대해서 살펴본다.

세 가지 뇌

뇌 과학이 최근 몇 년간 놀라운 속도로 발전했음에도 불구하고, 뇌 구조의 다양한 기능은 여전히 논란의 대상이 되고 있다. 따라서 지나치게 단순하게 들릴 수도 있겠지만, 원시적인 파충류 뇌ancient reptilian brain, 대뇌 피질 뇌cortical brain, 변연계 뇌limbic brain의 세 부분으로 나누는 것이 뇌의 기능을 이해하는 데 도움이 될 것이다.

뇌의 세 가지 기능 중에서 가장 원시적 기능인 파충류 뇌는 뇌간brain stem과 소뇌cerebellum로 구성되어 있다. 파충류 뇌는 심장 박동, 호흡, 체온, 균형 등과 같은 생체 기능을 통제하며, 육체적 생존과 깊은 관련이 있기 때문에 생식과 사회적 우위 점유, 영역 확보 및 방어 등에 중요한 역할을 한다. 따라서 파충류 뇌에 따른 행동은 본능적이고 반사적이며 변화에 매우 저항적이다.

대뇌 피질 뇌(두 개의 큰 대뇌 반구로 구성되어 있다)는 뇌 부분 중 가장 늦게 발전된 것으로 의식적 사고를 담당한다. 전전두엽prefrontal cortex은 대뇌 피질 뇌의 '사령부executive' 역할을 수행하는데, 언어, 분석과 전략을 담당한다. 생각을 정리하거나 목표 또는 계획을 수립하거나 복잡한 문제를 해결할 때 대뇌 피질 뇌를 사용한다.

대뇌 피질 시스템에서 좌뇌 반구는 신체의 우측 부분을 통제하고, 우뇌 반구는 좌측 부분을 통제한다. 여기서 좌뇌는 주로 언어, 논리적 사고, 수학 등을, 우뇌는 공간 개념, 음악, 시각적 이미지, 얼굴 표정 인식 등을 통제하는 기능을 수행한다. 좌뇌와 우뇌는 뇌량corpus callosum이라고 하는 신경 섬유로 구성된 두꺼운 밴드를 통해 커뮤니케이션 한다.

변연계 뇌는 파충류 뇌와 대뇌 피질 뇌의 중간에 자리잡고 있다(위치상, 진화상 모두 중간 정도에 해당한다). 변연계 뇌에는 편도체amygdale, 해마hippocampus, 대상 회cingulated gyrus, 안와 전두 피질orbital frontal cortex, 뇌도insula가 포함된다. 변연계 뇌, 특히 편도체(해마 바로 앞쪽에 위치한 아몬드 모양의 기관)는 변연계 뇌의 입구 부분에 자리잡고 있으며 감정 관련 정보들을 받고 이에 반응한다. 한편, 편도체는 변연계 뇌의 '경보 장치'로서 모든 자극(신체적, 심리적 자극)에 대해 위험 여부를 결정한다. 또한 편도체는 감정적 반응의 강도에 비례하여 반응한다. 위험에 대한 반응은 보상(칭찬)에 대한 반응보다 빠르고 강하다.

사회적 관계보다 비즈니스 의사 결정에 보다 중요한 역할을 하는 것은 감정이다. 인간의 논리적 프로세스는 종종 감정적 결정을 합리화하기 위해 쓰이는 경우가 많다. 대부분의 감정적 결정이 의식적 사고 없이 이루어지기 때문에 변연계 뇌의 긴급성과 파워의 영향을 받는데, 사려 깊지 못하고 예고 없이 이루어지며 대부분의 경우 저항이 불가능하다. 변연계 뇌는 인간의 반응과 행동에 지대한 영향을 끼치는 가치 판단(신체 언어 신호에 대한 감정적 반응에 기초를 둔다)에 가장 큰 역할을 한다.

비언어적 커뮤니케이션과 신호 언어의 생성과 이해에 핵심적 역할을 하는 것도 변연계 뇌이다. 바로 그러한 이유 때문에 대다수의 신체 언어 신호들이 전 세계적으로 동일한 것이다. 예를 들어 어떤 사람이 친구를 발견하게 되면 곧바로 눈썹이 올라가고 눈은 커진다. 또 사람들은 좋지 않은 소식을 들으면 상체를 구부리고 머리를 숙인다. 어떤 컨퍼런스에서 추첨을 통해 경품을 받는 사람은 놀라움과 기쁨으로 목 뒤를 손으로 잡는다. 한편, 원치 않는 질문에 답을 해야만 하는 경우에는 입술을 꽉 다문다.

이렇게 비언어적 변연계 반응은 서울이든, 뉴욕이든, 상파울로이든, 런던이든, 홍콩이든 세계 어느 곳에서든지 동일하게 나타난다.

베를린에 소재한 신경과학센터the Center for Neuroscience의 존 딜런 헤인즈John Dylan Haynes와 그의 연구팀은 자기 공명 이미징(fMRI) 스캔을 활용하여, 실험 대상자들이 의사 결정을 인식하기 10초 전에 무엇을 할 것인지를 예측할 수 있음을 증명해 보였다. 이 연구는 예측 가

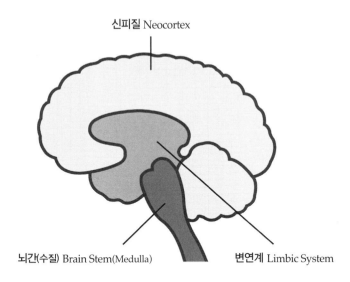

신피질 Neocortex

뇌간(수질) Brain Stem(Medulla)　　변연계 Limbic System

[삼위일체 뇌 The Triune Brain]

능한 무의식적 뇌 활동이 먼저 이루어지고, 의식적 경험이 뒤따른다는 것을 보여 주었다.[1]

　컨퍼런스 발표자의 경우, 비록 청중의 의식적 관심을 끄는 것은 그의 말이지만, 청중의 변연계 뇌에 은밀하지만 명확하게 의사를 전달하는 것은 그의 몸짓인 것이다. 발표자의 말과 행동이 모순되면 청중은 혼란스러워 하고 불안해 한다. 또한 우리 인간들은 상호 모순되는 언어적 메시지나 비언어적 메시지에 직면하게 되면 대부분의 경우 비언어적 메시지를 믿고 그에 반응한다. 그 이유는 무엇일까. 우리의 뇌는 그렇게 설계되어 있기' 때문이다.

신체 언어 인식
방법

인간은 비언어적 신호들을 찾아서 그것들의 의미를 재빠르게 이해하도록 유전적으로 설계되었다. 사람이 상황의 위험성을 순간적으로 인식해야만 죽음을 피할 수 있을 때 신체 언어의 1차적 커뮤니케이션의 토대가 된다. 물론 신체 언어의 대부분은 문화에 따라 결정된다(이에 대한 자세한 사항은 8장에서 다룰 것이다).

그러나 우리의 지식이 선천적이든(어린 시절에 이루어진), 후천적 학습에 의한 것이든, 성인이 되면 우리는 본능적으로 다른 사람의 신체적 언어를 읽고 이에 자동적으로 반응한다. 비록 그러한 신체 언어들이 현대적 상황에는 맞지 않는다고 하더라도 타인들의 신체 언어에 반응한다.

예를 들어 원시 시대에는 누군가 접근할 때 우리는 상대방의 손을 보고 그의 의도를 평가하는 것이 매우 중요하였다. 만약 상대방의 손이

신체 언어의 생물학

자부심과 수치심의 신체 언어에 대한 통찰력을 얻기 위해, 과학자들은 2004년 올림픽과 장애자 올림픽의 유도 경기에 참가한 운동 선수들의 행동을 연구했다. 알제리아를 비롯하여 한국, 우크라이나, 미국 등 30개국에서 선수들이 참가하였다. 《미국 국립과학원 회보Proceedings of the National Academy of Sciences》에 실린 보고서는 시각 장애자들과 정상인의 신체 언어가 동일한 패턴을 보여 준다고 발표하였다. 연구자들은 선천적 시각 장애자들은 자부심과 수치심의 행동 패턴이 타인들을 살펴봄으로써 학습할 수 없기 때문에 승리 또는 패배에 대한 신체 언어는 오랜 시간 동안 진화된 선천적·신체적 반응일 가능성이 높다고 결론지었다.[2]

보이지 않는다면 돌이나 방망이, 또는 다른 무기들을 가질 수 있다고 판단될 수 있다. 이와 마찬가지로, 오늘날 비즈니스 회의에서 특별한 이유가 있지 않는 한 상대방의 손이 보이지 않으면(주머니에 손을 넣거나 탁자 아래로 내리거나 또는 등 뒤에 숨기고 있으면), 우리는 본능적으로 상대방을 의심하기 시작한다.

관찰자의 시각

컨퍼런스 발표자의 경우로 다시 돌아가 보자. 그가 청중에게 입으로는 '솔직하라'고 떠들면서, '폐쇄적인' 몸짓을 취한 이유는 무엇일까?

거기에는 몇 가지 이유가 있을 것이다. 어쩌면 그렇게 팔짱을 끼고 서 있는 것이 편할 수도 있다. 또는 추워서 팔짱을 꼈을 수도 있다. 아니면 누군가의 질문에 대해 생각할 때 습관적으로 그러한 태도를 취할 수도 있다. 그것도 아니면 청중과 대화를 꺼리는 마음이 있기 때문에 그러한 태도를 취했을 수도 있다.

그러나 필자는 '왜' 그러한 태도를 취했는지에 대해서 그에게 묻지 않았다. 그것이 그렇게 중요하지 않기 때문이다. 정작 중요한 것은(적어도 코치로서) 여러분의 표정, 몸짓, 눈 맞춤, 공간 활용, 자세 등 비언어적 커뮤니케이션의 모든 측면을 타인들이 어떻게 이해하는가와, 그러한 이해들이 상대방의 행동에 어떠한 영향을 끼친다는 것이다.

청중은(그룹으로서) '무엇인가 적절치 못하다' 라는 점을(또는 여러분을 신뢰해야겠다는 생각을 갖는지에 대해) 언제, 어떻게 인식하는지를 알지 못하는 경우가 대부분이다. 그러나 그러한 결정은 여러분의 말을 비판적으로 분석한 후 내려지는 경우(비록 있다고 하더라도)가 거의 없다. 그보다는 여러분의 말을 듣고 진정으로 의미하는 바가 무엇인지는(말의 이면에 숨어 있는 의도, 동기, 주제 등) 직관적 평가를 토대로 파악된다. 이러한 정보는 원시 시대의 감정적 반응에 의해 비언어적으로 의사 소통되거나 평가된다. 원시 시대의 감정적 반응은 동굴 속에 살던 원시인이 처음에 서로에게 일관성 없이 불평하던 시대 이후 거의 달라지지 않았다.

이러한 사실은 신체 언어를 효과적으로 사용하여 위대한 리더가 되기 위해 반드시 알아야 할 내용이다. '신체 언어는 관찰자의 시각에 달려 있다' 라는 말을 다시 한번 강조한다. 비언어적 커뮤니케이션은 '관찰자의 관점' 에서 파악된 화자의 의도에 달려 있다는 점을 반드시 기억해야 한다.

개인적 매력

정치학에서 감정의 역할을 다룬 《감성의 정치학The Political Brain》에서 저자인 드류 웨스틴Drew Westen은 '매력' 에 대해서 언급하고 있다. 물론 여기에서 웨스틴은 개인적 매력을 의미한다. 웨스틴은 자신의 저서에서 '선거에서 승리하는 주요 요소 중의 하나는 후보자의 개인적 매력이라 해도 과언이 아니다. 매력이란 유권자들이 후보자를 텔레비전에서 여러 차례 본 후 느끼는 감정을 의미한다.' 라고 썼다.[3]

웨스틴은 소속 정당 다음으로 유권자들의 투표 향방을 가늠할 수 있는 가장 중요한 지표는 후보자에 대한 감정적 반응(직감)이라고 하였다. 필자는 수 년간 정치 분야에서나 볼 수 있는 감정적 반응을 직장에서도 발견할 수 있었다. 어떤 직원이 업무 역량을 증명해 보이기 오래 전부터 사람들은 그 사람을 따를만한 사람인지, 믿을 수 있는지, 또는 그의 의견을 들을 가치가 있는지에 관해 이미 감정적 결정을 내린다.

따라서 필자는 항상 모든 고객(리더)들에게 "당신의 매력은 무엇이라 생각하십니까?"라고 묻는다. 아랫사람이나 고객들이 당신을 회사 복도에서 만날 때나 사무실에 들를 때, 당신을 어떻게 생각할 것인가?

연구 결과, 개인적 매력은 신속하게 평가되며 대부분의 경우 놀라운 적중률을 보인다는 사실이 드러났다. 심리학자인 날리니 앰버디Nalini Ambady와 로버트 로젠텔Robert Rosenthal은 '행동의 얇은 조각thin slices'이라는 용어를 만들어 냈으며, 이와 관련된 실험을 실시하였다.[4] 이들 연구는 여러 출판물에서 활용되었으며, 가장 중요한 출판물은 말콤 글래드웰Malcolm Gladwell의 《블링크Blink》라는 베스트셀러이다.

한 연구에서 실험 대상자들에게 학기 초에 대학교수(강사)들의 모습을 30초간 보여 준 후 '따뜻한', '활동적인', '유능한', '자신감 있는'의 척도를 기준으로 평가해 줄 것을 요청하였다. 실험 대상자들은 대학교수들의 행동을 담은 짧은 동영상을 보고 학생들이 학기 말에 교수들에 대해 내릴 평가를 정확히 예측할 수 있었다.

이미 예상하고 있겠지만, '행동의 얇은 조각'은 주로 비언어적 프로세스를 의미한다. 앰버디와 로젠텔 박사는 실험 대상자들이 오직 신체 언어 신호만을 보고 판단을 내릴 수 있도록 동영상의 소리를 소거했다. 그럼에도 불구하고 그들의 예측은 상당히 정확했다.

보이는 리더십

1960년에 있었던 미국 대통령 후보들의 토론이 역사상 최초로 텔레비전으로 중계되었으며, 당시 대통령 후보였던 존 F. 케네디John F. Kennedy의 멋진 용모와 리처드 닉슨Richard Nixon의 피로해 보이는 대조적인 모습이 사람들 사이에 가십gossip거리가 되기도 하였다.

닉슨이 피로해 보였던 데는 몇 가지 요인들이 작용했다. 토론일이 다가오면서 닉슨의 건강은 악화되었고 그 결과 급격한 체중 감소가 있었다. 그는 건강 악화로 낯빛이 창백해졌음에도 불구하고 메이크업을 거절했다. 뿐만 아니라 녹화장의 배경색과 흡사한 밝은 회색 양복을 입었다. 최악의 악재는 케네디가 현안들에 대해 그를 압박했을 때 땀을 닦는 모습이 카메라에 잡혔다는 것이다.

반대로 케네디는 카메라 앞에서 능숙하게 행동했다. 언변이 훌륭했으며 젊었고, 튼튼하게 다져진 몸매에 잘 생겼고, 자세까지 균형이 잘 잡혀 있었다. 질문에 대해 답변할 때도 질문을 한 기자들을 바라보지 않고 카메라를 응시하였다. 따라서 시청자들은 마치 케네디가 자신들을 직접 보고 대답을 하는 것 같은 착각을 할 정도였다.

토론 후, 대다수의 시청자들은 케네디를 승자로 생각했다. 그러나 라

토론장에서의 신체 언어

2008년 미국 대통령 후보 토론 당시, 필자는 국무성으로부터 후보들의 비언어적 행동들을 관찰한 후 소감에 대해 국무성 웹 사이트에 올려 달라는 요청을 받았다. 인상적인 것은 두 후보 모두 '매력' 발산 부분에서는 큰 실수를 저질렀다는 점이다.

대부분의 토론에서 오바마Obama 상원의원(당시)은 감정적 반응을 최소화하고 지적이고 냉철한 인상을 강조했다. 반면, 매케인McCain은 3차 토론을 할 때 억지 웃음과 눈을 굴리는 모습을 보여 주어 시청자들에게 부정적 인상을 주었다. 그 결과는 곧바로 후보자의 호감도 여론 조사에서 여실히 드러났다.

디오 청취자들은 닉슨이 우세했다고 생각했다. 여기서도 보았듯이, 외모와 신체 언어는 큰 차이를 낸다. 그 이후로 정치적 토론의 새 시대가 열렸다.

대통령 후보자들은 외모와 비언어적 신호들의 영향력을 완벽히 인지하고 있다(그것에 대해 철저하게 코칭을 받는다). 이와 같이 훌륭한 리더가 되기 위해서는 반드시 외모와 비언어적 신호의 영향력을 인식하고 있어야 한다.

위엄과 온화함을 갖춘 리더

리더의 매력을 결정하는 두 가지 중대한 비언어적 신호들이 있다. 리더를 처음 만날 때, 우리는 즉각 무의식적으로 그의 위엄과 온화함을 평가한다. 가장 매력 있는 리더는 물론 위엄과 온화함 모두를 갖춘 사람이며, 최악의 리더는 능력도 없으면서 냉정하게 보이는 사람이다.

하버드 비즈니스 스쿨의 테레사 아마빌Teresa Amabile 교수는 '훌륭하지만, 잔인한Brilliant but Cruel' 이란 글에서, 문제는 '능력' 과 '온화함' 을 반대로 연관시켜 생각한다는 점이다. 즉, 온화한 리더는 지적이거나 능력이 있는 것으로 비치지 않는다는 것이다. 오히려 못되고 부정적인 사람이 능력이 있는 것으로 생각된다는 점이다. 그리고 강인한 리더는 호감도가 떨어진다고 생각한다.[5]

그래서 최상의 리더십 전략은 온화함과 위엄을 모두 갖추는 것이다. 가능한 한 빨리, 그리고 자주 아랫사람들에게 온화함과 위엄을 보이는 것이 최상의 전략이다. 사람들이 당신의 이 두 가지 측면을 볼 수 있도록 노력하라. 당신을 보자마자 남을 배려하고 신뢰할 수 있는 사람이라는 인상이 들도록 노력하는 것이 최고의 리더십 전략이다.

온화함과 위엄을 보여 줄 수 있는 신체 언어

사람들이 리더인 당신의 행동을 지켜보고 있다는 점을 항상 기억하라. 조직에서 높은 위치에 올라가면 올라갈수록, 더 많은 사람들이 당신의 일거수일투족을 지켜볼 것이다. 만약 위대한 리더가 되고 싶다면 당신부터 다른 사람의 행동을 지켜보고 평가하는 것에 익숙해질 필요가 있다. 많은 임원들은 자신의 행동이 아랫사람들에게 미치는 영향력을 과소평가한다.

그러나 통신사의 훌륭한 CEO인 제임스James는 달랐다. 제임스는 "회의에서 말하는 것보다 복도에서 보이는 제 행동이 더 중요하다고 생각합니다."라고 말한다.

필자는 지금까지 제임스와 같은 훌륭한 임원들을 지켜보고 아랫사람에 대한 그들의 태도를 메모하면서 온화함에 대해 많은 것을 깨달을 수 있었다. 그 중에서도 최고의 리더는 리더와의 긴밀한 관계, 애정, 존경심을 느껴서 아랫사람들이 최고의 업무 성과를 내도록 유도할 수 있는 사람들이다. 이들, 즉 '온화한' 리더는 공감, 친절함, 배려를 보여 줄 수 있는 신체 언어를 효과적으로 구사한다.

그렇다면 과연 어떻게 해야 '온화함'을 보여 줄 수 있을까. 편안한 자세, 손바닥을 보이는 손짓, 몸통 전면을 보여 주는 자세, 긍정적인 눈 맞춤, 일관성 있는 움직임, 머리의 끄덕임, 머리의 기울임, 미소 등이 그 방법들이다. 이 책을 읽으면서(특히 협상, 협력, 변화 관리 부분을 읽으면서) 독자들은 이들 신호가 왜 중요한지, 그리고 언제 가장 효과적인지를 깨달을 수 있을 것이다.

뿐만 아니라, 리더가 힘, 지위, 자신감을 보여 주기를 원한다. 특히, 혼란과 혼돈의 시기에 아랫사람들은 안정과 확실성을 보여 줄 수 있는 리더, 안심시켜 주는 리더, 목표를 달성할 것으로 예상되는 리더를 찾는다. 그리고 그러한 위엄을 보여 주는 신체 언어를 통해 자신들이 원하는 조건을 갖추고 있는지를 평가할 것이다.

리더인 당신은 곧은 자세, 공간의 자유로운 통제, 씩씩한 걸음걸이(애플의 CEO인 스티브 잡스Steve Jobs는 프레젠테이션 무대로 나갈 때 씩씩하게 걷는 것으로 유명하다), 꼿꼿한 자세, 손바닥을 내려놓는 손 동작을 하여 위엄을 보여 준다(2장에서는 비즈니스 협상으로 이러한 신체 언어를 어떻게 활용할 수 있는지를 다룰 예정이다).

그러나 반드시 기억해야 할 것은 권위와 힘을 보여 주려고 시도한 신체 언어 신호들이 지나치거나 부적절하게 비칠 수도 있다는 점이다. 예를 들어 자신감을 보여 주려고 고개를 드는 경우, 조금만 더 뒤로 젖히면 상대방을 무시하는 것으로 오해를 받을 수 있다. 마찬가지로 (여러분도 충분히 상상할 수 있듯이) 미소(온화함을 보여 주는 신호)도 심각한 메시지를 전달한다거나 반대 의사를 표명할 때 조금만 도가 지나치면 역효과를 낼 수 있다.

신체 언어를 읽을 때 주로 하는 실수

신체 언어를 즉각적으로 읽어 낼 수 있는 것은 우리의 생존 본능이며 그 기원은 원시 시대까지 거슬러 올라간다. 그러나 우리 인류의 조상들이 겪은 상황은 현재 우리가 직장이나 사회에서 직면하는 위협과 도전과는 상당히 달랐다. 따라서 신체 언어를 읽어 내는 능력이 본능적일지는 몰라도 현재의 각종 상황을 감안할 때 정확하다고는 볼 수 없다. 사실상 대부분의 사람들은 상대방의 신체 언어를 읽을 때 다음에 열거하는 다섯 가지의 실수를 종종 저지른다.

1. 주변 상황을 고려하지 않는다   신체 언어를 이해할 때 가장 중요한 것이 주변 상황이다. 주변 상황을 이해하지 않고는 상대방의 비언어적 메시지를 정확히 파악할 수 없다. 여기에서의 주변 상황이란 장소, 관계, 시간, 과거 경험 등 다양한 변수들의 종합 세트라고 해도 과언이 아니다. 동일한 비언어적 신호라고 해도 주변 상황에 따라 완전히 다른 의미를 전달할 수 있다.

예를 들어 어깨를 가볍게 으쓱하는 동작을 생각해 보자. 사회적 남녀 관계에서는 '관심'을 나타내는 것일 수 있다. 질문에 대한 대답의 경우에는 '잘 모르겠습니다'라거나 '별로 신경 쓰지 않습니다' 등을 의미하기도 한다. 또 동료와의 대화에서 상대방이 어깨를 으쓱한다면 '당신이 바로 직전에 언급한 내용이 그다지 중요하지 않다'는 뜻으로 해석될 수도 있다. 윗사람이 '월요일까지 보고서를 작성하게'라고 하면서 이러한 행동을 취한다면 그 사안은 별로 중요하지 않은 지시로 여겨진다.

팀원이나 동료, 그 밖의 직원들은 당신의 행동 이면에 있는 주변 상황의 모든 변수들을 모두 알 수 없다는 사실을 기억하라. 예를 들어 당신이 하품을 하거나 기지개를 켤 때 아랫사람들은 단순하게 업무로 피곤하거나 무료해 한다고 생각할 것이다. 왜냐하면 당신이 급한 업무로 밤새워 일을 했다는 사실을 아무도 모르기 때문이다. 또 여자 동료와 손을 잡았을 때 그냥 옆을 지나가는 직원들은 부적절한 관계로 오해를 살 수도 있다. 그들은 여자 동료의 어머니가 돌아가셔서 당신이 위로해 주고 있다는 것을 모르기 때문이다.

2. 한 가지 몸짓만으로 의미를 파악하려 한다   리더를 보좌하는 비서, 측근 등은 리더에 관해 많은 질문을 받는다. 그 중에서도 가

장 많이 받는 질문은 '오늘 리더의 기분이 어떠십니까?' 이다. 그것은 당연하다. 사람들은 리더의 기분이 좋은지(행복한가, 긍정적인가, 활기찬가), 또는 나쁜지(걱정이 많은가, 화가 나 있는가, 불쾌해 하는가)에 대해 신경을 곤두세우고 파악하려고 한다. 왜냐하면 리더의 기분에 따라 리더에게 접근할지 아니면 다른 때로 미루어야 할지를 결정할 수 있기 때문이다. 만약 리더의 기분이 좋다고 판단되면 아이디어, 어려운 문제 등으로 리더와 면담할 좋은 기회라고 생각하지만, 리더의 기분이 나쁘다면 사람들은 다른 날로 미루고 피하려고 할 것이다.

이와 같이 당신의 기분에 대해 직접 물어보지 않더라도 신체 언어를 통해서라도 판단하려고 하는데, 문제가 생기는 시점이 바로 이 때다. 그 이유는 사람들은 한 가지 비언어적 신호만으로 평가를 내리려고 하기 때문이다. 또한 인간의 뇌는 긍정적 메시지보다 부정적 메시지에 더 반응을 잘하기 때문에, 사람들이 무의식적으로 찾거나 반응하는 메시지는 '당신의 기분은 나쁘고, 이 상황에서는 접근을 피하겠다' 는 결론이 나오는 경우가 훨씬 많다.

그렇다면 비즈니스 환경에서는 어떠한 일이 발생할 것인가. 만약 복도에서 동료를 만났는데 눈도 마주치지 않고 지나간다면, 자신이 조금 전에 제출한 보고서가 마음에 들지 않았을 것이라는 결론을 내린다. 또 당신이 아침 조회에서 인상을 쓴다면 아랫사람들은 방금 당신이 들은 내용을 탐탁하지 않게 생각한다는 결론을 내리고 그에 동조하는 의견이 있더라도 말문을 닫을 것이다. 리더가 신경질이나 짜증을 낸다면 아랫사람들은 자신의 의견을 말하지 않고 가능한 한 그 순간을 모면하고자 할 것이다.

3. 리더의 평상시 태도를 모른다 신체 언어를 정확히 읽어 낼수 있는 기본 원칙은 상대방이 현재 나타내는 비언어적 반응을 평상시의 반응과 비교하는 것이다. 그러나 상대방이 당신을 오랜 기간 동안 보아 오지 않았다면 비교할 만한 근거가 거의 없을 것이다. 필자가 이전에 쓴 《비언어적 이점The Nonverbal Advantage》에서 다룬 예를 하나 제시해 보겠다. 이 예를 통해 타인의 비언어적 신호들을 오해하기가 얼마나 쉬운지 알게 될 것이다.[6]

금융 기업의 CEO에게 다음날로 예정된 임원을 대상으로 한 강연의 요점에 대해 프레젠테이션을 한 적이 있다. 프레젠테이션은 1시간 정도 진행되었는데, 그 시간 내내 CEO는 팔짱을 끼고 앉아 있었다. 필자는 가끔 농담을 던지면서 분위기를 부드럽게 이끌어 나가려고 했지만 번번히 실패했다. 그는 단 한 번도 미소를 짓거나 고개 한 번 끄덕이지 않았다. 그래서 필자는 군더더기 없이 할 말만 하고 프레젠테이션을 끝냈다. CEO는 그제서야 '수고했다' 는 말 한 마디 던지고는(눈길 한 번 주지 않았다) 바로 방을 나갔다.

그의 비언어적 신호로 보아 내일의 강연은 반드시 취소될 것이라고 생각했다(사실 필자는 이 분야에서는 전문가이니까). 그러나 엘리베이터를 타려고 할 때 CEO의 비서가 다가오더니 CEO가 필자의 프레젠테이션에 대해 큰 감명을 받았다고 말했다. 필자는 의외였다. 그래서 "프레젠테이션에 만족하신다면 어떻게 그런 반응을 보일 수 있지요?"라고 물어보았다. 비서는 "마음에 안 드셨다면 프레젠테이션 도중에 일어나 나가셨을 것입니다."라고 대답했다.

CEO로부터 필자가 읽은 비언어적 신호들은 부정적인 것들뿐이었다. 그런데 필자가 깨닫지 못한 사실이 있었으니, 그것은 바로 그의 평상시 모습이라는 것이다.

4. 개인적 편견으로 상대방을 평가한다 요가 수업에서 만난
여성이 있었는데, 만난 직후부터 필자에게 호감을 보였다. 필자는 그 이
유가 필자의 카리스마적 신체 언어 덕분이라고 생각했는데, 사실은 필
자가 그녀가 가장 좋아하는 이모를 닮았기 때문이라고 했다.

이와 같이 편견이 오히려 도움이 되는 경우도 있다. 심리학자 손다이
크E. L. Thorndike가 명명한 '후광 효과halo effect'는 어떤 사람에게 찾
을 수 있는 긍정적 인식이 그 사람 전체에 대한 긍정적 평가로 이어지는
현상을 의미한다.[7] 예를 들어 우리가 어떤 사람을 좋게 본다면 겪어 보지
않고도 정직하고 신뢰할 수 있는 사람이라는 평가를 내리는 것이다.

또 어떤 리더는 가식적으로 사람들에게 좋은 인상을 심어 주어서, 아
랫사람들은 그의 부정적인 성격까지도 용서하거나 간과하거나 심지어
인정하지 않으려는 경우도 있다. 이는 감정적 뇌emotional brain가 분석
적 뇌analytic brain보다 우선시되는 예라 할 수 있다(그렇지만 이러한 현
상은 정확한 성과 피드백을 얻는 데는 바람직하지 않다).

한편, 편견은 불리하게 작용될 수도 있다. 만약에 요가 수업에서 필자
에게 호감을 가졌던 여성이, 필자가 그녀가 좋아하는 이모가 아니라 경
멸하는 누군가와 닮았다면 어떻게 되었을까. 물론 시간이 지나면 극복
될 수 있겠지만, 필자에 대한 처음의 반응은 부정적 편견이 반영되었을
것이다.

이에 대한 테스트는 '내재적 연관 검사Implicit Association Test(
IAT)'로, 하버드 대학 웹 사이트에서 그 관련된 정보를 찾아볼 수 있다.
IAT는 개인들의 다양한 특징들, 이를테면 인종, 성적 호감, 체중 등을

긍정적 또는 부정적 특성으로 연관 짓는 정도를 측정하는 테스트이다. 이 IAT는 사람들이 의식적으로는 다르게 믿고 있더라도 무의식적인 편견들을 드러낸다는 것을 보여 준다.[8]

5. 문화적 편견이라는 필터로 상대방을 평가한다 다양한 문화의 사람들을 대할 때, 그들과 우리의 문화적 차이를 고려하지 못함으로써 많은 문제들이 양산되기도 하고, 문화 간 비언어적 커뮤니케이션에 있어서도 그러한 편견들이 다양한 형태로 나타나기도 한다. 리더로서, 고객과 대화할 때 얼마나 가까이 서 있는가, 상대방과의 접촉을 어느 정도 하는가, 아랫사람을 대할 때 눈 맞춤을 어느 정도 하는가(그리고 아랫사람이 어느 정도의 눈 맞춤을 하기를 기대하는가) 등에 의해서 판단된다. 관찰자의 문화적 편견에 따라서 동일한 신체 언어라도 적절하게 또는 부적절하게 인식될 수도 있다.

언행 불일치

뉴욕에서 열린 컨퍼런스에서 연설을 했던 어떤 사장은 언어와 몸짓이 서로 달라서 실패하였다. 청중들은 언행 불일치의 순간을 재빨리 포착해 내는 능력을 가지고 있다. 사실상 뇌는 불일치의 흔적을 남겨 놓아 과학적으로도 측정이 가능하다.

콜게이트 대학Colgate University의 신경 과학자인 스펜서 켈리 Spencer D. Kelly 박사는 '사건과 관련된 잠재적 힘event-related potentials'(최고점과 최저점을 기록하는 뇌파)을 측정할 수 있는 뇌파 전위 기록 장치electroencephalograph(EEG)를 활용하여 몸짓의 효과를 연구했다. 최저점(N400이라고 한다)은 실험 대상이 말과 상반되는 몸짓을 할 때 나타난다. 말도 안 되는 소리를 들었을 때도 이러한 뇌파 패턴이 나타난다. 이는 말과 행동이 다를 때와 말도 안 되는 소리를 들었을 때와 동일하다는 뜻이다.[9]

리더의 언행 불일치가 너무나 확연히 나타나서 코믹하게 보이기까지 하는 경우도 종종 있다. 어떤 정부 관리가 다음과 같은 내용의 이메일을 필자에게 보낸 적이 있다.

〈워싱턴 DC에서 중요한 회의가 있었습니다. 프레젠테이션을 하던 사람이 우리에게 어떠한 의견이라도 환영한다고 말했죠. 그런데 그의 손짓은 우리 전부를 꺼려한다고 말하는 듯 했습니다. 놀라운 사실은 계속해서 같은 상황을 반복하는 것이었습니다. 말로는 우리 의견을 환영한다고 하면서, 동시에 우리를 밀어내는 동작을 취하더라니까요. 그의 행동이 너무 우스워 웃음을 참느라 힘들었습니다. 거의 웃음이 터져 나올 지경이었습니다. 정말 조심해야 할 행동이라는 생각이 들더군요.〉

그렇지만 대부분의 경우 리더의 언행 불일치는 우스운 일이 아니다. 보험 회사의 직원으로부터 받은 이메일을 살펴보자.

〈제 윗사람의 지시는 정말 헷갈립니다. 그녀는 '언제든지 내 방으로 와 의견을 개진하세요.' '여러분은 정말 우리 팀에 없어서는 안 될 사람들입니다.' 라고 말은 하지만, 행동은 전혀 다릅니다. 팀장은 저희를 눈엣가시처럼 여기고 있습니다. 눈을 마주치기는커녕 팀원들이 말을 할 때 서류를 들추기도 하고, 그녀의 질문에 대답할 때는 경청을 하는 것이 아니라 다른 짓거리를 합니다. 저희에게 관심을 주지 않죠. 사실 팀장이 우리에게 기울이는 관심은 50%도 채 되지 않는 것 같습니다. 그런데도 그녀는 우리가 자신을 왜 따라 주지 않는지 이유를 알지도 못하고, 알려고 노력도 안 합니다.〉

위대한 리더의 신체 언어

코칭 중에 고객들은 "그럼 잘못된 메시지를 전달할까 두려워서 얼굴 표정, 행동 하나하나에 신경을 곤두세우고 있어야 합니까?"라고 질문한다.

그 답은 "당연합니다!"이다. 그렇다고 너무 긴장할 필요는 없다. 농담이니까. 성공적인 리더들은 프로그램이 짜여진 로봇처럼 적절한 시간에 몸짓과 얼굴 표정을 어떻게 할 것인지를 외우고 있지는 않다(실제로 그렇게 인위적으로 노력하는 사람은 정말 로봇처럼 보인다).

그렇지만 성공적인 리더들은 자신의 신체 언어가 고객과 아랫사람에게 지대한 영향을 끼칠 수 있다는 점을 인식하고 있다. 그들은 여러 이유들로 인해 좋은 의도로 취한 행동이라도 오해를 받을 수 있다는 점을 이해한다. 따라서 자신들이 전달하고자 하는 메시지와 일치하는 비언어적 커뮤니케이션을 전달하는 데 최선의 노력을 기울인다.

2장

협상

신체 언어 올바로 읽고 활용하기
신체 언어를 읽는 네 가지 요령
내 편인가, 아닌가
무관심을 관심으로 돌리는 방법
상대방이 허풍을 떠는 것은 아닐까
협상자들이 알아야 할 신체 언어 지침

2_장 협상

**신체 언어 올바로
읽고 활용하기**

몇 년 전, 떠오르는 스타 임원들이 MIT
에 모여서 특별하게 기획된 경연을 벌인
적이 있다. 청중들 앞에서 비즈니스 기획
안을 프레젠테이션 한 후 평가받는 것이었다. 그 중에서 우수 아이디어
로 선정된 기획안은 벤처 사업가들에게 추천되어 다시 최종 평가를 받
게 되어 있었다. 참가자들은 이번 경연을 다른 엘리트 임원들의 아이디
어와 비교해 볼 수 있는 절호의 기회라고 생각했다.

만약 당신이 경연 대회에 참가한 임원이라면 어떻게 준비하겠는가?
비즈니스 기획안을 논리 정연하게 작성하는 데 집중할 것인가, 아니면
청중을 설득하기 위한 전략을 세우는 데 주력할 것인가, 아니면 프레젠
테이션 스킬을 집중적으로 연습할 것인가.

MIT 경연 대회에 참가한 리더들은 아마 위의 모든 노력을 총동원했
을 것이다. 그러나 경연 당일 예상치 못했던 상황이 발생했고, 아무도

그 일에 대해서는 준비를 하지 못했다. 각 경연자에게는 특별히 제작된 디지털 센서를 ID 배지badge처럼 달게 했다. '소셔미터Sociometer'라고 하는 이 장치는 프레젠테이션을 진행하는 동안 프레젠테이션 내용 대신 다른 경연자들의 반응을 비롯한 다른 요소들을 기록하도록 고안된 것이다. 소셔미터는 경연자들도 모르게 목소리의 톤, 뉘앙스, 행동, 태도, 청중의 호응도(경연자와 청중들 사이에 오갔던 미소와 끄덕임) 등 말로 표현되지 않는 내용을 기록했다.

[MIT에서 개발된 소셔미터]

경연이 끝나고 나서, 경연 대회에 참가한 임원들은 가장 설득력이 강했다고 생각되는 아이디어를 선택했다. 프레젠테이션의 내용에 대해서는 전혀 파악하지 못하는 소셔미터의 기록도 임원들의 선택과 거의 일치했다. 임원들은 이성적 선택을 했다고 생각했지만, 소셔미터를 개발한 MIT 미디어연구소의 연구자들은 한 수 위였다. 임원진을 설득한 것은 그 어떤 협상에서도 큰 힘을 발휘하는 신호들이었다. 바로 비언어적 신호와 상호 작용인 것이다.[1]

'리더십' 하면 빼놓을 수 없는 것이 협상이다. 리더들은 일자리 제안을 받기 전에 연봉과 직위에 대해 협상해야 한다. 그 뿐만이 아니다. 프로젝트의 마감일, 자금, 자원, 팀 또는 부서의 공로가 어느 정도의 인정을 받아야 하는지에 대해서도 협상해야 하고, (직위에 따라) 고객, 컨설턴트, 협력 업체와도 협상해야 한다. 게다가 세계적인 추세로 비즈니스 업계에서 서로 협력하는 사례가 급증함에 따라 경쟁사하고도 협상하여 프로젝트 협력자로서 함께 일해야 한다.

협상 능력은 숙련된 신체 언어 스킬을 필요로 한다. 예를 들어 어떤 협상에서 두 가지 채널(언어적, 비언어적 채널)로 대화를 나누어 두 가지 차별화된 대화가 동시에 이루어진다고 가정해 보자. 이때 효과적으로 연구된 협상 전략도 물론 중요하지만 가장 중요한 것은 내용이 아니다.

커뮤니케이션 연구 결과, 30분 동안 협상을 한다면 양측은 800개 이상의 다양한 비언어적 신호들을 주고받는다는 것이 밝혀졌다.[2] 만약 당신이 언어적 소통에만 집중하고 비언어적 소통을 간과한다면, 훌륭한 협상 전략이 기대에 미치지 못하는 경우에 그 이유조차 파악하지 못해 어리둥절 할 것이다.

노련한 협상가들은 신체 언어를 정확히 파악하여 자신에게 유리하도록 활용하는 것을 배운다. 2장은 비언어적 메시지가 협상 테이블에서 어떻게 전달되고 이해될 수 있는지를 다루어 협상을 성공적으로 이끄는 데 도움이 될 것이다. 뿐만 아니라, 상대방의 태도에 집중하는 방법, 평상시 태도를 파악하는 방법, 주변 상황을 고려하는 방법, 몸짓을 평가하는 방법에 대해 조언할 것이다. 또한 상대방의 신체 언어를 정확히 읽고, 여러분 자신의 몸짓과 표정들이 협상에서 우위를 차지하는 데 도움이 될 것인지 해가 될 것인지를 파악하는 데도 유용하게 쓰일 조언을 제공할 것이다.

신체 언어를 읽는 네 가지 요령

필자가 신체 언어에 대해 강연하고 글을 쓰는 것을 알게 되면 사람들은 곧바로 긴장하고 의식적이 된다. 그들은 마치 필자가 한 번만 둘러보면 그들의 내면 깊숙이 자리잡은 생각까지 파악할 수 있는 것처럼 반응한다.

그러나 그것은 사실상 불가능하다. 그 누구도 할 수 없는 일이다. 그렇지만 여러분이 한 가지 할 수 있는 것은, 의식하지는 못하지만 상대방을 지속적으로 '읽고' 있다는 사실을 인식하는 것이다.

다른 사람들이 그러하듯, 당신은 매 순간 다른 사람들을 판단한다. 무의식의 상태에서 벌어지고 있는 일을 의식의 세계로 끌어들임으로써 상대방에 대한 평가를 보다 정확하게 내릴 수 있다. 이제 상대방의 신체 언어를 정확하게 읽어 낼 수 있는 네 가지 요령에 대해서 살펴보기로 하자.

첫 번째 요령 : 주의를 기울인다

많은 협상가들이 단지 주의를 기울이지 않아서 상대방의 신체 언어를 읽을 수 있는 귀중한 기회를 놓친다. 그들은 제출된 서류나 계약서만을 내려다보느라 비언어적 신호들에 주의를 기울이지 못한다. 따라서 상대방이 문서를 건네주면 그것을 보려는 유혹을 떨쳐버리는 것이 바람직하다. 문서의 내용은 상대방에게 직접 물어보고 당신은 그의 신체적 반응에 주의하면, 더욱 많은 것을 파악할 수 있을 것이다.

두 번째 요령 : 평상시 태도를 파악한다

신체 언어를 정확히 읽기 위해서는, 우선 상대방의 평상시 태도를 파악하는 것이 중요하다. 만약 상대방의 평상시 태도를 파악해 놓지 않으면 상대방의 신체 언어를 잘못 해석할 확률이 높다. 평상시 태도를 파악하기 위해서는 상대방이 스트레스를 받지 않은 상태, 또는 어떠한 압박도 받지 않은 상태에서 취하는 태도를 관찰해야 한다.

편안한 상태에서 어떠한 태도를 취하는지를 파악하는 데는 단 몇 분이면 충분하므로 협상을 시작하기 전이 최적의 기회다. 예를 들어 협상을 시작하기 전 음료를 마시면서 간단한 대화를 나눌 때가 적당한 때이다. 한담을 즐기면서 재빨리 상대방을 파악한다. 특히 다음에 열거하는 사항에 주의를 기울인다.

★ 상대방은 활달한 사람인가(표현력이 풍부하고 자신의 생각이 그대로 드러나는 편인가, 아니면 포커페이스처럼 감정이 전혀 드러나지 않는 편인가)

★ 눈 맞춤을 하는 사람인가

★ 미소를 짓고 있는가, 미소가 자연스럽고 진정한 것인가, 아니면 억지 미소인가

★ 손 동작을 어느 정도 쓰는가, 가장 많이 하는 손 동작은 무엇인가

★ 어떤 자세를 취하고 있는가, 곧은 자세인가, 굽은 자세인가, 어깨를 뒤로 빼는가, 아니면 구부정한가, 머리를 곧추 세우고 있는가, 앞으로 내밀고 있는가, 아니면 삐딱하게 옆으로 하고 있는가

★ 상대방이 협상 테이블에 앉을 때 어떠한 자세를 취하고 있는가, 똑바로 앉아 있는가, 뒤로 젖히고 있는가, 앞쪽을 향하고 있는가, 비스듬히 앉아 있는가, 아니면 정면을 보고 앉아 있는가, 다리를 꼬고 앉아 있는가, 아니면 발을 바닥에 대고 있는가, 테이블 위에 팔짱을 끼고 있는가, 아니면 펼치고 있는가, 팔을 팔걸이 위에 올려 놓고 있는가, 아니면 손으로 잡고 있는가, 무릎 사이에 넣고 있어 보이지 않는가

상대방이 평상시에 어떠한 몸짓을 하는지를 파악하고 난 후, 협상 시 그것과 다른 행동을 보이면 평상시 태도와 비교하여 무언가 의미가 있음을 예측할 수 있다(협상을 진행하는 중에 평상시 태도와 다른 행동을 포착한다면 바로 직전에 어떠한 일이 있었는지를 생각해 본다. 당신의 신체 언어에 변화가 있었는가, 질문을 했거나 특정 이슈에 대해 언급했는가, 누군가가 협상 장소에 들어왔거나 대화에 끼어들었는가). 어쨌든 우선은 상대방의 평상시 행동을 파악하는 데 주력해야 한다.

세 번째 요령 : 여러 몸짓을 묶어서 평가한다

비언어적 신호는 움직임, 자세, 행동(동일한 의미를 강화시키는 행동들)과 같은 여러 몸짓gesture cluster을 통해 전달된다. 한 가지 몸짓을 보고 의미를 파악하려고 하는 것은, 마치 한 마디 말에서 구구절절한 이야기를 지어내는 것과 같다.

그러나 문서를 살펴보고 말을 들으며, 여러 몸짓을 고려하여 의미를 파악하면 상대방의 의도를 정확히 파악할 수 있다. 예를 들어 한 사람이 안절부절하지 못하고 있으면 그 자체로는 정확한 의도를 파악할 수 없

지만, 그 사람이 다른 사람의 눈길을 피하고 손을 마주 잡는 등 초조해하며 발끝이 문 쪽을 향하고 있다면, 그는 불편한 입장이고 협상 장소를 뜨고 싶어 한다는 의미이다. 세 가지 신체 언어가 동일한 비언어적 메시지를 전달한다면 그 메시지는 정확할 것이다.

네 번째 요령 : 주변 상황을 고려한다

예를 들어 강연장의 가장 앞줄에 앉은 청중은 대부분 팔짱을 끼고 앉아 있을 것이다. 그들의 앞을 가려 줄 의자가 없기 때문에 팔짱을 껴서 방패막이로 삼기 때문이다(적어도 강연자의 강연 내용에 공감하여 경계심을 풀기 전까지는 그렇게 할 것이라고 생각한다). 또 팔걸이가 없는 의자에 앉은 사람도 팔짱을 끼는 것이 가장 편한 자세일 수 있고, 실내 온도가 내려가도 팔짱을 낄 것이다. 또한 깊은 생각에 잠겨 있을 때 팔짱을 끼고 앞뒤로 몸을 흔들 수도 있는데, 이는 지속적으로 어떤 생각에 잠겨 있을 때 흔히 하는 행동이다. 그러나 동일한 몸짓이라도 상황에 따라 의미가 크게 달라질 수 있음에 유의해야 한다.

사람들이 서로 의사를 소통할 때, 남녀 성별과 관계의 본질이 상황의 많은 부분을 결정짓는다. 동일한 사람일지라도 여성을 대할 때, 윗사람, 남성 부하를 대할 때 현격히 다른 신체 언어를 나타낸다(관계에 따라 기본적인 행동도 바뀐다).

뿐만 아니라, 하루 중의 언제인가, 과거의 만남으로 갖게 된 기대치, 공식적 만남인가 비공식적 만남인가 등에 따라 의미는 얼마든지 달라질 수 있으므로 여러 요인을 고려해야 한다. 물론 여러분이 인식하지 못하는 상황의 측면들도 있을 수 있다. 예를 들어 허리를 곧추 세우면 협상이 힘들어질 것을 예상할 수도 있지만, 한편으로는 단순히 허리가 아파

서 똑바로 펼 수도 있다는 점을 배제해서는 안 된다.

내 편인가, 아닌가

상대방이 협상에 관심이 있는지 무관심한지를 판단하는 가장 확실한 기준은 상대방의 신체 언어를 파악하는 것이다. 관심은 흥미, 수용적 태도, 또는 동의를 의미하고, 무관심은 지루함, 배척, 또는 방어를 의미한다. 한 가지 몸짓을 보고 판단하는 것이 아니기 때문에 얼굴 표정, 머리 움직임, 손과 팔의 자세, 상반신의 자세, 다리와 발의 위치 등 다양한 몸짓을 '머리부터 발끝까지' 파악할 수 있어야 한다.

이것은 불가능한 일이 아닌가 생각될 수 있다. 특히 상대방과 대화를 하면서 어떻게 동시에 몸짓까지 모두 파악할 수 있다는 말인가. 그러나 사람들은 무의식적으로 평생 상대방의 몸짓을 읽어 왔다는 점을 명심하기 바란다. 다만 다른 점이 있다면, 과거에는 무의식적으로 상대방의 몸짓을 읽었다면, 이제는 의식의 세계에서 상대방의 몸짓을 파악하자는 것이다. 그렇게 함으로써 상대방의 의도를 정확히 파악할 수 있고 통제할 수 있으며 통찰력을 얻을 수 있다.

 긍정적 신체 언어의 힘

지난 몇 년간, 필자는 협상에 관심을 보이는 신체 언어를 보이는 경우 합의를 이끌어 낼 확률이 높다는 것을 알게 되었다. 그런데 흥미로운 사실은 관심을 보이는 신체 언어를 무의식의 상태에서 이끌어 내든, 전략적으로 이끌어 내든 결과는 동일하다는 점이다.

눈은 무엇을 말하는가

예를 들어 어떤 사안에 대해 두 가지 안을 제시했을 때, 상대방의 눈길이 그 중 한 가지 안에 오래 머물러 있는 것을 눈치챘다. 게다가 눈이 커지고 동공이 확대된다면, 그는 지금 시선을 주고 있는 안에 대해 관심이 크다는 것이 명백하다.

사람들은 자신이 선호하는 것을 더 오래 보거나 자주 보는 경향이 있다. 겉으로는 관심 없는 척하지만 그의 눈은 관심이 가는 쪽을 자꾸 보게 된다. 눈 맞춤도 마찬가지다. 일반적으로 3초 정도의 눈 맞춤을 편안하게 생각하며, 그보다 길어지면(멈추지 않고) 불편해 하기 시작한다. 그러나 호감이 가거나 동의하는 경우 상대방의 눈을 자신도 모르게 오랫동안 응시한다.

반면에 관심이 없으면 반대 현상이 일어난다. 즉 눈 맞춤의 시간이 짧아지는데, 그 이유는 좋아하지 않거나 마음에 들지 않는 것은 보고 싶어하지 않는 것이 인간의 본능이기 때문이다. 마찬가지로 상대방의 말이 지루하거나 불만이 있으면 제대로 보지도 않으며 눈길을 피하고, 바닥을 본다거나 방 주위를 둘러보거나, 심지어는 눈을 아예 감고 상대방을 보지 않으려 한다. 그리고 눈을 크게 뜨지 않고 가늘게 뜬다. 사실 계약서나 제안서가 마음에 들지 않거나 만족하지 않을 때 눈을 가늘게 뜬다.

연구자들은 동공의 크기도 인간의 감정적 반응을 파악하는 중대한 실마리라는 것을 오래 전부터 알고 있었다. 동공이야말로 우리가 인위적으로 통제할 수 있는 부분이 아니다. 따라서 상대방의 관심도를 판단하는 데 동공의 확대 여부가 상당히 정확한 신호라 할 수 있다. 동공은 인식의 어려움, 기억의 양 등 다양한 이유로 확대된다. 그렇지만 대화를 나누는 사람이나 쳐다보고 있는 사물에 대해 긍정적 감정을 지닐 때도

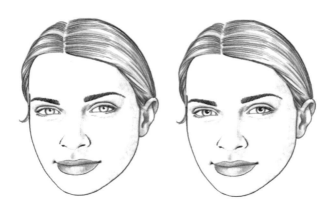

[평상시 동공의 크기와 관심을 보일 때의 동공 확대 모습]

동공은 확대된다(반대로 상대방의 의견에 동의하지 않을 때, 또는 관심이 없을 때 동공은 자동적으로 축소된다).

또 다른 실마리는 눈의 측면 움직임이다. 상대방이 관심 있는 말을 하는 경우 듣는 사람은 자신도 모르게 갑자기 그리고 저절로 눈을 좌우로 움직이기 시작한다. 만약 상대방이 갑자기 눈동자를 좌우로 움직이면 여러분의 제안에 관심을 보인다는 의미이다.

 사업상 가장 효과적인 시선 처리

상대방의 양쪽 눈동자를 잇는 선을 밑변으로 하고 꼭지점을 이마 중간으로 한 삼각형을 그리고, 이 삼각형에 눈길을 보내는 것이 사업상으로는 가장 효과적인 시선 처리이다. 삼각형을 입 쪽으로 내려 잡고 상대방을 응시한다면 개인적 관계에서는 적절하지만, 사업상으로는 추파를 던진다는 오해를 받을 수 있다.

머리, 얼굴, 목은 무엇을 말하는가

일반적으로 상대방이 당신의 의견에 동조하면 당신이 말할 때 상대방은 미소를 짓거나 고개를 끄덕인다. 반면에 반대한다면 입술을 꾹 다물거나 오므리기도 하고, 눈썹을 찡그리거나 입 모양이 경직되고, 턱 근육이 긴장되기도 하고 머리를 좌우로 흔들거나 옆으로 꼬아 상대방을 쳐다보지 않기도 한다.

[입술을 오므림 – 반대를 의미]

어느 기업에서 인사팀을 담당하는 팀장이 지나치게 사소한 것까지 간섭하는 관리로 팀워크가 제대로 이루어지지 않는 리더를 컨설팅해 줄 것을 부탁했다. 필자가 그 팀장 주디스Judith를 처음 만났을 때, 그녀는 과장되게 필자를 칭찬했다. 필자에 대한 이야기를 이전부터 많이 들어 잘 알고 있고, 자신을 코칭해 주게 되어 너무나도 고맙다고 너스레를 떨었다.

그러나 필자는 팀장의 미소가 억지 미소라는 것을 눈치챘다. 그녀는 자신의 말과는 달리 필자를 코치로 맞이한 것을 진심으로 기뻐하지 않았고, 윗사람의 눈치를 보느라 어쩔 수 없이 기쁜 표정을 짓는 것 같이 보였다. 필자의 눈은 정확했다. 시간이 흐를수록 주디스는 필자의 컨설팅을 달갑게 생각하지 않았고(누가 코칭을 했더라도 그러했을 것이다), 그녀 스스로 관리 스타일을 바꿀 의사가 전혀 없었다.

이와 같이 예의를 갖추기 위해서, 또는 다른 감정을 숨기기 위해서 미소를 짓지만 이러한 억지 미소는 입만 웃을 뿐이다. 진정한 기쁨이나 행복이 아니라면, 눈꼬리에 주름이 잡히고 얼굴 전체가 환해지는 진정한 미소를 짓는 것은 어렵다.

남성의 경우, 아무리 감정을 누르려고 해도 감출 수 없는 것이 목젖이다. 걱정이 많거나 당황하거나 스트레스가 쌓이면 무의식적으로 목젖이 붉거진다. 남성이 목을 위 아래로 움직이면 그가 굉장히 싫어하거나 반대하는 말을 들은 경우일 것이다.

손과 팔은 무엇을 말하는가

일반적으로 상대방이 팔을 펼치고 있다면 협상 과정에 긍정적인 반응을 보이는 것으로 예측할 수 있다. 협상을 할 때, 상대방이 개방적이고 환영하는 듯한 행동을 취하는지 잘 살펴보자. 상대방이 당신에게 팔을 뻗친다든지 다양한 손짓을 한다면 그것은 당신의 제안에 관심을 갖고 있거나 긍정적인 평가를 내리고 있다는 것을 의미한다.

반대로 상대방이 방어적이거나 화가 나 있다면 팔짱을 끼거나 주먹을

쥐거나 손으로 깍지를 끼는 등의 방어적 행동을 취한다. 지루하다고 느끼면 신경을 다른 곳으로 돌리려는 듯 뭔가를 끄적거리거나 손가락으로 테이블을 토닥거리거나 턱을 괸다. 또는 보이지 않는 먼지를 털어내려는 듯 무릎 또는 허벅지를 손으로 쓸어 내리기도 한다. 이러한 행동들을 보이면 협상에 관심이 없다는 것을 의미한다.

협상이 진행되면서 참가자의 감정에 일어나는 변화를 감지할 수 있는 가장 효과적인 몸짓은 손과 팔의 움직임이다. 예를 들어 협상을 시작할 때 상대방의 손은 테이블 위에 가지런히 올려져 있다. 만약 상대방이 손을 테이블 위에서 떼어내거나 책상 밑으로 내린다면 제안이 마음에 들지 않거나 원하지 않는 것임을 예측할 수 있다. 만약 참석자들이 협상을 성공적으로 마무리할 생각이라면 반드시 테이블 위에 올려 놓고 손짓을 해 가면서 말을 할 것이다.

어깨와 상체는 무엇을 말하는가

어깨와 상체는 중요한 비언어적 커뮤니케이션 방법이다. 상대방이 당신에게 호감을 갖거나 당신의 의견에 동의하면 할수록, 당신 쪽으로 상체가 기울어지고 당신의 앞이나 옆 쪽에 가까이 설 것이다. 반면, 당신의 의견에 반대하거나 확신을 가지지 못할 경우에는 상체를 뒤로 젖히고 거리를 둘 것이다. 어떤 의견을 제안할 경우, 상대방이 어깨를 움츠리는지를 살펴본다. 어깨를 움츠린다는 것은 당신의 의견에 반대한다는 것을 의미한다.

만약 상대방이 어깨와 상체를 당신으로부터 멀리하려 한다면, 당신의 이야기에 관심이 없다는 것을 의미한다. 사실 이야기의 내용에 상관없이, 상대방이 당신으로부터 떨어지려 한다면 관심이 없거나 반대하는 것을 뜻한다. 상대방이 당신의 의견에 관심이 있거나 동의한다면, 그들은 당신을 똑바로 보고 몸체도 당신을 향할 것이다.

그러나 불편함을 느끼는 즉시 당신을 무시하고 냉랭하게 대할 것이다. 협상 중에 몸체의 움직임은 언제든지 바뀔 수 있다. 선호하는 정보와 그렇지 않은 정보에 따라, 또 본인의 감정에 따라 몸체의 방향이 수시로 바뀐다. 만약 어떤 사람이 방어적이 되면 지갑이나 서류 가방, 노트북 등으로 자신의 몸을 가리기도 한다.

한편, 상대방의 의견에 동조하면 상대방의 행동을 그대로 따라 하는 경향이 있다. 한 사람이 어떤 행동을 하면 상대방이 따라 하는 형국이다. 만약 상대방이 당신의 행동을 따라 하는 것 같으면 살짝 움직여 보고, 상대방이 당신의 행동을 따라 한다면 긍정적인 관계를 수립했다고 생각해도 무방하다.

발은 무엇을 말하는가

필자는 최근에 강연을 했던 컨퍼런스에 하루 일찍 도착하여 다른 발표자들과 청중을 만났다. 필자가 지켜보았던 세션 중 하나는 금융 기관 회장과의 인터뷰였다. 인터뷰 진행자와 대상자는 모두 무대 위의 의자에 앉아 청중을 바라보고 있었다.

신체 언어 측면에서 볼 때 그 변화는 정말 놀라웠다. 인터뷰를 시작하면서 '관계형 금융relationship banking'에 대한 그의 철학과 직원을 중시하는 회사의 입장에 대해 설명할 때 그의 몸 전체에서는 온화함과 위엄이 풍겨 나왔다. 그 후, 임원진의 보상에 대한 질문이 이어졌다. 회장이 이들 질문에 대답할 때 얼굴 표정과 몸짓에는 변화가 없었지만, 그의 '발'은 전혀 다른 메시지를 전달하기 시작했다. 편안한 자세에서 갑자기 발목을 꼬기도 하고, 양발로 의자를 차기도 하는 등 불안한 모습을 보였다. 이러한 행동은 보상에 관한 질문을 하는 동안 계속 되었다.

한편, 그의 상체는 지극히 평온한 모습을 보였다. 여기서 상체 밖에 볼 수 없는 상황이라면(책상이나 강연대에 가려서 하체가 보이지 않는 경우), 그가 그러한 이슈에 대해 감정적 변동이 없을 것이라고 생각할 것이다. 그러나 우리는 그의 발을 볼 수 있었는데, 발은 전혀 다른 메시지를 전달하고 있었다. 스트레스와 걱정이 가득 차 있다는 것을 여실히 보여 주었다.

우리의 다리와 발은 신체 이동, 즉 움직임의 주요 수단이기도 하지만, '피할 것인가, 싸울 것인가 또는 그대로 있을 것인가'의 반응을 가장 먼저 보여 주는 신호이기도 하다. 다리와 발의 움직임은 생각의 속도보다 빠르게 반응하도록 '설계' 되어 있다. 의식적 계획을 세우기 전에 변연계 뇌는 이미 상황에 따라 그 자리에 그대로 있을 것인지, 도망갈 것인지, 대항할 것인지를 자동적으로 결정하고 준비 태세를 갖춘다.

일반적으로 사람들이 신체 언어를 의식적으로 통제하려고 할 때 주로 얼굴 표정과 손과 팔의 움직임에만 신경을 쓴다. 발과 다리의 움직임에 대해서는 달리 신경을 쓰지 않는다. 그래서 필자는 고객들에게 협상이 진행 중일 때 '우연히' 펜을 떨어뜨린 것처럼 하여 테이블 아래의 상대방의 발과 다리의 움직임이 어떠한지를 살필 것을 조언한다.

만약 상대방의 발이 자연스럽게 앞쪽을 향하고 있다면 아마도 당신의 의견에 대해 긍정적으로 생각할 가능성이 높다. 반대로 발목을 꼬고 있거나 발이 출입구 쪽을 향하고 있거나 발로 의자를 감싸고 있다면, 상대방이 당신의 제안에 무관심하거나 반대할 가능성이 높다.

[발의 움직임에 주시한다]

그 밖에 주시해야 할 발의 움직임에는 다음과 같은 것들이 있다.

★ 발뒤꿈치를 경쾌하게 흔들면 그것은 자신의 협상 입장을 만족스러워 하는 것을 표시한다. 만약 상대방이 발뒤꿈치는 바닥에 대고 발 앞 부분을 위로 올리고 있으면 자신이 우위에 있다고 생각하고 있음을 알 수 있다.

★ 다리를 흔들다 갑자기 멈추면 협상에 대한 기대감이 높아졌음을 알 수 있다. 기대감에 차면 잠시 숨을 멈추는 것과 같다.

★ 꼬고 있는 다리의 모습만으로도 상반된 의미를 전달한다. 위에 있는 다리가 당신을 향하고 있으면 상대방은 당신에 대해서 호감을 가지고 있는 것이고, 반대로 위에 있는 다리가 다른 방향을 향하고 있으면 관심 없다는 메시지를 전달하는 것이다.

다리를 꼬는 것과 협상 성공 여부의 상관 관계

다리를 꼬는 것은 협상에 치명적인 악영향을 끼칠 수 있다. 제럴드 니에렌버그 Gerald I. Nierenberg와 헨리 칼레로Henry H. Calero가 공동 저술한 《사람을 책처럼 읽는 방법How to Read a Person Like a Book》에서 양측 협상자들이 모두 다리를 꼬지 않을 경우 합의에 도달할 확률이 높다고 밝혔다. 사실상 비디오에 녹화된 2,000건의 거래 협상에서 협상 당사자들 가운데 1명이라도 다리를 꼰 경우에는 거래가 성사되지 못했음이 드러났다.[3]

무관심을 관심으로 돌리는 방법

상대방이 무관심하다는 신호를 보이면 다음의 6가지 방법으로 난국을 타개할 수 있다.

1. 자신의 자세를 살핀다 스스로 폐쇄적이거나 무관심한 행동을 하게 되면 상대방도 그에 반응하거나 흉내를 낼 수 있다. 만약 그렇다면 자세를 보다 개방적이고 따뜻하고 긍정적으로 바꾼다.

2. 상대방의 취약점을 파악한다 상대방의 취약점을 파악해 두었다가 비상시에 슬쩍 건드려 협상에 관심을 갖도록 유도한다.

3. 상대방이 자세를 바꾸도록 유도한다 예를 들어 상대방이

팔짱을 끼거나 다리를 꼬고 있다면, 자신이 몸을 앞으로 숙여 안내 책자, 계약서 또는 마실 것 등을 권하면서 상대방이 자세를 바꾸도록 유도한다.

4. 분위기를 바꾼다 당신이 제안한 내용을 상대방이 받아들이지지 않는다는 것을 재빨리 파악하고 다른 내용을 제안한다.

5. 상대방의 무관심한 행동을 스스로 인식하도록 유도한다
상대방이 계속 초조해 하거나 눈 맞춤을 피하거나 하면 "오늘은 협상할 분위기가 아닌데, 내일로 연기하는 것이 어떨까요?" 등으로 유도한다.

6. 긍정적 변화를 보여 주는 신호들을 주의 깊게 살핀다
팔짱을 끼는 등 방어적인 신호를 보내면 대부분 재킷의 단추까지 모두 채우고 있을 것이다. 만약 상대방이 팔짱을 푼다든지 재킷의 단추를 푼다면 긍정적인 신호로 볼 수 있다.

상대방이 허풍을 떠는 것은 아닐까

상대방이 허풍 떠는 것을 파악할 수 있다면 얼마나 좋겠는가. 상대방의 거짓말을 텔레비전 쇼 프로인 〈Lie to Me〉와 〈The Mentalist〉처럼 쉽게 파악할 수 있다면 얼마나 편할까. 그렇지만 아쉽게도 거짓말의 신호를 포착한다는 것은 생각만큼 쉬운 일이 아니다. 거짓말의 신호라고 생각한 것이 사실은 상대방이 스트레스를 줄이기 위해 취한 행동일 수도 있기 때문이다.

거짓말 탐지기 분야의 최첨단 기술은 fMRI다. 이 장치는 거짓말을 할 때의 뇌 활동을 추적한다. 우선 연구자들은 거짓말을 할 때가 진실을 말할 때보다 더 복잡한 인지적 활동을 필요로 한다는 것을 밝혀 냈다. 펜실베니아 대학에서 신경 과학자이자 정신 의학자로 재직 중인 다니엘 랭글벤Daniel Langleben이 발표한 이론에 따르면, '거짓말을 하기 위해서 뇌는 우선 진실을 말하지 못하도록 지시하고 거짓말을 만들어 내야 한다. 뿐만 아니라, 앞으로도 거짓말이 들통나지 않도록 이야기를 꾸며 내야 하며, 거짓말에 수반되는 죄책감과 걱정도 감내해야 한다' 는 것이다. 이러한 모든 과정을 fMRI가 추적 기록한다.[4]

그러나 fMRI 장치를 사용하지 않고 상대방이 허풍을 떠는지를 정확히 파악할 수 있는 방법은 무엇일까. 만약 상대방이 명석한 거짓말쟁이거나 연기를 능숙하게 한다면 파악하기가 어려울 것이다. 그러나 지금까지의 경험으로 미루어 볼 때 대다수의 협상자들은 거짓말을 할 때 긴장된 행동을 보인다. 따라서 제대로만 살핀다면 이들 신호를 꽤 정확하게 포착할 수 있다.

거짓말의 여부를 확인하기 위해 다음에 열거된 신체 언어 신호를 찾아 보자.

★ *눈을 깜박이는 횟수가 늘어난다* 스트레스를 받거나 어떤 부정적인 감정이 생기는 경우 눈을 깜박이는 횟수가 늘어난다. 따라서 허풍을 치게 되면 대부분의 경우 눈을 자주 깜박이게 된다. 경찰 조사관이나 세관 조사관들은 어느 부분을 은폐하려는지 알기 위해 어느 부분에서 눈을 깜박이는지를 자세히 살핀다.

★ *동공이 확대된다* 관심이 있는 사람이나 사물을 직면했을 때 동공이 확대되지만, 거짓말을 할 때도 같은 모습이 나타난다. 이 경우 동공이 확대되는 이유는 거짓말을 하게 되면 긴장감이 고

조되고 집중되기 때문이다.

★ *눈을 맞추는 시간이 길어진다* 한 가지 주의해야 할 점은 거짓말을 하는 사람은 상대방의 눈을 직시하지 못한다는 것이다. 비록 거짓말의 신호가 눈길을 피하거나 눈을 맞추는 시간이 짧은 것이 특징이지만, 사람에 따라서 충분히 통제가 가능하다. 사실 거짓말을 하는 많은 사람들은 자신의 거짓말을 들키지 않기 위해서 오히려 눈을 오랫동안 맞추려고 한다.

★ *발을 계속 움직인다* 거짓말을 하려고 할 때 사람들은 발을 계속 움직이는 등 긴장된 모습을 보인다. 다리를 떨거나 이리저리 움직이거나, 또는 다리를 꼬거나 의자 다리를 발로 감싸는 등 불안스러운 행동을 한다.

★ *얼굴을 만진다* 거짓말을 한다고 해서 '피노키오' 처럼 코가 길어지는 것은 아니다. 그러나 자세히 살펴보면 거짓말을 하거나 허풍을 떨 때 무의식적으로 코를 손으로 비비는 것을 보게 될 것이다(그 이유는 거짓말을 하게 되면 아드레날린 호르몬이 분비되어 모세혈관이 열리고 그 결과 코가 간지러워지기 때문이다). 진실하지 않거나 확신이 서지 않을 때 입을 만지는 것도 특이한 현상이다.

★ *반응 시간* 계획된 거짓말이면 진실을 말할 때보다 더욱 빠르게 대답한다. 그러나 준비가 되지 못한 상태에서(허를 찔리는 경우) 거짓말을 생각해 내야 하는 경우는 반응 시간이 길어진다. 따라서 경찰 조사관들은 거짓말의 신호는 '말을 멈추는 시간이 너무 길거나 너무 자주 멈추는 것' 이라고 한다. 질문에 대답하거나 반응을 보일 때 자꾸 멈춘다면 거짓말을 하는 것이 아닐까 의심해 보아야 한다.

★ **손을 숨긴다** 손바닥을 보이는 것이 솔직함을 보여 주는 신호라면, 손을 숨기는 것은(테이블 밑으로 내리거나 주머니에 넣는다) 무언가를 숨기거나 대화하고 싶지 않다는 신호다.

★ **긴장된 자세** 평상시의 손, 어깨, 머리 자세가 말하는 도중 이상하게 긴장된다면 거짓말의 신호라 볼 수 있다. 중간에 어깨를 움츠린다든지, 손 동작이 부자유스럽다든지, 머리를 끄덕이거나 곧추 세운다든지, 어딘가 어정쩡한 모습을 보이면 중요한 정보를 비밀로 감추거나 왜곡하려는 의도가 있다고 의심해 볼 필요가 있다.

★ **비언어적 신호의 감소** 허풍을 칠 때 대부분의 사람들은 진실이 밝혀질까 또는 거짓말이 탄로날까 두려워서 모든 비언어적 신호를 줄인다. 따라서 평상시에 몸동작을 크게 하던 사람이 갑자기 동작이 줄어들었다면 그의 의도를 의심해 보아야 한다.

협상자들이 알아야 할 신체 언어 지침

비언어적 커뮤니케이션은 양방향 커뮤니케이션이다. 만약 협상 상대방이 노련한 사람이라면 당신이 회의실에 들어선 순간부터 신체 언어를 자세히 관찰당하고 평가될 것이다. 이제부터 협상자들이 반드시 새겨 두어야 할 신체 언어 지침 5가지를 소개하고자 한다.

1. 사람의 첫인상은 만난 지 7초 만에 결정된다 이를 가슴에 새겨서 당신에게 이로울 수 있도록 활용하라.

태도부터 조심한다. 당신의 하루가 아무리 피곤하고 힘들더라도 협상 회의실에 들어가기 전에 허리를 쭉 펴고 머리를 세우고 숨을 깊게 들이쉬고 '멋지게' 등장하라. 활기차고 편안한 모습을 보여 준다.

회의장에 들어온 직후, 잠시 멈추어 서서 이미 참석한 사람들을 둘러본다. 평상시보다 눈을 조금 크게 뜨고, 눈썹을 찡긋해 보인다(이 행동은 상대방을 환영하고 인정한다는 보편적인 신체 언어다). 그리고 미소를 지어라.

협상 상대방 모두와 눈을 맞춘다. 이렇게 함으로써 상대방의 눈 색깔을 눈여겨보되, 모두 기억할 필요는 없다. 다만 시간적 여유를 두고 눈을 맞출 수만 있다면 충분하다. 눈을 맞추는 것만으로도 상대방의 호감을 살 수 있다.

2. 악수를 청하라   악수는 가장 익숙하면서도 전통적인 비언어적 비즈니스 인사법이다. 그러나 악수라는 간단한 행동 뒤에는 상대방에게 자신의 인상을 오래도록 남기고 싶다는 의미가 숨어 있다. 상대방의 손을 잡음으로써 즉각적이고도 긍정적인 인상을 남길 수 있다. 악수에 대해 좀 더 자세히 알아보자.

★ 가능한 한 먼저 악수를 청하자. 몸을 앞으로 숙이고 팔을 뻗되 손바닥은 왼쪽을 향한다.
★ 몸체는 상대방을 향한다.
★ 눈을 맞추고 계속 미소 짓는다.
★ 손을 마주 잡는다(엄지와 검지의 피부가 느껴질 정도로 지긋이 그러잡는다).
★ 힘을 주어 상대방 손을 잡되(대충 잡으면 상대방은 당신이 유약하거

나 망설이고 있다고 느낀다), 지나치게 꽉 잡지는 않는다.

★ 잡은 손을 바로 풀지 말고 시간을 잠시 끈다. 이는 진실성을 전달하기 위함이다. 그렇게 하면 상대방이 당신에 대해 좀 더 관심을 갖게 된다.

★ 악수를 풀기 전에 '만나서 반갑습니다', 또는 '만나 뵙게 되어 매우 기쁩니다' 등의 인사말을 건넨다. 만약 상대방을 처음 만나는 경우라면 자기 소개를 한다.

★ 상대방으로부터 눈길을 뗄 때, 아래를 쳐다보지 말라(그것은 마치 굴복의 신호로 비칠 위험이 있다). 그보다는 머리를 들고 옆을 보는 것이 낫다.

[악수를 청하자!]

3. 친밀감을 쌓으라 협상에서 친밀감이야말로 'Win-Win'의 결과를 얻게 만드는 일등 공신이다. 회의실에 들어온 순간부터 지금까지 당신이 하는 모든 일은 친밀감을 쌓으려는 노력의 일환이어야 한다. 친밀감을 쌓기 위해서는 친근한 눈빛으로 상대방을 보고, 몸을 상대 쪽으로 기울이며, 머리를 끄덕거려 격려나 동감의 표시를 하고 적절한 타이밍에 미소를 보낸다.

친밀감을 쌓을 수 있는 가장 효과적인 방법(당신이 좋아하거나 존경하는 사람들이 무의식적으로 하는 행동이기도 하다)은 상대방의 자세, 몸짓, 표정, 호흡 패턴 등을 따라하는 것이다. 2~3초 후에 상대방의 신체 언어를 자연스럽게 따라 하는 것도 매우 효과적이다.

[상대방을 따라 하는 것은 관심을 표명하는 방법이다]

한 임원은 협상할 때 상대방이 느끼는 바를 자신도 공감하고 싶어서 상대방의 행동을 따라 한다고 말한다. 그 부분은 필자도 공감하는 부분이다. 우리의 신체와 감정은 상당히 밀접하게 엮여 있어서 상대방의 자세를 따라 하면 친밀감을 쌓을 수 있을 뿐만 아니라 상대방의 감정까지도 '그대로' 느낄 수 있다.

예를 들어 협상 테이블의 맞은쪽에 상대방이 앉아 있다. 당신이 테이블에서 몸을 떼고 가능한 한 상대방으로부터 몸을 멀리 해 보라. 대부분의 경우, 상대방도 당신과 유사한 반응을 보여서 당신으로부터 몸을 멀리 할 것이다(이 경우, 대화의 분위기가 부정적으로 변하지 않는지 잘 살펴보라). 그럼 이번에는 몸을 상대방 쪽으로 가깝게 기울이고 손을 테이블 위에 올려 놓으라. 그 다음 상대방의 눈을 응시하고 미소를 지으라. 그러면 대화의 분위기가 부드럽게 변한다는 것을 느끼게 될 것이다. 이 실험을 통해, 행동을 어떻게 하느냐에 따라 상대방과의 친밀감이 쌓이거나 깨지는 것이 얼마나 빠르게 바뀔 수 있는지를 알 수 있을 것이다.

4. 자신감을 보여 주라 2년 전 어느 토요일 아침, 필자는 캘리포니아 코테 마데라Corte Medera에 소재한 '북 패시지Book Passage'라는 서점에서 강연을 했다. 이곳은 독자적 경영으로 드물게 성공한 서점이다. 청중석 앞줄에 한 젊은 여성이 앉아 있었는데, 그녀는 그 지역에서 방영된 텔레비전 쇼에서 필자를 보았고 자신감을 높이기 위해 신체 언어를 연습해 왔다고 밝혔다. 그녀는 필자가 알려준 신체 언어를 연습한 결과 새 차를 사는데 큰 도움이 되었다고 청중에게 다음과 같이 말했다.

"선생님이 알려 주신대로, 영업 사원을 마주보고 '자신감'을 보여 주는 손짓을 했습니다. 즉, 제가 원하는 바를 말할 때 손 모양을 첨탑처럼 하는 것입니다. 양 손바닥을 마주보게 하여 양손의 손가락들을 펼치고 손가락 끝은 붙여서 첨탑처럼 만들죠(그림 참조). 앞에 앉아 있는 영업 사원은 매우 오만하게 보였습니다. 양손을 머리 뒤로 하고 다리를 꼬고 는 몸은 한껏 뒤로 제치고 있었습니다. 그러나 저는 그의 태도에 기죽지 않고, 당당하게 바로 그의 앞에서 자신감을 보여 주는 손짓을 하고 원하 는 바를 끝까지 주장했습니다. 어떤 일이 일어났을까요? 제가 요구했던 것을 하나도 빠짐없이 모두 얻어낼 수 있었습니다."

여러분은 이미 '첨탑 손짓'을 여러 번 본 적이 있을 것이다. 임원, 의사, 변호사, 정치가들이 자주 하는 손짓이고, 대화의 주제에 대해 자신감이 있다는 것을 보여 준다. 그렇지만 한 가지 주의할 점은 아무 때나 이러한 손짓을 하지 말라는 것이다. 강조하고 싶은 부분이 있을 때 이 행동을 취하도록 한다(이 행동을 지나치게 자주 사용하게 되면 너무 작위적 이거나 불성실해 보일 수 있다).

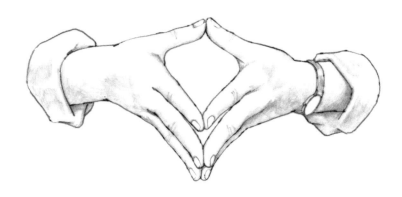

[첨탑 손짓은 자신감과 확신을 보여 준다]

사람들은 무언가에 대해 확신이 들 때 자신도 모르게 손을 앞으로 뻗고 손바닥을 아래로 한다. 다시 말하면, 어떤 이슈에 대해 협상을 할 의지가 있으면 손바닥을 상대방에게 보여 주고, 협상을 마무리할 생각이면 손바닥을 아래로 향한다. 어떤 사안에 대해 입장 정리가 끝난 상태라면 손바닥을 아래로 하고 테이블 위에 올려 놓는다.

그렇다고 해서 한 가지 몸짓이나 행동만으로 당신이 원하는 바를 모두 얻을 수 있다는 것은 아니다. 그러나 어떠한 경우에 있어서나 협상에서 가장 중요한 점은 자신감을 보여 주는 것이다. 만약 당신의 신체 언어가 자신감이 없다는 메시지를 전달하면, 당신은 협상에서 우위를 점유하지 못하고 유약해 보일 것이다.

자신감을 보여 주는 방법은 매우 다양하다. 우선 상체를 곧추 세우는 것은 자신감, 안정, 또는 신뢰를 보여 주는 신체 언어이다. 팔짱을 끼거나 어깨를 움추리거나 해서 상체를 가리면 가릴수록 당신 스스로를 감추고 싶어 하는 메시지를 전달한다. 발짓도 자신감을 보여 주는 기준이 된다. 발을 가지런히 모으면 소극적이거나 머뭇거린다는 인상을 준다. 반대로 발 사이의 간격을 넓히고 무릎에 힘을 빼고 하체에 무게 중심을 두게 되면 확신에 찬 인상을 줄 수 있다.

자신감에 찬 모습을 보여 주려면, 키를 잘 활용하여 힘을 보여 주는 것도 효과적이다. 상대방은 앉아 있고 당신이 서 있다면 당신이 훨씬 자신감에 차 보일 것이다. 특히 손을 허리에 대고 서 있으면 더욱 그러하다. 뿐만 아니라, 주위를 천천히 돌면 당신이 통제하는 공간이 넓어지면서 더욱 자신감에 차 보인다.

만약 당신이 앉아 있다면 팔과 발을 쭉 뻗고 소지품들을 테이블 위에 펼쳐서 자신의 영역을 넓힘으로써 힘을 보여 줄 수 있다. 힘을 과시할 수 있는 또 다른 몸짓은 팔을 머리와 다리 뒤에 놓고 다이아몬드 형태로 만든다(이는 앞에서 예를 들었던 자동차 영업 사원이 취했던 자세이기도 하다). 그러나 필자는 이러한 자세를 권하지 않는다. 자칫하면 자신감이 아니라 오만불손하게 느껴지기 때문이다. 사실 여성들은 이러한 자세를 거의 취하지 않는다.

자신에 찬 자세에 손짓까지를 더한다면 에너지, 흥미, 열정을 모두 전달할 수 있다. 그렇지만 손짓을 너무 현란하게 사용하면(특히 손을 어깨 위로 올리는 행동) 통제 불능이 되거나 신뢰감이 떨어지거나 하여 권위가 떨어져 보일 수 있다.

5. 상대방과 동일한 방향으로 앉거나 서면 치열한 논쟁을 누그러뜨릴 수 있다

자신의 주장을 인정받기 위해 치열한 언쟁을 벌일 수 있다. 만약 그때 상대방과 어깨를 나란히 하고 동일한 방향을 바라보고 앉거나 서면 논쟁의 강도를 줄일 수 있다. 반면에 상대방과 직각의 방향이거나 가까이 다가가서 거리를 좁히면 논쟁의 강도가 더 심해질 수 있다.

6. 긍정적 인상을 심으면서 협상을 마무리한다

협상을 시작하면서 상대방에게 활기차고 편한 모습과 자신감을 보여 주어야 하듯이, 협상을 마무리할 때도 긍정적 인상을 심어 주어야 한다. 똑바로 서서 온화한 표정으로 악수를 하여, 상대방이 다음 협상 파트너로 당신을 원할 수 있도록 한다.

일상적인 협상이든지 매우 중요한 협상이든지 간에, 신체 언어 스킬을 효과적으로 활용하면 만족스러운 협상 성과를 올릴 수 있다. 연습을 통해서 상대방이 거짓말을 하고 있는지, 진정한 합의에 도달한 것인지, 또는 갈등의 조짐이 있는지를 파악할 수 있다. 무엇보다도 여러분의 생각과 의견을 명확한 목적을 가지고 자신 있게 전달해야 한다. 이를 위해서는 여러분의 말과 행동이 동일한 메시지를 전달해야 할 것이다.

변화 유도

변화 관리의 성공 열쇠 : 비언어적 소통의 효과적 활용
변화에 대한 뇌의 반응
신체와 정신의 연관 관계
변화 발표
사람들은 무엇을 원하는가
공감의 힘

3장 변화 유도

변화 관리의 성공 열쇠 : 비언어적 소통의 효과적 활용

지난해 대대적인 구조 조정 중에 있던 회사를 컨설팅했다. 그때 필자의 임무는 임원진을 도와 변화 전략을 구상하고 직원들이 변화를 적극적으로 받아들이도록 지원하는 것이었다. 기획 단계에서 한 여성 임원이 자신의 부서에서 구조 조정을 하게 되면 업무 프로세스를 개선하는데 효과가 있을 것이라는데 동의했다. 그녀는 솔직해 보였고 제안된 변화를 적극 지지한다고 말했다.

그러나 그녀의 말을 듣는 도중 갑자기 그녀가 자신의 말에 대해 확신이 없다는 것을 느꼈다. 그녀가 무심코 취하는 사소한 행동들이 필자로 하여금 그러한 생각을 갖게 만들었다. 그녀의 행동은 말보다 조금씩 늦었고 팀원들과의 시선을 피하는 듯 보였다. 또한, 적극적 지지자로서 갖추어야 할 열정도 보이지 않았다. 그녀는 최선을 다하여 변화를 지지하는 척했지만, 신체 언어는 그녀의 솔직한 감정을 그대로 드러냈다. 그녀는 회사가 지향하는 방향에 공감하지 않았던 것이다. 필자는 어떤 일이 일어날지 지켜 보았다. 아니나 다를까, 몇 주 후에 그녀는 사직하였다.

대규모 변화 프로젝트보다 기업을 활성화시키는 것은 없다. 그 변화 프로젝트는 아마도 새로운 전략일 수도 있고, 신제품 라인 출시일 수도 있으며, 경쟁 업체 인수일 수도 있다. 그러나 리더들은 변화를 적극적으로 밀어붙이지만, 직원들은 (심지어 리더들조차) 변화에 대한 의지는커녕 준비도 되어 있지 않은 경우도 종종 있다.

3장에서는 변화에 저항할 때 뇌는 어떠한 작용을 하는지, 그리고 (당신과 다른 사람들의) 감정이 변화를 수용하는 조직의 역량에 어떠한 영향을 끼치는지 등에 대해서 살펴볼 것이다. 대부분의 감정 메시지는 비언어적으로 전달되기 때문에 신체 언어 스킬이 변화 유도에 상당히 중요한 역할을 한다. 이 4장을 통해서, 스트레스와 저항의 비언어적 신호를 어떻게 읽어 낼 것인지, 강력한 연설의 노하우는 무엇인지, 어떻게 해야 카리스마가 있는 것처럼 보일 수 있는지까지 배울 수 있을 것이다.

변화에 대한 뇌의 반응

회사가 변화를 시도할 때마다 반대를 일삼는 직원들은 리더들에게는 피하고 싶은 골칫거리일 것이다. 변화에 반대하는 사람들은 방해를 일삼고 자기 방식만 고집하며 변화에 매우 적대적이다. 누가 보더라도 변화가 회사의 이익에 도움이 되는데도 불구하고 반대만 일삼는다. 그런데 새로운 연구 결과에 따르면, 반대만 일삼는 사람들이 바로 우리 모두라는 것이다.

뇌 분석 기술이 최근에 발전을 거듭하면서 연구자들은 뇌의 사고 thought 에너지 흐름은 신체의 혈액 흐름과 동일하다고 밝혔다. 또 특정한 생각에 대해 활성화되는 뇌의 부분이 다르다는 사실을 발견하게 되었고, 또 하나 확실해진 것은 변화에 대한 뇌의 반응은 거의 모든 사람에게서 유사하게 나타난다는 점이다. 즉, 변화를 싫어한다는 것이다.

업무 습관을 포함한 대부분의 일상생활은 반복적인 것이기 때문에 정신적 에너지를 거의 쓸 필요가 없다. 바로 그러한 이유로 '평상시 해 오는 일'에는 거부감이 없고, 심지어는 그 일이 아니면 안 될 것 같이 보이기도 한다. 따라서 회사의 구조 조정 소식에 거의 자동적으로 부정적 반응을 보이게 되고, 논리적으로 생각하거나 상식적으로 보아도 변화를 추진하는 것이 회사의 이익에 바람직한 경우에도 변화 소식에 본능적으로 적대감을 표시하는데, 이 감정을 호감으로 뒤집기에는 역부족인 경우가 많다.

감정의 힘

다니엘 골먼Daniel Goleman의 저서 《새로운 지도자New Leaders》는 '위대한 지도자들은 우리를 감동시킨다. 그들은 우리의 열정에 불을 붙여 최선의 것을 이끌어 낸다. 그들의 위대한 리더십을 설명하기 위해 우리는 전략, 비전 또는 강력한 아이디어를 꼽기도 한다. 그러나 실상은 그렇지 않다. 그들의 힘은 원초적인 곳에서 온다. 위대한 리더십은 감정에서 나오는 것이다.'[1] 라는 문구로 시작한다.

언젠가 기술 업체 CEO에게 직원들이 변화를 어떻게 다루는지에 대해서 질문한 적이 있다. 그는 "저희 직원들은 사적인 감정은 배제하고 모든 사실을 솔직하게 얘기합니다."라고 대답했다. 그 회사에서는 직원들이 변화를 분석하고 이성적으로 반응할 것을 기대하는데, 이때 감정은 고려되지 않는다는 것이다.

리더들은 모든 것을 수치화하여 직원들이 객관적인 결론에 이르도록 돕는 역할을 한다. 그러나 신경학자이자 저술가로 활동하고 있는 안토니오 다마지오Antonio Damasio는 인간의 의식적 사고의 중심부(전전두엽prefrontal cortex)는 감정을 생성하는 편도체amygdale에 밀접하게 연계되어 있어 논리만 가지고는 어떠한 결정도 내릴 수 없다고 한다. 다마지오 박사의 연구는 무의식적 정신적 프로세스가 의사 결정을 촉진시키며, 논리적 사고는 감정적 선택을 정당화하는 수단에 불과하다는 점을 증명해 보였다.[2] 조직 변화에 대해 연구를 하면 할수록 성공적인 변화의 중심부에 있는 것은 논리가 아니라 감정이라는 증거들을 더 많이 확보할 수 있다.

그렇다면 과거에 변화 프로젝트가 실패로 돌아간 경우, 그 후에 긍정적인 변화를 유도하는 것이 참으로 힘든데 그 원인이 무엇인지 궁금해지지 않을 수 없다. 그 해답은 변화를 성공적으로 이끄는 힘은 논리가 아니라 감정이라는 데 있다. 사람들이 변화에 대한 의사 결정을 내려야 할 때, 그들의 뇌는 그것과 관련된 감정에 접근하기 위해 이번에 추진되는 변화와 유사한 과거의 경험을 기억해 내려고 한다. 과거에 실패했다면 부정적 감정이 순간적으로 엄습하고 새로운 변화 프로젝트에 부정적 생각을 품게 되는 것이다. 이번에 추진되는 변화가 아무리 필요하고 합리적인 것이라고 해도 부정적 생각을 떨칠 수 없는 것이다.

변화의 추진

리더들은 변화를 유도하기 위해 두 가지 유형의 감정에 호소한다. 첫 번째는 '위기 의식'과 '위급함'이다. 이들 감정의 기본적 생각은 직원들로 하여금 두려움을 느끼게 하여 변화를 수용하도록 하는 것이다. 이러한 부정적 감정이 효과적일 수 있다는 점에는 동의한다. 두려움, 분노, 위기감 등의 감정이 모든 생리적 반응을 촉발시켜 특정한 행동을 신속히 받아들일 수 있도록 신체를 준비시키기 때문이다.

그러나 대부분의 경우 조직에서 추진되는 변화는 신속한 것도 특정한 내용도 아니다. 그보다는 지속적으로 추진되어야 하고, 변화의 본질이 애매모호한 경우도 많다. 따라서 조직의 변화를 효과적으로 관리하기 위해서는 혁신적이고 유연한 접근 방식이 요구된다.

이러한 종류의 변화를 추진하기 위해서는 부정적 감정은 도움이 되지 않는다. 사실상 부정적 감정은 문제 해결 능력을 심하게 훼손시키고 창의적 사고를 저해한다. 그것이 바로 오늘날의 가장 효과적인 변화 추진 요소가 긍정적 감정인 이유이다. 긍정적 감정은 사람들이 변화에 대한 의지를 강화시키고 지속적으로 추진하도록 유도하는 가장 효과적인 촉매제이다.

감정의 전이

예일 대학에서 실시한 비즈니스 시뮬레이션 실험에서, 참가자를 두 개의 그룹으로 나눈 후 정해진 금액으로 보너스를 어떻게 나누어 줄 것인가에 대한 과제를 냈다. 각 그룹은 모든 직원들을 공평하게 대하면서 일부 특정 직원들을 우대해 줄 수 있는 방안을 찾아내야 했다. 한 그룹은 의견이 엇갈려서 그룹 구성원들이 스트레스를 받고 긴장한 반면, 또 한 그룹은 그룹 구성원 모두가 결과에 대해서 만족했다.

이렇듯 감정적 반응이 다르게 나타난 이유는 각 그룹에 심어 놓은 '스파이'에 있었다. 이들 스파이는 해당 과제에 대해 느끼는 그룹 구성원들의 감정을 고의로 조작하는 임무를 받았다. 첫 번째 그룹의 스파이는 부정적이고 불쾌한 감정을 유도했고, 두 번째 그룹의 스파이는 긍정적이고 유쾌한 감정을 유도했다. 신기하게도 회의 중 각 그룹 구성원들은 자기 그룹의 스파이들이 유도하는 대로의 감정을 느꼈다고 한다. 비록 그 이유와 방법에 대해서는 전혀 알지 못했지만 말이다.[3]

감정적 전이는 일반적으로 비언어적 프로세스를 통해 이루어진다. 예를 들어 팀원 한 명이 화가 나 있거나 우울해하면 그의 부정적 신체 언어가 마치 바이러스처럼 팀 전체에 퍼져 그룹 구성원 전체의 태도와 분위기에 악영향을 끼친다. 반대로 쾌활하고 행복한 사람은 전체 그룹원을 활기차고 행복하게 만든다. 감정적 전염 현상에 대한 연구를 검토한 후, 신경학자인 리차드 레스택Richard Restak은 "감정은 전염성이 있다. 같은 방에 앉아 있는 것만으로 감정이 전이된다."라고 결론지었다.[4]

뿐만 아니라, 감정의 전이는 그룹의 영향력이 큰 사람으로부터 그렇지 않은 사람에게로 전달된다. 대대적인 변화가 일어나는 동안, 사람들은 상당히 긴장되고 감정적 신호를 찾기 위해 리더의 감정 변화를 지속적으로 주시한다. 만약 리더가 편안하고 낙관적으로 생각한다면, 아랫사람들도 긍정적이고 생산적이 될 것이다. 그러나 만약 리더가 화가 나 있거나 우울하다면 팀원들에게 그러한 부정적 감정이 전이되어 결근, 생산성 저하 등 원하지 않는 결과들이 나타날 것이다.

신체와 정신의 연관 관계

여러분도 잘 알고 있듯이, 행복하면 미소를 짓게 된다. 그러나 미소를 지으면 행복해진다는 사실도 알고 있는가. '페이셜 피드백facial feedback'이라고 하는 이러한 효과는 너무나도 강력하여 억지로 미소를 짓는다고 하더라도 당신의 감정과 행동에 영향을 끼친다. 한 연구 프로젝트에서 참가자들을 두 그룹으로 나누어, 한 그룹은 치아 사이에 연필을 물게 하여 미소를 지을 수밖에 없고, 또 다른 그룹은 입술 사이에 연필을 물게 하여 인상을 찌푸릴 수밖에 없도록 했다. 실험 결과, 연필 때문에 할 수 없이 미소를 지은 참가자들이 미소를 지을 수 없었던 참가자들보다 함께 본 만화를 더 재미있다고 평가했다.[5]

캘리포니아 의과 대학에서 실시한 또 다른 연구에서, 이 연구팀은 공포, 분노, 위기감, 슬픔, 행복 등에 맞게 얼굴 근육을 움직인 결과 심장박동, 혈압, 피부 온도 등 자발적 신경 시스템 반응이 각각의 감정에 맞게 변화됨을 확인할 수 있었다.[6]

또한 신경 시스템과 감정에 영향을 끼치는 것은 얼굴 표정만이 아니라, 그 사람의 자세 및 움직임에까지도 영향을 미친다는 것이다. 네덜란드의 레드바우드 대학Radboud University에서 실시한 연구에서는 '뒷걸음질이 인지력을 향상시킨다'고 밝혔다. 어려운 상황에 직면할 때 (말 그대로) 뒷걸음질을 치면 문제 해결 능력이 향상된다는 것을 증명하였다.[7]

카리스마가 있는 척 상대방을 속일 수 있는가

카리스마란 '개인적 매력'이라고 정의될 수 있다. 카리스마적인 사람들은 외향적이기도 하지만, 타인들과 직접 만나 많은 시간을 보낸다. 사람들로부터 비언어적 신호를 포착하여 이를 적극적으로 활용하는 것이다. 리더들이 카리스마를 발휘하는 것은 그들이 말하는 내용 자체가 카리스마적일 뿐 아니라 방법 또한 카리스마를 느낄 수 있도록 한다.

위대한 리더들은 아랫사람들에게 신뢰를 준다. 아랫사람들을 이해해주고 효과적으로 다룬다. 그들의 이야기를 들어주고 공감해 주고 격려해 줌으로써 높은 성과를 올리는 것이다. 따라서 신체 언어 신호를 읽고 이에 반응하는 방법을 학습하는 것이 카리스마적 리더십을 배양할 수 있는 가장 효과적인 수단이다.

물론 카리스마는 신체 언어를 통해 긍정적 태도, 에너지, 열정을 타인들에게 전이시킨다. 비언어적 몸짓이 주변 환경에 영향을 받지 않고 언어적 메시지와 일치할 때 강한 카리스마를 뿜어낸다. 임원 코치인 필자의 역할은 임원들의 언어적(논리적) 메시지와 비언어적(감정적) 메시지를 일치시킬 수 있는 방법을 가르쳐서, 그들이 보다 안정적으로 상대방을 설득시켜 지대한 영향력을 발휘하도록 하는 것이다. 뿐만 아니라, 카리스마가 있는 척 보일 수 있도록 돕기도 한다.

카리스마가 있는 척 행동하려면 약간의 연습이 필요하다. 물론 감정을 조절하는 연습도 필요하다. 확신이 서지 않는 상황에서 자신감을 표출하거나 (어떤 이유로 인해) 우울한 상황임에도 불구하고 긍정적이고 쾌활한 듯이 보이는 것은 매우 어려운 일이다. 이를 위해서는 두 가지 효과적인 방법이 있다. 'Method 액팅 기술'(다음 장에서 자세하게 설명할 것이다)을 활용하거나 신체와 언어의 밀접한 관계를 이해하여 의식적으로 노력하는 것이다.

하버드 경영대학원이 실시한 연구 조사에 따르면, 특정한 자세에 따라 감정과 행동이 변한다고 한다.[8] 다음은 그 연구 조사 결과를 정리해 놓은 것이다.

★ '권위'를 보여 주는 자세(뒷머리를 두 손으로 받치고 의자를 최대한 뒤로 젖히고 발을 책상 뒤로 뻗거나, 책상에 몸을 기대고 손을 옆으로 크게 벌리고 책상을 짚는 행위 등)를 2분 정도만 해도 (힘과 지배를 상징하는 남성 호르몬인) 테스토스테론의 분비량이 증가하고 스트

레스 호르몬인 코티졸의 분비량이 감소한다.
- ★ '권위'를 보여 주는 자세는 호르몬 분비량을 변화시킬 뿐 아니라, 권력을 느끼게도 해 주고 리스크를 이겨 낼 마음의 준비도 갖추게 한다.
- ★ 사람들은 말하는 내용보다는 감정에 의해 더 큰 영향을 받는다.

신체 언어 스킬을 학습하는 것은 청중을 상대로 효과적인 커뮤니케이션을 하는 데 도움이 될 뿐만 아니라, 긍정적이고 쾌활한 자세와 행동을 하도록 훈련시킴으로써 정신적으로도 긍정적인 효과를 얻을 수 있다. 자신감과 카리스마의 자세, 몸짓, 표정을 지으면 실제적으로도 카리스마적인 사람처럼 보일 수 있다.

감정의 기억 - 'the Method'

1800년대 말, 러시아의 배우이자 감독, 코치인 콘스탄틴 스테니슬라브스키Constantin Stanislavsky는 연기의 새로운 지평을 열었다. 'Method acting'(또는 단순하게 Method라고도 한다)이라고 하는 이 방식은 말론 브란도Marlon Brando, 알 파치노Al Pacino, 로버트 드니로 Robert DeNiro 등 현실주의 연기학파에 의해 채택되었다.

Method에 따르면, 연기의 가장 중요한 임무는 실제처럼 믿게 하는 것이다. 연기를 실제처럼 믿게 하기 위해서, 스테니슬라브스키 감독은 '감정의 기억', 즉 과거에 있었던 진짜의 감정을 적극 활용하는 방식을 채택했다. 예를 들어, 두려움을 연기하기 위해 배우는 자신의 과거에 두려웠던 기억을 떠올려 그 당시의 감정을 살려 연기하는 것이다.

비록 목표는 연기자와 리더가 다르다고 하더라도, 리더가 표현하고자 하는 확신과 신뢰는 근본적으로 연기자와 다르지 않을 것이다. 예를 들어, 리더가 대규모 변화 프로젝트에 대해서 프레젠테이션을 해야 할 때 성공적으로 끝내고 싶을 것이다. 그러할 경우 다음의 조언을 잘 활용해 보자.

★ 과거에 자신감이 넘치고 확신에 찼었던 경우를 회상해 보자(회사에서 있었던 경험이 아니라도 상관 없다. 중요한 것은 당신이 원하는 감정을 살릴 수 있으면 된다).

★ 과거의 경험을 자세하게 기억해 내고, 그때 느꼈던 확신, 열정, 목표를 회상한다. 그리고 당시에 어떤 태도와 자세를 취했는지, 어떻게 말했는지를 기억해 내거나 상상한다.

★ 과거에 느꼈던 자신감과 긍정적 태도를 마음에 새기고 앞으로 열릴 회의를 상상해 본다. 앞으로 열리게 될 회의를 마음속으로 되풀이해서 상상하면 할수록(자신감과 확신에 차서 회의를 이끄는 모습), 보다 긍정적이고 진실된 메시지를 전달하는 신체 언어를

행동이 혈액에까지 영향을 끼치는가

심리 신경 면역 학자이자 연구자인 니콜라스 홀Nicholas Hall은 1막짜리 연극에서 상반된 성격을 연기하는 배우들을 대상으로 실험을 했다. 연기가 끝난 후 배우들의 혈액 샘플을 채취해 보니, 쾌활하고 행복한 역할을 맡았던 배우의 면역력은 매우 높았다. 반면, 우울하고 불행한 역할을 맡았던 배우의 면역력은 현격하게 떨어졌다.[9]

효과적으로 구사하여 성공적으로 발표할 수 있는 확률이 높아
진다.

그렇지만 무슨 일을 하건, 단순히 감정을 억누르면 다른 사람을 속일
수 있다고 생각하지 말라. 솔직한 감정을 억누르게 되면 상당히 많은 양
의 의식적 노력이 필요하고 성공 가능성도 거의 없다. 감정을 숨기려고
할 때마다, 비언어적 신호들이 자신도 모르게 튀어 나오게 되며, 청중들
은 의식적으로든 무의식적으로든 당신이 거짓말을 하고 있다는 사실을
감지하게 된다.

감정 억제의 문제점

스탠포드 대학이 실시한 감정 억제 연구 결과는 감정을 숨기는 것이 어려운 이
유를 밝혔다. 감정을 숨기기 위해서는 신체적, 정신적 피폐를 감수해야 한다. 감
정을 숨길 것을 요청 받은 실험 대상자들은 불편함을 느꼈고, 집중력이 떨어지
고, 다른 생각에 정신이 팔리는 증상을 보였으며, 혈압도 지속적으로 올라갔다.
그러나 한 가지 흥미로운 사실은 (우리가 밝히고 싶어 하는 점이기도 하다) 실험
대상자의 말을 듣는 상대방까지도 혈압이 올라갔다는 점이다. 이는 커뮤니케이
션 분야에서 매우 중요한 점이기도 한데, 감정 억제가 초래하는 긴장은 겉으로
확실히 드러날 뿐만 아니라, 전염성까지도 있다는 것이다.[10]

변화 발표

조직 내에서 직위가 올라가면 갈수록,
공식적인 자리에서 프레젠테이션 할 기회
가 많아진다. 다른 어떤 프레젠테이션보
다 '변화'에 관한 주제를 발표하는 자리가 리더의 연설 역량을 정확하

게 평가할 수 있는 기회이다.

변화가 개인은 물론 청중들의 감정에까지 영향을 끼치기 때문에, 청중들은 변화 프로젝트를 발표하는 리더의 일거수일투족을 세심히 살필 것이다. 원시 시대부터 지금까지 진화를 통해 인간의 뇌는 자신에 대한 위협의 가능성이 있는지의 여부를 먼저 살피게 되었다. 그래서 프레젠테이션 초기에 어떠한 긴장도 절대 간과할 수 없다. 청중들은 그 긴장을 그대로 수용하는 것이 아니라, 매우 심각하게 받아들이거나 심지어는 부정적으로 해석하는 사람들도 많다.

그래서 필자가 조언하고 싶은 점은 확신이 서지 않는 '변화'에 대해서는 절대 언급하지 말라는 것이다. 항상 솔직하고 투명한 태도를 취해야 신체 언어도 솔직한 감정을 그대로 드러낼 것이다. 또 당신의 말과 행동이 일치되는 순간이라도 비언어적 신호에 대해 긴장의 끈을 늦추지 말라. 예를 들어 어정쩡한 자세를 취하거나, 바닥을 보거나, 손을 비비거나, 앞뒤로 몸을 흔들거나, 머리를 갸웃거리거나 하면, 이러한 모든 행동들은(비록 이러한 행동들이 긴장할 때 취하는 습관이라고 하더라도) 변화에 대해 확신이 없거나, 아니면 그 보다 더욱 심한 경우로 청중에게 비칠 수 있기 때문이다.

무대 위의 신체 언어

필자는 임원들에게 프레젠테이션 스킬을 코칭하는 사람으로서, 연설문의 중요성을 그 누구보다 잘 알고 있다. 가슴을 설레게 하는 비전, 적절한 사례, 자신을 낮추는 유머, 자신의 경험까지 적당하게 구사한 연설문은 매우 감동적이다. 그러나 리더가 신체 언어의 중요성을 과소 평가하거나 무시한다면 연설문이 아무리 훌륭하더라도 그 연설은 감동적일 수 없다.

훌륭한 리더는 무대 위에서의 실수를 용납해서는 안 된다. 그렇다면 무대 위에서 주의해야 할 8가지 신체 언어 요령은 무엇일까?

1. 긴장을 풀라　무대 뒤에서 순서를 기다릴 때 신체가 느끼는 긴장에 주목하라. 약간의 긴장은 프레젠테이션을 활기차고 흥미롭게 만들 수 있는 '약'이 된다. 그러나 지나친 긴장은 프레젠테이션에 '독'이 될 수 있는 비언어적 신호를 초래하게 된다.

긴장을 풀려면 무대로 나가기 전에 무게 중심을 '가운데' 두고 서거나 앉는다. 즉, 양다리를 벌리고 서 있거나 앉아 있을 때도 허리를 곧추세우고 평형을 유지하며 안정된 자세를 유지하라. 턱을 아래로 하고 정면을 응시하며 목을 푼다. 그리고 숨을 깊게 들이쉬고 자연스럽게 천천히 내쉬는 복식 호흡을 한다. 또 속으로 하나부터 여섯까지 세면서 숨을 들이쉬며 주먹을 힘 있게 쥐고 팔, 상체, 다리의 근육을 긴장시킨다. 그다음 숨을 크게 내쉬면서 손과 팔, 몸을 이완시킨다. 그 외에도 양팔을 흔들어 털면서 근육을 이완시킨다. 입술을 다물고 '음, 음' 소리를 내면서 목청을 가다듬는다(언어 치료사로부터 배운 기술이다).

2. 메시지 전체에 초점을 맞춰라　변화 프레젠테이션을 성공적으로 끝내려면 단계별 정보가 필요하다. 청중이 변화의 타당성을 이해할 수 있어야 한다(예를 들면, 변화를 추진할 수 밖에 없는 시장의 현실). 또 변화의 시급성에 동의해야 한다(변화를 당장 시작해야 하는 환경, 과제, 기회 등). 그 외에도 청중은 성공적인 변화를 추진하는데 필요한 스킬을 갖추고 있다고 믿을 수 있어야 한다(적어도 그러한 스킬을 갖출 기회가 있다

고 믿을 수 있어야 한다). 그러나 이러한 요인들만으로는 청중을 설득하는 데 충분하지 않다.

청중이 실제로 행동에 나서도록 설득하기 위해서는 감정에 호소할 필요가 있다. 따라서 변화의 메시지를 전달하기 위해 무대에 오르기 전 감정에 집중하라. 어떻게 청중이 변화의 필요성을 인식할 수 있도록 감정적으로 호소할 것인가, 당신 스스로는 변화에 대해 어떻게 느끼는가, 청중은 어떤 느낌을 가지기를 원하는가, 이러한 감정을 표출하기 위해 어떠한 신체 언어를 보여 주어야 하는가 등에 대해 충분히 생각해 보아야 한다.

3. 자신 있는 포스로 등장하라 편안한 마음과 자신 있는 자세로 무대에 등장하라. 머리를 들고 부드럽고 안정된 발걸음으로 무대에 나서라. 무대 중앙에 도착하면 걸음을 멈추고 미소를 짓고 눈썹을 약간 치켜 올린다. 청중을 둘러보면서 눈을 약간 크게 뜬다. 편안하고 밝은 얼굴 표정과 몸짓을 하게 되면, 앞으로 전달할 정보에 대해 확신을 가지고 있다는 점을 청중들도 믿게 될 것이다.

연설자의 긴장은 청중에게 그대로 전달되므로 연설자가 편안한 태도를 취한다면 청중도 그렇게 느낄 것이다. 지금까지의 내용은 누구나 다 아는 상식처럼 들릴 것이다.

그러나 실제로 무대에 오를 때 어깨를 구부정하게 하고 미간을 찡그리고 눈을 가늘게 모아 뜨는 관리자들을 많이 보아 왔다. 연설자가 불안해 하면 청중도 이를 그대로 따라 한다. 입으로는 "이제 힘을 모아 멋지게 '변화' 해 봅시다!"라고 말하면서 불안한 행동을 보인다면 정말 어울리지 않을 것이다.

4. 청중에게 시선을 주라 연설을 하는 동안 청중으로부터 시선을 떼지 마라. 만약 시선을 뗀다면 당신은 빨리 그곳을 떠나고 싶고 변화를 진심으로 바라지 않는 것처럼 보인다. 아니면 무언가를 숨기는 것으로 오해를 받을 수도 있다. 물론 청중 개개인에게 계속해서 시선을 주기는 어렵다. 그렇지만 특정한 개인이나 여러 명의 청중에게 시선을 주었다가 잠시 후에 또 다른 사람들에게 눈길을 주는 방식으로 청중에게 시선을 주면 된다.

5. 연단에 의지하지 마라 연단 뒤에 숨지 마라. 연단 뒤에 계속 서 있으면 몸의 대부분이 감추어질 뿐만 아니라 당신과 청중 사이의 소통의 장애물이 되기 때문이다. 대본이 없어도 될 정도로 연습을 충분히 한다. 만약 대본이 반드시 있어야 한다면, 비디오 프롬프터를 한두 개 요청하여 무대 아래쪽에 준비하도록 한다.

6. 손 동작을 활용하라 핵심 메시지를 강조하거나 감정, 필요, 확신을 표현하고 싶을 때 손 동작을 효과적으로 활용하라. 사람들은 자신이 하는 말에 확신을 가지고 열정을 느낄 때 몸짓 또한 커진다. 그렇기 때문에 청중과의 유대감을 강화시키는 데 있어 몸짓이 상당히 중요하다. 몸짓을 적절히 활용하게 되면 청중의 마음을 효과적으로 사로잡을 수 있다. 손 동작을 활용하지 않으면(손을 옆에 가지런히 놓거나 앞쪽으로 모아 꽉 잡으면) 핵심 메시지를 강조할 수 없고 감정 이입도 시킬 수 없는 형편 없는 커뮤니케이터로 낙인 찍히게 되어 버린다.

몸짓은 상징적 행동emblem, 긴장 완화 행동pacifier, 의미 전달 행동illustrator 등의 세 가지로 분류된다. 상징적 행동은 이미 모든 사람들이 인정한 행동이므로 말이 필요 없다(예를 들면 조용히 하라고 할 때 손가락을 입술에 대는 것). 긴장 완화 행동은 긴장을 풀 때 사용된다(이것에 대해서는 나중에 다시 자세히 다루도록 하겠다).

의미 전달 행동은 메시지를 전달하면서 동시에 사용된다. 의미 전달 행동은 연설 내용과도 밀접한 관련이 있어서 이 행동이 없다면 의미가 제대로 전달되지 않을 정도이다. 또 의미 전달 행동은 적절한 말을 찾는데도 도움을 주고, 사고의 표현을 보다 정확하고 확실하게 해 준다. 시각 장애자들도 말을 하면서 이 행동을 할 정도이다. 우리가 전화를 할 때 상대방을 시각적으로 보지 않으면서 이러한 행동을 하는 것과 마찬가지이다.

진실한 의미 전달 행동은 말을 하기 직전이나 동시에 표현되는 것이지, 결코 말을 한 다음에 취해지는 것은 아니다(프레젠테이션 준비를 할 때 몸짓부터 사전에 정하려고 하면 잘 되지 않는데, 그 이유는 타이밍이 맞지 않기 때문이다).

중요한 프레젠테이션을 앞두고 있는 여러분을 코칭할 때 가장 적절한 조언은 메시지의 중요성과 그 이면에 있는 감정에 집중하라는 것이다. 그렇게 되면 말할 때 몸짓은 자동적으로 표현될 것이다. 그것은 마치 친구와 수다를 떨 때 자연스럽게 몸짓을 하는 것과 같다.

그러나 몸짓을 연습해야 할 필요가 있다고 판단되면 다음에 설명하는 기본적 지침을 활용하기 바란다.

★ 손바닥을 위로 하여 보이면 이야기하는 사람이 필요로 하는 것 또는 요청하는 것이 있다는 의미이다.

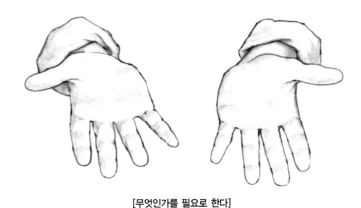

[무엇인가를 필요로 한다]

★ 손바닥을 기울이거나 45도 각도로 비스듬히 세워 보이는 동작은 솔직함과 개방적임을 보여 준다.

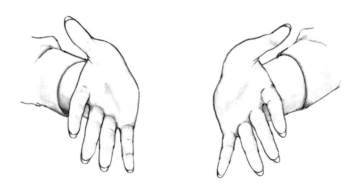

[솔직하고 개방적이다]

★ 손바닥을 아래로 하면 힘과 확신을 나타낸다.

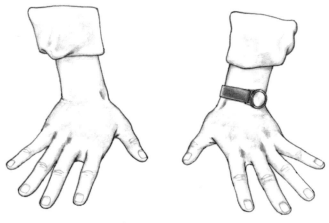

[이미 결정을 내렸다]

★ 단호한 손 동작으로 손바닥을 세우면 핵심 메시지를 강조하는 것이다.

[핵심 메시지를 강조한다]

★ 손 모양을 첨탑처럼 하면 메시지에 대해 전문성을 갖추고 확신이 있다는 의미이다.

★ 팔을 허리 선에 두고 손 동작을 하면 안정감 있게 느껴진다.

★ 팔을 벌리면 개방과 포용을 의미한다.

★ 얼굴이나 머리, 머리카락을 만지면 불안하거나 주저한다는 인상을 준다. 사타구니 앞쪽으로 손을 모으는 것도 마찬가지이다.

★ 손을 감추면 진실성이 떨어져 보인다.

★ 어깨 위로 손 동작을 하면 변덕스럽거나 '오버' 한다는 인상을 준다.

7. 몸을 움직여라 사람들은(특히 남성) 행동이 크다. 연설하면서 몸을 움직이면 청중이 지루해 하는 것을 피할 수 있다. 핵심 메시지를 말하기 직전에 청중 쪽으로 걸어나가면 매우 효과적이다. 반면에 잠시 멈추거나 화제를 바꿀 때 뒷걸음치면 좋다. 그렇지만 핵심 메시지를 말하는 순간에는 움직이지 않는다. 대신, 행동을 멈추고 다리를 벌리고 안정적 자세에서 메시지를 전달한다.

8. 청중의 반응을 모니터링하라 청중의 반응을 지속적으로 읽어라. 청중의 반응이 뜨거운가, 아니면 지루해 하는가. 청중이 지루해 하는 모습을 보이면(문자 메시지를 보내거나 시계를 들여다보는 행동 등), 무언가 예기치 못한 행동을 취하라. 갑자기 말을 중지하든지 목소리의 속도 또는 톤을 바꾼다든지, 질문을 한다든지, 청중에게 연습 문제를 준다.

물론, 모니터링 해야 할 가장 중요한 반응은 당신의 메시지를 듣고 그

한 번의 작은 끄덕임

수백 명의 청중이 동시에 머리를 끄덕이는 것을 본 적이 있다. 사람들은 연설자의 메시지에 감명을 받게 되면 고개를 끄덕인다. 이것은 무의식적인 행동이고 세계 어디에나 공통적으로 나타난다. 연설을 할 때 청중의 반응을 살펴보라. 청중이 당신의 연설에 감동을 받았다면 무심결에 고개를 끄덕이는 것을 볼 수 있을 것이다.

들이 보여 주는 감정적 반응이다. 대대적인 조직의 변화에 대해 발표할 때는 다양한 신체 언어를 목격할 수 있을 것이다. 그러나 예상하라. 처음에는 반응의 대부분이 부정적이라는 것을……

꼼짝하지 않을 것인가, 도망갈 것인가, 싸울 것인가

변화는 '안락 지대comfort zone'에서 우리를 몰아내고 편도체amygdale를 활성화시켜 두려움과 걱정에 불안하게 만든다. 이제 우리 신체는 '꼼짝하지 않을 것인가, 도망갈 것인가, 싸울 것인가'를 결정해야 하는 상황에 이른다. 대대적 변화에 대한 발표가 있자마자 편도체의 영향을 받아 촉발된 신호들이 나타난다. 이때 청중의 반응을 자세히 살피면, 그들의 신체 언어를 보고 반응을 파악할 수 있다.

'꼼짝 못하는 것'은 위협 또는 위험에 직면하여 맨 처음에 나타나는 보호 본능적 행동이다. 조직이 대규모 변화 프로젝트를 실시하게 되면 다양한 위협 요소가 반드시 생기게 된다. 즉, 직원들은 불확실성과 실패에 대해서 두려워하고, 새로운 도전을 감당할 역량이 없는 것으로 비칠까 노심초사하게 된다. 지금까지 누려 왔던 기득권을 잃을 위험도 있다.

직장에서의 대인 관계, 지금까지 인정 받아 왔던 역량의 가치, 보상, (심한 경우에는) 일자리까지 잃게 될 위험이 있다. 이러한 위험을 고려해 볼때, 구조 조정 발표에 접할 때 가장 처음 보이는 반응이 꼼짝도 하지 못하게 되는 것이다.

변화의 본질적 특성인 위협으로 인해 직원들은 가능한 한 눈에 띄지 않으려는 반응을 보인다. 그들은 숨을 얕게 쉬거나(심지어 숨을 참는 경우도 있다), 아래턱을 집어 넣고 어깨를 귀 쪽으로 올리거나 (목을 빼는 대신) 목을 쑥 움츠린다. 또는 시선을 피하거나 팔을 몸쪽으로 잡아당기거나 손짓을 최대한 줄인다. 자신의 존재를 숨기기 위해 말 그대로 의자에 몸을 파묻는 경우도 있다.

두 번째로 눈에 띄는 반응은 '도망' 가는 것이다. 가능한 한 변화의 상황을 벗어나려고 하며, 변화 프로젝트에도 관여하지 않으려고 한다. 직원들은 외면하거나 뒤로 기대거나 사물 뒤에 숨어서 방패막으로 활용하거나 팔과 다리를 꼬거나 발을 가장 가까운 출구 쪽으로 향한다. 뿐만 아니라, 눈을 비비거나 눈을 감음으로써 시선을 차단하려고도 한다. 시선 차단은 본능적인 행동이므로 선천성 시각 장애자로 태어난 아이일지라도 원하지 않는 말을 들을 때면 눈을 가린다.

그러나 사직을 결심하지 않고서야 실제로 도망가는 것은 불가능하다 (대부분의 사람들은 회의실을 박차고 나올 수 없다). 대신에 스스로를 진정 시키기 위해 '긴장 완화 행동'을 취하게 된다. 긴장 완화 행동은 평상시에도 하게 되지만, 특히 변연계가 자극을 받게 되면 더 많이 취해진다. 변화 프로젝트 발표를 들은 후, 직원들은 마음을 달래기 위해 자신의 신체를 만지게 될 것이다. 이를테면 손을 꼰다든지 머리카락을 돌돌 만다든지 다리를 비빈다든지 관자놀이를 마사지한다든지 입술을 만진다든지 등의 행동을 취한다.

목을 만지는 것도 긴장 완화 행동이기는 하지만 남성과 여성이 차이를 보인다. 여성은 목의 옆 부분을 만지거나 목 아래 부분을 가리거나 목걸이를 만지작거리는 반면, 남성은 목젖 부분을 강하게 잡는다.

'싸우는' 행동(또는 적극적 저항)이 신체가 취할 수 있는 마지막 선택이다. 이를 꽉 문다든지 턱을 내민다든지 눈을 가늘게 뜬다든지 얼굴을 붉힌다든지 주먹을 쥔다. 이러한 공격적 행동에는 가슴을 부풀리거나 타인의 영역을 침범하는 것도 여기에 포함된다. 콧구멍을 벌름거리는 것도 공격적 행동의 조짐으로 간주되는데, 이는 공격적 행동을 하기 전에 산소를 들이마셔야 하기 때문이다.

회의가 지루해져도 반드시 피해야 할 행동

한 CEO는 한 임원의 인사 고과 보고서에 그의 '부정적 신체 언어'가 적절치 못하다고 기록하고, CEO가 프로젝트를 제안할 때마다 '자신의 입에 총을 쏘는 흉내를 멈추지 않으면 해고할 것'이라고 경고했다

사람들은 무엇을 원하는가

게임을 하나 해 보자. 규칙은 다음과 같다. 돈을 나누어야 하는데, 일단 내가 돈을 나누고 상대방이 그 제안을 받아들일 것인지 아닌지 결정하도록 한다. 그러나 상대방이 거부하면 우리 둘 다 빈손으로 가야 한다.

이성적으로 본다면, 내가 먼저 결정한다는 이점이 있으므로 이를 활

용하여 내게 이롭도록 돈을 나누고 상대방은 공평하지 않더라도 제안을 받아들여야 할 것이다. 왜냐하면 한 푼도 가져 가지 않는 것보다 조금이라도 받아 가는 것이 나으니까 말이다. 그러나 현실은 다르다. 일반적으로 절반씩 똑같이 돈을 나눈다. 이성적으로 판단할 때는 공평하지 않더라도 상대방은 어차피 받아들여야 하는 것을 아니까 내게 이롭게 나누겠지만, 실제로는 공평하게 나누지 않으면 상대방이 거절하기 때문에 공평하게 나누어야 한다.

이러한 반응을 보이는 이유를 파악하기 위해, 프린스턴 대학 연구팀은 fMRI를 연구 대상자들에게 부착하여 뇌의 작용을 기록했다. 불공평한 제안을 받게 되면, 전측 뇌섬엽anterior insula이라고 알려진 뇌의 앞부분이 분노와 역겨움의 신호를 보낸다.[11] 전측 뇌섬엽은 (불공평의 정도와 상관없이) 상대방의 제안을 거절하는 것이 비이성적인 결정이라는 판단을 전혀 하지 못한다. 잘못된 것이 아무것도 없다고 생각하는 것이다.

관계의 심리를 자세히 들여다 보면, 대부분의 사람들은 주는 것과 받는 것이 동일한 균형적 대우를 원한다. 자신이 공헌한 것과 그에 대한 대가로 받는 것이 동일해야 만족하다는 것이다. 만약 직원들 자신이 받는 것보다 더 많이 회사에 공헌한다고 느끼거나 보상이 공정하게 돌아가지 않는다고 생각하면, 회사에 대한 충성도는 급격히 떨어진다.

이렇듯 공정한 대우를 통해 균형을 찾으려고 하는데, 실제로 중요한 것은 대우 그 자체보다 대우에 대한 '인식'이다. 이러한 인식은 리더의 '상징적 행동'에 의해서 각인된다. 어떤 화학품 제조 회사의 CEO는 이에 대해 "리더로서 의사 결정을 내려야 할 때, 제가 내리고자 하는 결정이 직원들이 공정하게 생각할 것인가를 반드시 먼저 생각합니다."라고 말한다.

리더의 모든 행동은 상당한 의미를 지닌다. 만약 당신의 최고 경영자가 매일 특별한 사람들과 특별한 장소에서만 점심을 먹고, 회사 차량도 최고급 승용차만을 고집하는 등 자신의 씀씀이는 줄이지 않고 직원들에게만 비용 절감을 요구한다면 그 직원들은 불만이 쌓여 분노로 바뀌고 사기가 떨어져 변화 프로젝트는 실패로 돌아갈 것이다.

공감의 힘

몇 년 전에 한 새로 부임한 지역 총괄 사장을 위해 연구 프로젝트를 실시한 적이 있다. 그는 "전임자는 20년간 근무했지만 저는 이 회사에 새로 부임했습니다. 여러분들이 제게 원하는 바가 무엇인지를 알고 싶습니다."라고 말했다.

1주일 후에 필자는 보고서를 제출하면서 "보고서 내용에 만족하실 거라 생각합니다. 직원들이 원하는 것은 비용이 드는 일이 아닙니다. 직원들은 연봉이나 본사로부터 지원을 필요로 하지 않습니다. 직원들은 감정과 어려운 점을 공감해 주는 것을 간절히 원합니다."라고 말했다. 직원들은 새로 부임한 리더가 "여러분은 친구이자 멘토, 롤 모델이 될만한 리더를 바라셨을 것입니다. 분명히 힘든 상황이었을 것입니다. 그러나 여러분이 믿거나 말거나 저는 여러분의 상황을 충분히 이해할 수 있을 것 같습니다."라고 말해 주기를 바랄 것이다.

전환기에 있어서의 가장 강력한 무기는 '공감'이다. 직원들은 경영진이 자신의 어려움을 이해하지 못할 것이라고 생각하면, 변화가 몰고 올 불확실성, 부정적 감정에 대해 두려운 감정을 떨쳐 버리지 못하고, 또 경영진이 직원들의 어려움을 이해하지 못하리라고 생각한다. 아랫사람들은 리더가 그들의 모든 문제와 우려를 해결해 줄 것까지는 기대하지 않지만, (변화에 대해 불안함이 느껴질 때) 리더가 공감하고 이해하고 존중해 주기를 원한다. 바로 그러한 이유 때문에 리더는 아랫사람들의 비언어적 신호를 정확히 파악하고 이에 적절히 대응해야 한다.

이와 같이 모든 변화에는 부정적인 면도 있지만 기회와 이점 같은 긍정적인 면도 있다. 직원들이 두려움을 떨쳐 버리고 변화로 인해 얻을 수 있는 이점에 대해 생각해 볼 수 있는 것은, 그들의 부정적인 감정을 이해해 주고 표현할 수 있도록 한 이후에나 가능하다.

또한 직원들이 과거의 기억을 떨쳐 버리고 미래 지향적이 될 수 있는 것은 과거의 실패에 대해 충분히 반성하고 그 기억마저 긍정적으로 변화시키고 나서이다. 이때 낙관주의와 긍정적 태도를 솔선수범하여 보여 줄 수 있는 리더를 필요로 한다. 리더가 먼저 긍정적 태도를 보여 주어야 직원들이 성공을 위해 적극적인 행동에 나서게 될 것이다.

4장

협력

포용을 의미하는 신체 언어

언제, 어디서나 필요한 협력

인간은 사회적 동물

포용의 신체 언어를 위한 6가지 비결

말하는 방법의 중요성

공간의 활용

성공 의상 코드

사무실이 전달하는 메시지

협력으로 이어지는 친밀감

4장 협력

포용을 의미하는 신체 언어

샤론Sharon은 회의실에 들어온 후 테이블의 상석에 앉아서 커피잔을 놓고 노트북을 열었다. 그리고 나서 새로이 구성된 임원진에게 협력의 중요성을 강조하며 인사를 하고 각자 자기 소개를 할 것을 요청했다. 회의에 참석한 일부 임원들 중에는 전에 함께 일한 적이 있어 고개를 끄덕이고 미소를 짓고 시선을 맞추었지만, 새로 만난 임원들에게는 냉랭한 태도를 취했다. 그들이 말을 건네려 하자 관심이 없다는 표정을 짓고 커피를 리필하러 커피 테이블로 가기도 하고, 컴퓨터 스크린을 힐끔힐끔 보기도 하고 휴대폰이 울리자 한참 동안이나 자리를 떴다. 회의 분위기가 어수선해지자 그녀는 잠시 휴식 시간을 갖자고 제안했고, 급하게 리더십 스타일에 관해 필자에게 조언을 구했다.

회사의 경쟁력을 좌우하는 핵심 요소는 인력의 잠재력, 그들이 소유하고 있는 정보의 질, 조직 내 직원들과 지식을 공유하고자 하는 의지 등이다. 리더십의 과제는 이들 요소를 가능한 한 긴밀하게 연계시켜 팀, 부서, 회사 전체에 걸쳐 협력을 증진시키고 지식을 공유하도록 유도하는 것이다.

4장에서는 동료와의 협력을 증진시키는 방법을 비롯하여 '거울 효과 mirroring'로 공감을 이끌어 낼 수 있는 방법, 포용의 신체 언어가 의미하는 것, 소외의 파괴력, 말하는 방법의 중요성, 공간의 중요성, '성공의 의상 코드'의 새로운 정의, 회사에서의 당신에 대한 평판, 협력을 이끌어 내는 효과적 수단인 '친밀감' 등에 대해 다룰 것이다.

언제, 어디서나 필요한 협력

사람들로부터 가장 많이 요청 받는 강연의 주제는 '협력의 힘, 최대한 활용하기'이다. '협력'이 이렇듯 강연 주제로 인기를 끄는 이유는 기업들이 '사일로 멘탈리티silo mentality'와 '지식 축적knowledge-hoarding(지식 공유와 반대 개념)' 등으로, 협력을 통해 브레인 파워를 낭비할 수 있기 때문이다. 회사 내의 브레인 파워를 잘 활용하면 수십억 달러의 경제적 효과를 올릴 수 있다. 또한 협력은 혁신적인 프로세스 또는 제품의 개발로 이어질 수도 있으며, 요즘 같은 불경기에 많은 기업들이 줄줄이 도산을 하는 상황에서도 경제적 난관을 헤쳐나갈 수 있는 방법이기도 하다.

조직 내에서 협력이 이루어지지 않으면 기업의 이윤에만 손실이 생기는 것이 아니라, 개인적 차원에서도 손실이 발생할 수 있다. 팀의 사기를 진작시키고 창의성을 장려하고 협력을 통한 생산성을 제고하고 쾌활한 업무 분위기를 조성할 수 있는 환경에서 근무할 수 있는 기회를 놓치게 되기 때문이다.

소외의 파괴력

로스엔젤레스 소재 캘리포니아 대학 사회 신경 과학social neuroscience 연구원인 나오미 에이젠버거Naomi Eisenberger는 타인으로부터 거부당했을 때 뇌에서 일어나는 반응을 알아내기 위한 실험을 고안했다.[1] 그녀는 실험 대상자들에게 컴퓨터 게임을 하도록 요청하고 그들의 뇌를 fMRI 장치에 연결시켜 뇌의 반응을 조사하였다. 실험 대상자와 그 외의 두 사람(모두 3명)이 인터넷 상에서 '공 던지기'를 하는 게임이었다. 실험 대상자의 아바타(가상 공간에서 실험 대상자를 묘사한 컴퓨터 그래픽으로 처리된 모형)와 다른 두 명의 아바타가 게임을 하는 것이다.

게임 중간쯤, 실험 대상자의 아바타에게는 '공 던지기'를 멈추게 하고, 나머지 두 아바타에게만 공을 주거니 받거니 하게 했다. 실제로 인간이 직접 게임을 하는 것이 아니라 컴퓨터 프로그램에서만 어느 시점에 가서 실험 대상자를 게임에서 배제한 것이었다. 결과는 컴퓨터 게임인 데도 불구하고, 게임 참가자들은 공을 받지 못하면 공연히 화가 나고 무시당한다는 생각이 들고, 타인으로부터 제재를 당한다는 기분이 들었다고 말했다. 마치 개인적 이유로 무시를 당한다는 생각이 들었다고 말했다.

실험 대상자의 뇌에서 일어나는 반응은 신경 과학자의 흥미를 끌기에 충분했다. 실험 대상자가 소외감을 느끼면 그에 상응하는 반응이 전두 대피질anterior cingulated cortex의 등 쪽dorsal portion에서 일어났다. 전두 대피질은 육체적 통증을 느끼는 부분이다. 즉, 그룹에서 '왕따'를 당하면 육체적 고통을 느낄 때와 동일한 반응이 뇌에서 일어난다는 것이다.

연구 보고서가 강조하듯이, 사람들은 사소한 것으로도 소외감을 느낀다. 소외감을 느끼게 하는 비언어적 신호들은 대부분 사소한 것이다. 예를 들어, 상대방이 이야기를 하는 동안 시선을 이리저리 움직인다든지 어깨를 비스듬히 하고 마주보지 않는 것이다. 만약 샤론이 새로 만난 임원들을 대할 때 상대방을 무시하는 태도를 어쩌다 한 번 취했던 것이라면 상황이 그렇게 악화되지는 않았을 것이다. 그러나 샤론은 팀의 협력을 깨뜨리는 행동을 지속적으로 취했다.

어떤 팀에서 특정 개인의 행동을 지속적으로 무시한다든지, 어떤 팀원에게 무뚝뚝한 태도를 취한다든지 등으로 관심을 보이지 않으면 팀원들 간의 협력은 불가능해진다. 또 협력을 유도하는데 큰 장애가 될 것이다. 무시를 당한다고 느끼는 팀원들은 소극적으로 변하고 팀 활동에 노력을 기울이려 하지 않을 것이다. 이러한 불편한 분위기는 암암리에 전체 그룹으로 확산될 것이다.

반면에 포용의 신체 언어를 보여 주는 리더들은 협력을 유도하는 긍정적 분위기를 연출하여 높은 성과를 올릴 수 있다. 그러나 일부 팀원들을 편애하여 그들에게만 긍정적인 비언어 신호를 보내고, 나머지 팀원들을 소외시키면 소외당하는 사람에게는 심한 상처가 된다. 그 고통은 육체적으로 느껴질 정도이다.

관계에 대한 굶주림

> *"외로움과 소외감이야말로
> 가장 끔찍한 가난입니다."*
>
> *− 마더 테레사* [2]

인간은 사회적 동물

협력의 기원은 원시 시대의 생존 수단으로 거슬러 올라간다. 소속감은 협력을 장려하는 요소이면서 뇌의 활동을 촉진시키는 원동력이다. 인간은 사회적 동물로서 우리의 뇌는 사회성과 협력을 중시하도록 진화되었다. 따라서 타인들의 생각 또는 감정을 지속적으로 평가하고 상대방이 우리에게 어떠한 반응을 보내는지, 상대방과 함께 있을 때 안전함을 느끼는지, 아니면 우리와 함께 있을 때 상대방이 안전함을 느끼는지를 파악하고자 노력한다.

사회적 동물은 혼자 보다 함께 일할 때 성공한다. 인간은 소속감을 필요로 하고 그러한 필요성은 강력한 본능적 욕구이다. 우리는 집단의 활동에 공헌하기를 원하고 그 노고에 대해 인정 받기를 원한다. 초콜릿을 먹거나 사랑을 나눌 때 뇌의 중심부가 활성화되는데, 타인들이 우리의 노력을 감사히 여기고 존중할 때도 동일한 반응이 일어난다. 이러한 역학적 관계를 이해하면 협력이 가지는 본질적 보상 작용에 대해 보다 심도 있게 이해할 수 있을 것이다. 뿐만 아니라, 신체 언어 신호들이 긍정적이고 개방적이어야만 하는 이유에 대해서도 깨달을 수 있을 것이다.

미러 신경 세포

3장에서 다루었듯이, 공감은 직장에서 협력을 이끌어 낼 수 있는 강력한 동기 부여 요인이다. 협력적 리더십에 관한 이해의 열쇠를 쥐고 있는 신경 과학 분야는 미러 신경 세포mirror neuron와 공감이 뇌에서 어떻게 발전될 수 있는지를 연구한다. 1980년대 후반, 이탈리아에 소재한 파마 대학University of Parma의 연구원들은 짧은꼬리원숭이들이 특정한 행동(예를 들어 땅콩을 잡을 때)을 할 때나, 다른 원숭이나 인간이 자신과 유사한 행동을 하는 것을 볼 때 뇌 신경 세포가 활성화됨을 발견했다(운동 신경 세포의 측면에서 보면, 원숭이의 뇌는 실제의 행동인지 단순히 관찰한 것인지를 구별하지 못한다). 이러한 뇌 신경 세포를 과학자들은 '미러 신경 세포'라고 명명했다.[3]

신생아가 엄마를 올려다 보고 있을 때 엄마가 미소를 지어주면 미러 신경 세포가 반응을 보이는 것을 발견할 수 있는데, 신생아의 뇌를 모니터링한 결과, 아기가 엄마의 미소를 볼 때 미러 신경 세포가 활성화됨을 알 수 있었다. 그런데 아기가 스스로 미소를 지을 때도 동일한 현상이 일어난다고 하는데, 아기는 태어난 지 몇 시간도 되지 않아 엄마의 미소를 흉내 내기 시작한다는 것이다.

조직의 경우도 마찬가지이다. 직원들은 리더로부터 비언어적 신호를 포착하고 그의 행동을 의식적, 무의식적으로 흉내를 낸다. 미러 신경 세포 연구를 통해서 얻게 된 교훈은 예전부터 내려오던 '아랫사람을 대할 때 지켜야 할 원칙'을 반드시 지키라는 것이다. 즉, 원하는 행동을 솔선수범하면 아랫사람들이 그대로 따라 한다는 것이다. 팀원들이 협력하기를 원하면 리더가 먼저 협력의 모범을 보여야 한다. 마하트마 간디 Mahatma Gandhi가 "세상에서 바뀌기를 원하는 변화를 스스로 실천해야 한다."라고 말했듯이, 리더가 먼저 변화를 스스로 실천해야 한다.

미러 신경 세포를 발견하기 전에는, 타인의 동기 부여 요소와 활동을 이해하고 예측하기 위해서 분석적 사고 프로세스가 필요하다는 것이 통념이었지만, 이제는 다르다. 분석적 사고를 통해서 상대방을 이해하는 것이 아니라, 이전의 장들에서 설명했듯이 감정이 중요한 도구가 된다. 미러 신경 세포가 행동을 따라 할 뿐만 아니라, 의도와 감정까지 흉내를 낸다는 것이 인간의 뇌에 대한 연구 결과로 밝혀졌다. 따라서 타인과 상호 관계를 맺고 공감하는 능력에 있어 미러 신경 세포가 지대한 역할을 하는 것으로 드러났다. 신체 언어 신호, 특히 얼굴 표정을 읽은 후 이면의 감정을 자동적으로 해독한 후에(분석할 필요 없이) 직관적으로 우리 주변의 세상을 인지하는 것이다.

이러한 반응은 회사에서도 똑같이 일어난다. 팀원의 얼굴 표정을 읽거나 자세 또는 몸짓을 읽은 후 미러 신경 세포가 활성화되는 것이다. 그리고 나서 잠재 의식 속에서 타인의 입장을 이해하려 하고 동일한 감정을 회상하고 경험한다. 타인의 즐거움과 슬픔을 공감할 수 있고 감정적 차원에서 타인을 이해할 수 있는 능력의 주된 원동력은 미러 신경 세포이다.

만약 리더인 당신이 팀원의 얼굴 표정과 자세를 흉내 낸다면, 그것은 팀원의 감정을 이해하고 공감하며 의사 결정을 내릴 때 그들의 감정을 고려한다는 메시지를 전달하는 것과 같다. 바로 그러한 이유 때문에, 상대방을 흉내 내어mirroring 공감대를 형성하는 것이 팀의 협력을 증진시키는 효과적인 방법이라 할 수 있다.

미러 신경 세포를 발견한 이후, 거울 효과를 증명하기 위해 여러 연구들이 이루어졌다. 최근의 실험에서, 실험 대상자들에게 여러 개의 광고를 보게 한 후 질문했다. 실험 대상자들이 자신의 의견을 말할 때 연구 팀 중 한 명이(실험 대상자의 눈에 띄지 않게) 절반에 해당하는 실험 대상자들의 행동을 흉내 내었다. 몇 분 후에 실험 대상자들을 흉내 낸 연구원이 우연을 가장하여 펜을 바닥에 떨어뜨렸다. 연구원의 흉내를 내었던 실험 대상자들이 그렇지 않은 실험 대상자들에 비해 펜을 주워 줄 확률이 2~3배나 높았다.

이 연구는 어떤 사람의 흉내를 내게 되면 상대방에 대한 호의적인 감정이 증대될 뿐만 아니라(이 실험에서는 흉내를 내었던 연구원에 대한 감정), 일반적으로 사회성을 높여 준다는 결론을 내렸다.

동시 동작과 협력 간의 상관 관계

지난해 리더십 컨퍼런스에서 있었던 일이다. 드러머drummer들이 일제히 무대로 나와 드럼을 신나게 치면서 컨퍼런스의 오프닝을 장식했다. 이 같은 오프닝은 협력적 분위기를 조성하는데 매우 효과적이다. 이상하게 들릴지 모르겠지만 다음의 상황들을 생각해 보자.

행군, 합창, 춤 등은 서로 함께 동작을 하도록 유도하는 좋은 예이다. 스탠포드 대학은 동시 동작이 목표 달성을 위해 협력을 유도하는데 큰 효과가 있음을 증명하였다. 세 차례에 걸쳐 실험이 이루어졌는데, 동시에 함께 행동을 하는 사람들이 그렇지 않은 사람들에 비해 경제 활동을 함에 있어 보다 협력적이었다. 심지어 그룹을 위해 자신을 희생해야 하는 경우에도 마찬가지였다. 연구 결과는 동시 동작이 그룹원들과의 사회적 연대감을 강화시켜 협력을 증진시킨다는 것을 보여 주었다.

어떻게 들을 것인가

암스테르담에 소재한 VU 대학의 대학원생들에게 8분짜리 영화를 보게 한 후, 영화의 내용을 다른 학생들에게 가능한 한 자세하게 묘사하도록 하는 실험을 하였다. 그 이야기를 듣는 사람들은 사실상 연구원들이었다. 의도적으로 연구원들의 절반은 대학원생들의 이야기를 긍정적인 태도로 들었고(예를 들어, 미소를 짓거나 고개를 끄덕이거나 개방적 자세를 취했다), 나머지 반은 부정적인 태도를 취했다(예를 들어, 기분 나쁜 표정을 짓거나 반응을 보이지 않았다).

대학원생들은 긍정적 태도를 취한 연구원들에게는 영화 내용을 추상적으로 설명했다. 즉, 등장 인물의 생각이나 감정 등 눈으로 직접 볼 수 없는 측면까지 전달하려 애썼다. 반면, 부정적 태도를 취한 연구원들에게는 객관적 사실과 구체적인 사실만 전달했다.[6]

과학 이론에 의하면, 상대방이 미소를 짓거나 고개를 끄덕이는 것은 관심과 동의를 표시하므로 화자는 개인의 생각이나 의견을 상대방과 공유하려 한다. 반면, 부정적인 신체 언어는 위협적 반응으로 여겨져서 화자는 상대적으로 안전하다고 생각되는 객관적 사실만 전달하는 것이다.

이러한 과학 이론을 협력과 리더십의 측면에서 살펴본다면, 리더가 신체 언어만 바꾸어도 팀원의 업무 처리와 보고 방식에 영향을 끼칠 수 있다는 결론을 내릴 수 있다.

포용의 신체 언어를 위한 6가지 비결

포용의 신체 언어는 여러분이 예측하는 바와 같을 것이다. 즉, 눈 맞춤, 미소, 고개 끄덕임, 몸짓 등이다. 비록 이들 신체 언어가 사소한 것처럼 보일지 몰라도 그 효과는 너무나 커서 협력적 리더로서의 성공과 실패를 좌우한다는 점을 반드시 기억하라. 그렇다면 협력을 증진시킬 수 있는 6가지 비결을 소개하겠다.

첫 번째 비결 : 기대치를 높여라

교육 연구 사상 가장 논란을 일으켰던 피그말리온 효과Pygmalion in the Classroom는 교사의 기대치가 학생들의 동기를 불러일으켜 높은 성과를 올릴 수 있다는 점을 보여 주었다. 이 연구에서 수업을 맡게 될 교사들이 '우수 학생' 명단을 받았다. 교사들은 이들 학생이 우수한 학습성과를 올릴 것이라고 기대하였고, 학년 말에 실제로 이들 학생의 IQ 테스트 결과 점수는 상당히 향상되었다.[7]

그러나 실제적으로 이들은 테스트 결과가 아니라 무작위로 선정된 학생이었다. 학생들이 우수한 성과를 올린 것은 사실상 학생들의 능력이 아니라 교사의 기대치와 믿음이었던 것이다. 학생들은 자신의 이름이 '우수 학생' 명단에 올라 있는지도 몰랐기 때문에, 교사의 기대는 (선생님의) 얼굴 표정, 몸짓, 접촉, 공간(학생과 교사 사이의 간격) 등의 비언어적 신호를 통해 무의식 중에 스며들었다고 밖에 말할 수 없다.

이러한 자기 충족적인 예언self-fulfilling prophecy은 교실에서만 실현된 것이 아니다. 텔아비브 대학의 도브 이든Dov Eden 교수는 모든 산업과 부문에 걸쳐 피그말리온 효과가 작용함을 입증하였다. 너무나도 단순해서 믿기 어려울 수도 있겠지만, 관리자 또는 윗사람이 아랫사람의 능력을 높이 평가하여 기대치를 높이면 우수한 성과로 돌아온다는 것이 드러났다.[8]

협력의 토대는 신뢰와 권한 위임이다. 사실 아랫사람을 신뢰하고 권한을 위임할 수 있으려면, 그 바탕에는 아랫사람이 자신이 맡은 임무를 성공적으로 수행할 수 있다는 믿음이 있어야 한다. 따라서 여러분의 높은 기대치(또한 신체 언어를 통해 감지할 수 있는 기대치)가 팀원의 성공적 업무 수행의 열쇠라고 할 수 있다.

두 번째 비결 : 미소를 지으라

진정한 미소는 여러분을 행복하게 만드는 것은 물론, 여러분이 협력적이고 편하고 신뢰할만한 사람이라는 점을 보여 준다. 진정한 미소는 잔잔히 퍼진다. 눈가에 약간의 주름이 잡히고 얼굴이 밝아지며 서서히

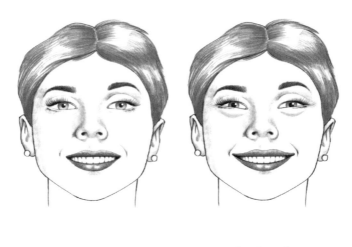

[억지 미소]　　　　　　　　　[진정한 미소]

사라진다. 그러나 억지 미소 또는 '예의상' 미소는 잠깐 지었다 바로 사라지며, 눈동자는 전혀 움직이지 않는다.

비언어적 신호 중 효과가 가장 큰 것이 있는데, 미소가 바로 그것이다. 미소는 기분을 좋게 해 주는 것은 물론 체온, 심박 수 등 생리적으로도 긍정적 영향을 끼친다. 그 중에서도 가장 중요한 것은 미소가 타인의 반응에 직접적인 영향을 끼친다는 점이다. 따라서 협력적 리더에게 매우 중요한 신체 언어라 할 수 있다.

만약 여러분이 누군가에게 미소를 지으면 상대방도 답례로 미소를 짓는다. 그리고 얼굴 표정도 그와 상응하는 감정을 촉진시키므로 여러분의 미소에 미소로 답한 사람의 감정까지도 긍정적으로 변화시킬 수 있다.

세 번째 비결 : 머리를 움직여라

협력의 성공 여부는 참여자가 얼마나 의견을 발표할 의지가 있는가, 또한 아이디어와 통찰력을 공유하려 하는가에 달려 있다고 해도 과언이 아니다. 리더의 비언어적 신호들이 아랫사람들의 협력 여부를 결정 짓는다.

팀원이 자신의 의견을 발표하도록 유도하고 싶다면 팀원이 말하는 동안 자주 고개를 끄덕여 주라. 상대방이 고개를 자주 끄덕여 주면 자연스럽게 말을 많이 하게 된다. 또 고개를 옆으로 기울이는 것도 관심, 호기심, 적극적 참여 의지를 보여 주는 비언어적 신호이다. 머리를 옆으로 기울이는 것은 상대방의 말을 들어 주겠다는 전 세계적으로 통하는 보편적인 비언어적 신호이다. 상대방이 자신의 의견을 마음껏 펼치도록 격려하려면 머리를 옆으로 기울여라.

네 번째 비결 : 상대방이 말할 때 응시하라

눈 맞춤도 상대방이 마음껏 의견을 말하도록 격려하는 데 큰 도움이 된다. 왜냐하면 상대방을 응시하면 관심과 주의를 기울이는 의미가 되기 때문이다. 눈 맞춤이 대화를 유도하는 효과가 크다는 것은 상대가 로봇인 경우에도 달라지지 않는다.

일본의 오사카 대학과 ATR 지능 로봇 공학 및 커뮤니케이션 연구소 ATR Intelligent Robotics and Communication Laboratory와의 협력 연구의 일환으로, 카네기 멜론 대학의 연구진은 로봇의 시선이 두 명 이상의 대화에 지대한 영향을 끼친다는 사실을 입증하였다. 이 실험에 사용되었던 로봇('로보비Robovie' 라고 불림)은 말하는 상대방을 응시하는 능력을 갖추었다.

여행사의 직원 역할을 하도록 프로그램 된 로보비는 눈 맞춤을 전략적으로 활용하여 예약 상담을 효과적으로 처리할 수 있었다. 로보비가 말하는 두 사람을 번갈아 쳐다보면 그들은 돌아가면서 공평하게 말했다. 그러나 로보비가 흘낏 쳐다본 사람은 말을 적게 했고, 아예 눈을 마주치지 않은 사람은 거의 말을 하지 않았다. 이 결과는 97%의 적중률을 보였다.[9]

리더는 회의의 분위기를 조정할 수 있다. 지루함 또는 무관심을 나타내는 신체 언어를 취하면 팀원들은 자신의 아이디어와 의견을 내놓으려고 하지 않는다. 따라서 팀원들이 자신의 의견을 마음껏 펼치도록 유도하고 싶다면, 휴대폰의 문자, 시간, 다른 팀원들과의 잡담 등의 유혹을 이겨내야 한다. 대신에 발표자를 응시함으로써 그 발표 내용에 관심을 가지고 경청한다는 느낌을 주도록 해야 한다.

다섯 번째 비결 : 몸짓connective gesture을 활용하여 유대감을 조성하라

"정말 기발한 아이디어야!"라는 등의 격려의 말을 할 때, 상대방을 향해 손바닥을 위로 하고 격려의 말을 한 후 여러분 쪽으로 손을 잡아 당긴다. 예를 들어 '멋진'이라는 말을 하면서 손을 상대방으로 향하고, '아이디어'라는 말을 하면서 여러분 쪽으로 향하게 하는 행동을 함으로써, 여러분과 상대방은 유대감을 조성할 수 있고 긍정적 느낌을 주고받을 수 있다.

여섯 번째 비결 : 장벽을 제거하라

상대방을 정면으로 마주한다. 냉랭한 표정이나 비스듬한 각도로 상대방을 대하게 되면 관심이 없다는 느낌을 주어 상대방은 의견을 밝히려고 하지 않는다. 물리적 장애물도 아이디어를 효과적으로 공유하는 데 해를 끼친다. 당신과 팀원들 사이를 가로막거나 시야를 방해하는 것이 있다면 반드시 제거하라. 또 사용하던 노트북과 휴대폰은 끄고 가방은 옆에 놓는다.

만약에 노트북이나 휴대폰을 반드시 확인해야 할 일이 있더라도 다시 한 번 생각해 보라. 한 임원이 최근에 스마트폰에 거의 중독되어 있던 윗사람의 행동에 대해서 이렇게 말했다. "그 분은 '주식 정보'에 중독되어 사내는 물론, 거래처에까지 소문이 날 정도였습니다. 회의를 할 때도 스마트폰에서 눈을 떼지 못하다가, 마침내 고개를 들면 주위 사람들이 '이제야 정신이 돌아왔군'이라며 혀를 찰 정도입니다. 또 회의 자리에서 이미 이야기되었던 것에 대해 뒤늦게 질문을 하니까 회의를 제대로 끝낸 적이 없습니다. 그러다 보니까, 이제는 그가 진지하게 회의에 집중한다고 해도 아무도 신뢰하지 않습니다."

휴식 시간에도 커피와 커피잔을 이용하여 의도적으로 장애물을 만들거나 타인과 거리를 둘 수 있다. 어떤 성공한 한 임원(신체 언어에 관해 연구를 많이 한)이 언젠가 필자에게 '부하 직원들이 커피잔을 어떻게 드느냐에 따라 팀원들의 감정을 파악할 수 있다'고 말했다. 커피잔을 높이 들면 들수록 상대방은 불편하다는 의미라고 그는 말했다. 커피잔을 가슴 아래에 들고 있는 사람이 가슴 위쪽으로 들고 있는 사람보다 편안함을 느낀다고 평가해도 무방하다는 것이다.

무엇보다도 팀원들이 리더인 당신을 항상 지켜보고 있다는 점을 유념하라. 공식적 환경에서 보이는 행동과 비공식적 환경에서 보이는 행동이 일치하는지의 여부를 지켜보고 있다. 한 CEO가 직원들로부터 아이디어를 수집하려고 회의를 소집했다. 직원들이 프레젠테이션을 하는 동안 그는 진지하게 경청했지만, 휴식 시간이 되자 직원들과 멀찍이 떨어져서 신문만 열심히 읽었다. 직원들과 잘 어울리지 못하는 내성적인 성격 때문이었지만, 직원들은 자신들의 그런 CEO에 대해 과연 어떻게 생각했을까는 충분히 상상할 수 있을 것이다.

말하는 방법의 중요성

조앤Joan은 윗사람인 샐리Shelly로부터 전화를 받았다. 그녀는 "안부를 묻는 목소리만 들어도 내 대신 다른 사람이 승진했다는 것을 알 수 있었습니다. 뿐만 아니라, 샐리는 승진 결정에 확신이 서 있지 않다는 사실도 간파할 수 있었죠"라고 말했다.

별 뜻이 없는 몇 마디 말만 가지고 어떻게 그런 구체적 사실까지 알 수 있었을까? 그것은 음성적 신체 언어vocal body language로 알려진 준언어적 커뮤니케이션paralinguistic communication이 작용했기 때문

음성은 고발 여부에 어떠한 영향을 끼치는가

2002년 낼리니 앰버디Nalini Ambady는 진료 내용을 녹음했다. 의사 중 50%는 이전에 의료 사고로 고발을 당한 적이 있었다. 그녀는 학생들에게 녹음된 내용을 들려 주고 고발당한 의사들을 구별하라고 했다. 그런데 여기서 중요한 것은 진료 내용은 구별하지 못하도록 처리하여 학생들이 들을 수 있었던 것은 저주파의 웅얼거림 뿐이었다. 억양만을 듣고 학생들은 고발당한 의사들을 구별해야 했다. 그런데 여기서 공통적이었던 것은 고발당한 의사들은 하나 같이 권위적이고 불친절하며 환자의 고통에 전혀 공감하지 않았던 반면, 고발을 당하지 않은 의사들은 모두 환자들을 내 가족처럼 따뜻하게 대했다는 점이었다.[10]

이다. 음량, 음의 고저, 어조, 속도, 리듬, 강도, 명확성, 정지 등이 말하는 방법에 영향을 끼치며, 말하는 '방법'이 '내용'보다 중요한 경우가 종종 발생한다.

따라서 아랫사람들은 리더들의 말만을 듣는 것이 아니라, 의도하지 않아도 자동적으로 목소리를 '읽어 내려' 한다는 점을 기억해야 할 것이다. 목소리를 듣고 숨기는 것은 없는지, 의중은 무엇인지, 감정을 속이는 것은 아닌지, 예기치 못한 상황은 없을 것인지 등을 파악하려고 한다. 한마디로, 리더가 하는 말을 신뢰해도 되는 것인지의 여부를 파악하려는 것이다.

사람의 목소리는 지문만큼이나 다르다. 또 확실하지는 않지만, 목소리는 사람의 감정과 의중을 헤아리는 중요한 단서가 되기도 한다. 예를 들어, 목소리의 톤으로 빈정거림, 위축감 또는 자신감을 구별해 낼 수 있다. 이를테면 목소리가 커지면 감정(열정, 분노, 확신)이 강해지는 것을 알 수 있다

감정을 처리하는 변연계 뇌가 목소리를 듣고 그것이 의미하는 바를 파악하는 데 큰 역할을 한다. 스위스에 소재한 제네바 대학의 연구원들은 실험 대상자(듣는 사람)들의 뇌 반응 패턴을 관찰함으로써 어떤 이야기를 듣고 느꼈던 기분(분노, 기쁨, 안도 또는 슬픔)을 알아낼 수 있다고 밝혔다.[11]

예를 들어, 준언어 커뮤니케이션의 효과는 나쁜 소식을 기분 좋게 들리게 할 수도 있고, 반대로 기쁜 소식을 기분 나쁘게 들리게도 할 수 있을 정도라고 한다. 실제로도 어떤 관리자는 별로 좋지 않은 피드백을 제공하면서 목소리 톤을 적절히 조정하여 기분 좋게 이야기하여, 듣는 사람들은 비판을 받고 있음에도 불구하고 기분이 나쁘지 않았다. 반대로 칭찬을

하면서도 목소리 톤이 너무나 밋밋해서 부하 직원들이 아무도 인정을 받는다거나 칭찬을 받는다는 느낌을 받지 못하게 하는 관리자도 있다.

협력 과제를 수행함에 있어 리더는 부하 직원들에게 개인적 문제나 자아를 버리고 공동의 목표를 위해서 일해 줄 것을 부탁한다. 또 팀원들은 리더가 100% 성공을 위해 최선을 다할 것인지를 확인하고 싶어 한다. 따라서 여러분이 팀원들을 믿고 지지한다는 말을 할 때는 내용뿐 아니라 방법에도 신경을 써서 팀원들의 신뢰를 얻도록 해야 한다.

언어 집중

음성적 행태vocal behavior의 또 다른 흥미로운 점은 언어 집중이다. 즉, 말을 할 때 존경하거나 좋아하는 사람의 말하는 방법이나 목소리의 특징을 흉내 낸다. 사실 조직에서의 영향력은 리더의 말하는 방법을 분석하면 예측이 가능하다. 다수의 사람들에게 지대한 영향력을 끼치는 사람들은 그 영향력이 상당히 커서 타인의 말하는 스타일까지 바꿀 수 있고, 조직 내에서 정보의 흐름을 통제할 수 있을 정도이다. 따라서 조직 내에서 언어 집중 현상을 일으키는 사람은 비공식적 차원에서 리더십을 구사한다고 볼 수 있다.

또 언어 집중은 메시지를 보다 잘 전달할 때 효과적으로 활용할 수 있다. 말을 할 때 상대방의 말하는 스타일에 맞추어 속도나 음량, 톤을 자유 자재로 바꿀 수 있다면, 그만큼 메시지를 효과적으로 전달할 수 있다.

공간의 활용

근접학proximity은 인간의 소통 관계에 따른 거리 영역에 대해 흥미로운 구분을 하고 있다. 상대방과의 관계에 따라 거리가 달라진다는 것이다. 북미의 경우, 가족과 연인의 친밀한 영역 intimate zone은 가장 가까운 거리를 유지한다(0~46cm 정도). 한편, 친구나 막역한 동료는 긴밀한 개인적 영역close personal zone에 속하며 46~61cm, 팀원들이나 업무상 거래 파트너는 조금 먼 개인적 영역far personal zone으로 61~120cm를 유지한다.

반면에 대부분의 업무적인 관계나 새로운 업무 파트너는 사회적 영역 social zone에 속하며 1.2~3.6m를 유지한다. 청중을 상대로 하는 강연의 경우는 대부분 공적인 영역public zone에 속하며 3.7m 이상의 거리를 유지한다. 우리는 무의식적으로 소통 관계에 따라 적절한 거리를 유지하며 자주 만나면서 친밀감이 커지면 그 거리가 가까워진다.

[연인이나 매우 친한 친구 사이]

[친구 사이]

[팀원 사이]

[사업상 처음 만나는 사이]

[공식적 프레젠테이션]

일반적으로 인간은 좋아하는 사람(호감이 가는 사람), 관심을 보이는 사람, 신뢰하는 사람, 또는 앞으로 친해지고 싶은 사람에게 다가가는 성향이 있다. 새로운 팀을 짜게 되면 처음에는 사회적 영역의 거리를 유지하지만, 서로를 점차 알아가고 신뢰하게 되면 그 거리가 짧아지기 시작한다.

필자는 항상 고객이 어느 정도의 거리를 두는가를 눈여겨본다. 고객과의 거리가 짧아지기 시작하면 고객은 필자를 단순히 서비스 제공자로 보는 것이 아니라, 믿을만한 조언자로 생각하기 시작하는 것이라고 판단한다.

만약 사람들이 이들 영역과 그 의미를 알지 못한다면, 의도하지는 않았지만 자신도 모르게 영역을 침범하여 상대방을 불쾌하게 할 수 있다. 예를 들어, 영향력이 크거나 자신감이 지나친 사람들은 공간을 많이 차지하는 경향이 있어 타인의 영역을 침범하는 결과를 낳는다.

물론 영역 침범자가 매우 높은 지위에 있거나 매력적인 사람이라면 허용될 수도 있겠지만, 사람들의 영역 침범에 대한 반응은 원시적이고 강력하다. 만약 원치 않는 누군가가 너무 가까이 접근하면, 그에 대한 반응으로 심장 박동 수가 자동적으로 빨라지고 피부에도 놀라운 변화, 즉 땀샘의 활동이 활발해지고 교감 신경계sympathetic nervous system에도 변화가 일어난다. 상대방이 뒷걸음질을 친다든지, 머리나 목을 움츠린다든지, 또는 어깨를 비스듬히 한 채 냉랭한 태도를 보이는 등의 반응을 보고도 영역을 침범했는지의 여부를 알 수 있다.

대화를 하는 도중 부하 직원은 계속 앉아 있고 관리자가 서 있으면, 부하 직원은 압도 또는 제압당한다는 느낌을 받아서 불편함을 느낄 수 있다. 이런 때는 대화 내용이 아무리 긍정적인 것이라도 부하 직원은 편치 않을 것이다.

그 외에 여러 종류의 영역 침범도 있다. 상대방의 소유물(예를 들어, 책상, 컴퓨터 기기, 가구 등)을 만지거나 너무 가깝게 서 있거나 기대는 것도 영역 침범이라 할 수 있다. 심지어 타인의 사무실 벽에 몸을 기대거나 출입구를 막고 있는 것도 위협적으로 비칠 수 있다.

원치 않는 영역 침범은 직업상의 관계에서만 일어나지 않는다. 얼마 전 밤이었다. 그때 필자는 출장 중이었고 바닷가에 위치한 리조트 레스토랑에서 저녁 식사를 하고 있었다. 마침 건너편의 노랑, 오렌지, 진홍, 자주로 변해가는 저녁 노을을 뒤로 한 채 식사를 하고 있는 젊은 커플의 모습은 마치 한 폭의 그림 같았다.

그때 그 커플의 신체 언어가 눈에 들어오기 시작했다. 저녁 식사를 하는 동안 남성이 눈에 띄게 여성 쪽으로 몸을 기울였고 여성은 그를 피했다. 그는 다시 여성 쪽으로 상체를 기울였고 그녀는 뒤로 몸을 뺐다. 남성이 여성 쪽으로 몸을 기울이면 기울일수록 여성은 남성을 피했다. 디저트를 먹을 때쯤에는 남성이 식탁을 거의 점령하다시피 했고, 여성은 여성대로 몸을 뒤로 제친 나머지 의자에서 떨어질 지경이었다. 물론 필자는 그들의 대화를 전혀 들을 수 없었다. 그렇지만 확실한 것은 그 남성이 무엇을 제안했건 그 여성이 단호하게 거절했으리라는 것이다.

흥미로운 사실은 그 남성은 너무나도 명확하게 보내는 여성의 비언어적 신호를 전혀 인식하지 못한다는 사실이다. 만약 그가 조금만 뒤로 물러났더라면 상황은 나아졌을 텐데 말이다.

좌석 배치

대부분의 회의에서 좌석 배치는 그리 큰 문제가 되지 않을 수 있다. 그러나 협력을 목표로 하는 회의에서는 큰 문제가 되기도 한다. 그렇다고 해서 좌석 배치도 같은 것을 회의 참석자에게 배포하라는 것은 아니지만, 전략적 좌석 배치가 협력을 증진하는 데 큰 효과가 있다는 정도는 알아두어야 한다. 좌석 배치의 중요성을 간과한다면 협력을 증진하고자 하는 목표 달성에 의외의 차질이 생길 수 있다.

모든 회의실의 테이블에는 2개의 상석上席이 있다. 하나는 출입구를 마주보는 테이블 짧은 면의 자리이고, 또 다른 하나는 팀원을 마주보는 테이블 긴 면의 가운데 자리이다(그림 참조). 의제를 총괄하거나 회의를 주재하기 위해서는 상석을 차지하는 것이 효과적일 수 있지만, 협력 증진에는 방해가 된다.

리더가 이 자리에 앉으면 모든 아이디어가 전체 팀원보다는 리더에 집중되어 그의 승인 또는 거절을 기다리는 형국이 된다. 따라서 회의를 앞두고 잠시 팀원들과 어떠한 관계를 수립하는 것을 원하는지 생각해

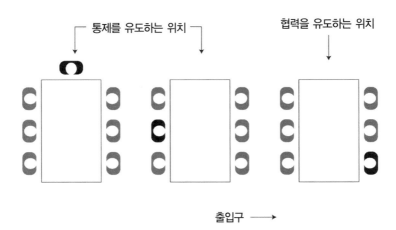

[좌석 배치도 메시지 전달의 한 방법이다]

본 후 좌석을 배치하도록 한다. 회의를 통제해야 한다면 앞에서 언급한 상석에 자리를 잡고, 협력을 증진시켜야 하는 회의라면 그 외의 자리를 택하여 당신도 팀의 일원이라는 인식을 심어 주어야 한다.

이와 같이 좌석 배치가 리더를 정하는 데 영향을 끼치기도 한다. 예를 들어, 배심원 방에 있는 테이블의 양쪽 끝에 앉아 있는 사람이 대표로 선출되고, 테이블 가운데 자리에 앉아 있는 사람이 리더로 간주되는 경우를 많이 보아 왔다. 배심원의 경우, 상석이라는 이미지가 대표로 뽑히는 데 영향을 끼쳤다. 한편, 테이블 가운데 자리는 시선을 골고루 줄 수 있는 장점이 있다. 중앙에 앉아 있는 사람은 대부분의 팀원들과 시선을 맞추기가 용이하기 때문에 소통이 자유롭고 그 결과 리더로 뽑힐 가능성이 높은 것이다(만약 특정 부하 직원이 리더로서 신뢰를 확보하기 원한다면 위에 언급한 자리에 앉히는 것도 효과적이다).

한 테이블에 두 사람이 앉을 때 굳이 마주보고 앉으려 하는 것을 본 적이 있는가? 이러한 좌석 배치는 영역에 관한 한 대립 관계에 서게 되는데, 주로 이혼 소송에서 이용된다. 또한 팀원들이 테이블을 가운데 두고 마주보고 앉는다면 부지불식간에 '우리와 그들'이라는 서로를 적대시하는 의식이 생긴다. 만약 의도적으로 좌석 배치를 섞어 놓으면 '편들기'의 경향이 감소할 것이다(또는 원탁 테이블에 앉히거나 아예 테이블을 없애고 원으로 둘러 앉게 해도 동일한 효과를 낸다).

직각으로 앉는 것도 비공식적 대화를 하는 데 효과적이다. 그 다음으로 효과적인 것은 나란히 앉는 것이다. 만약 팀원들 간에 개인적 유대를 강화시키고 싶다면 이러한 좌석 배치를 반드시 기억하라. 팀원 간의 협력이 성공적으로 이루어지려면 팀원들이 서로 긴밀한 관계를 맺어야 한다. 개인적으로 잘 알지 못해서 신뢰할 수 있는 사람인지 의심이 간다면 정보를 공유하려 하지 않는 것이 사람들의 습성이다. 따라서 사람들이 같은 자리에만 계속 앉으려고 한다면 의도적으로라도 좌석 배치를 바꾸어 새로운 사람과 대화를 갖도록 한 후 관계를 수립할 수 있도록 유도한다.

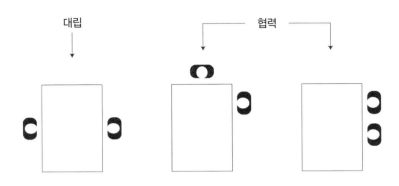

[좌석 배치와 대립 또는 협력의 상관 관계]

만약 합병 후 협력을 증진시키고 싶다면 인수 합병에 성공한, Tata Chemicals Limited의 스지 파틸Sujit Patil의 조언을 따라 해 보라. "저희는 인수 합병 초기에 독특한 방식을 도입했습니다. 즉, 합병 과정에서 좌석 배치를 전략적으로 활용한 것이죠. 결과는 성공적이었습니다. 의자를 회의 테이블 주위 또는 극장식으로 배치하는 대신 동심원concentric으로 배치했습니다. 의자를 회의 테이블 주위에 놓거나 극장식으로 배치했다면 한 그룹이 우세하다는 것을 암암리에 보여 주는 우를 범했을 것입니다. 좌석 배치 같은 이러한 노력(비언어적 커뮤니케이션)은 그 효과가 상당히 커서 인수 합병 양측의 관리자들이 동등하다고 느낄

잘못된 착석이 초래한 치명적 결과

"프로젝트 매니저가 새로운 컨설턴트를 소개했습니다. 컨설턴트는 모든 직원들에게 미소를 짓고 악수를 했지만 그다지 진지해 보이지 않았습니다. 사람을 무시하는 듯한 미소에 악수는 건성으로 하는 듯 했습니다. 그것이 그의 첫 번째 실수였습니다. 그 다음의 치명적인 실수는 휴가로 자리를 비운 기술사업부 임원의 자리에 앉은 것이었습니다. 컨설턴트가 임원의 자리에 앉자마자 모든 팀원들이 그를 거부하기 시작했습니다. 약 2주 후에 컨설팅 계약은 조용히 해지되었고, 아무도 그의 능력이나 공헌 등에 대해 언급하지 않았습니다."

– 한 엔지니어로부터 받은 이메일 내용

수 있었습니다. 그 결과 인수 합병 과정을 성공적으로 수행할 수 있었습니다."

성공 의상 코드

한 임원이 명품 정장, 화이트 셔츠, 고급 넥타이로 구색을 맞추고 회의실에 나타났다. 롤렉스 시계를 들여다 보고 우아한 서류 가방을 테이블 위에 올려 놓았다. 그는 권위, 힘, 높은 지위의 분위기를 풍겼고 이사회 구성원으로서의 의상 코드로는 아무런 문제가 없었다. 그런데 안타깝게도 오늘 그가 주도할 것은 평범한 회의가 아니었다.

그는 여러 계층, 사업부의 직원들을 모아(전 계층, 사업부에 걸쳐 30명이 차출되었다) 이틀간 회사를 떠나 제3의 장소에서 향후 추진할 새로운 전략 계획의 구체적 단계를 수립하는 자리였다. 이 회의에서 각 사업부의 지식을 공유하고 협력을 다짐하여 전 부서로 확대할 방침이었다. 그렇지만 그것은 쉽지 않은 일이었다. 회의의 주제는 '우리 모두 하나 되어'라는 상당히 민감한 사안이었다. 왜냐하면 새로운 전략은 경비 절감, 인력 감축과 맞물려 있기 때문이다('우리 모두 하나 되어'를 실천하기 위해 경비 절감과 인력 감축이 임원진에게까지 영향을 끼치리라고 생각하는 직원은 하나도 없었다).

비록 약간의 저항은 있었지만 별 무리 없이 첫째 날은 지나갔다. 편한 옷차림을 하라는 이야기를 들은 대부분의 직원들은 청바지 또는 점퍼나 티셔츠 등의 캐주얼한 차림이었다. 이 회의를 위해 고용된 컨설턴트들은 직원들 간의 분위기를 화기애애하고 유대감을 강화시킬 수 있는 프로그램들을 진행했다.

그리고 나서, 회사 대표가 회의를 주재하기 위해 나타났다. 그 임원이 회의장에 들어선 순간 모든 참가자가 협력에 대한 희망이 사라질 것이라는 불길한 조짐을 느꼈다. 그는 회의장에 늦게 나타났을 뿐만 아니라(직원들과 함께 아침 일찍 회의장에 왔어야 했다), 조직의 일원으로 전혀 보이지 않았다. 그는 마치 혼자 결정을 내린 후 형식적으로 동의만 받으려고 나타난 폭군처럼 보였다.

도대체 그가 왜 그렇게 옷을 입었는지 아직까지도 이해가 되지 않는다. 아마도 그날 오후 일정에 중요한 고객과의 비즈니스 회의가 있었는지도 모른다. 아니면 대표는 그 정도의 옷차림은 해야 한다고 생각했는지도 모르고, 또는 옷은 어떻게 입든지 아무 상관이 없다고 생각했는지도 모른다. 그 장면을 모두 목격한 필자는 '어느 정도의 문제가 있는 수준'을 넘어 치명적인 해악을 끼쳤다고 밖에 말할 수 없다.

만약 당시에 그가 회의장에 들어오기 전 필자가 코칭할 기회가 있었다면, 재킷은 벗고 넥타이는 느슨하게 풀고 셔츠 소매는 걷어 올리라고 조언했을 것이다. 또 롤렉스 시계를 풀고 구치 서류 가방은 다른 데 맡겨 두고 회의장에 들어오라고 말했을 것이다. 그러나 그날 필자는 그저 무력하게 자리에 앉아 참가 직원들 사이로 말없이 퍼져 나가는 반발심만 망연히 바라볼 수 밖에 없었다.

'성공의 의상 코드'란 말을 들을 때마다 이 사건이 기억난다. 비언어적 커뮤니케이션에 대해 생각할 때마다, 우선 '성공'이 특정 환경 아래서 어떠한 의미를 지니고 있는가를 고려해 보아야 한다. 값 비싼 정장을 입고 고급 넥타이를 매는 그 자체가 잘못된 것은 아니지만(사실, 임원의 역할을 수행할 때는 적절한 경우도 많다), 경우에 따라서 어떠한 메시지를 보내야 하는가를 먼저 고려해야 한다. 만약 여러분이 전달하고자 하는 메시지가 협력과 지지라면, 다른 팀원과 조화를 이룰 수 있는 옷차림을 해야 그 효과가 극대화될 것이다.

사무실이 전달하는 메시지

우리의 뇌는 지위에 영향을 받는 경향이 있다. 마이클 마모트Michael Marmot는 자신의 저서 《지위 증후군The Status Syndrome》에서 '(수입, 교육, 그 밖의 환경적 요인들을 모두 고려하더라도) 장수, 건강과 상관 관계가 가장 깊은 것은 높은 지위'라고 밝히고 있다.[12] 한마디로 말해, 지위는 우리의 생존을 가능하게 하므로 신체적으로도 높은 지위에 좋게 반응한다는 것이다.

그렇다면 사무실의 분위기가 전달하는 메시지는 무엇인가?

리더인 여러분의 지위는 이미 사람들로부터 인정을 받았다. 그러나 사무실의 인테리어를 어떻게 하느냐에 따라 지위를 강조할 수도 있다. 가장 넓은 방(또는 코너에 위치한 방)을 차지하거나, 큰 창문이 나 있어 아름다운 전망을 즐길 수 있거나, 거대한 책상을 갖다 놓으면(방문자가 거대한 책상에 가려 당신의 상반신만 볼 수 있다) 높은 지위를 강조할 수 있다. 여기에 고급스런 팔걸이, 뒤로 기울어지는 높은 등받이, 굴림 발판, 회전 기능이 장착된 의자까지 갖추면 금상첨화일 것이다.

반면에 방문자를 위해서는 거대한 책상 맞은편에 높이가 낮고 고정된 작은 의자를 배치하거나 낮은 소파와 커피 탁자를 준비할 수도 있다. 사무실 가구를 이렇게 배치하면 타인과의 지위 경쟁에서 확실히 우위를 차지할 수 있다. 방문자와 거리를 유지하면서, 여러분이 그들에게 다가가는 것이 아니라, 허락을 받는다는 조건 아래 그들이 여러분에게 다가가야 한다는 메시지를 전한다.

힘, 권위, 지위를 표출하는 것이 미래의 고객, 의뢰인, 투자자들에게 효과적인 비언어적 전략의 핵심이 될 수도 있다. 따라서 필자는 가끔 사무실 공간을 리더의 지위와 명성을 뽐내는 상징으로 활용할 것을 조언하기도 한다.

그러나 조직 내의 협력을 꾀하고자 할 경우에는 이야기가 달라진다. 힘과 권위, 지위를 뽐내는 신호들은 갈등을 초래하여 협력 배양에 해악을 끼칠 수 있기 때문이다. 만약 협력적 조직화가 비즈니스 목표 달성에 필수적이라면, 사무실의 실내 구조도 그에 따라 수정해야 한다. 예를 들어, 방문자의 의자를 여러분의 책상 바로 맞은편에 배치하면 적대감을 부추길 수 있다. 따라서 그러한 배치는 피하고 방문자의 의자를 여러분의 책상 옆쪽에 배치하거나, 대화의 장소를 따로 마련하여 비슷한 크기의 의자들을 작은 테이블 주위에 나란히 또는 직각으로 배치한다. 이러한 배치는 평등, 파트너십, 격의 없는 분위기를 연출할 수 있다.

협력으로 이어지는
친밀감

1960년대, 미시건 대학 심리학자인 로버트 자종Robert Zajonc은 무의식 상태에서 이루어지는 '친밀감'과 '호감'의 상관 관계를 증명해 보였다. 자종 박사는 화면에 모양이 각각인 8각형을 연달아 보여 주었다. 그러나 너무나 빨리 지나가 버려 실험 대상자는 제대로 기억조차 할 수 없었다.

그리고 나서 이번에는 동일한 8각형 모양들을 이전보다 천천히 보여 주었고, 거기에 새로운 모양들도 추가시켰다. 그리고 나서 가장 호감이 가는 8각형이 무엇인지 물어 보았다. 모든 실험 대상자들이 예외 없이 이전에 보았던 8각형을 선호한다고 대답했다고 자종 박사는 밝혔다. 비록 1차 화면에서 보았던 것을 기억해 내지 못하는 상태인데도 잠깐 보았던 모양을 선호했던 것이다. 자종 박사는 이러한 현상을 '노출 효과the mere exposure effect'라고 명명했다.[13]

그렇다면 그러한 노출 효과가 리더십과 협력과는 무슨 상관 관계가 있는 것일까? 여기에 깊은 상관 관계가 존재한다고 한다.

조직 내에는 명시적 지식explicit knowledge과 암묵적 지식tacit knowledge이 존재한다. 명시적 지식이란 문서로 전달되거나 데이터베이스에 입력되는 정보를 의미한다. 반면, 암묵적 지식(명확하게 드러나지 않는 통찰력, 직관)에 접근하려면 대화와 사람과의 관계가 필요하다. 사람과의 관계의 첫걸음이 바로 '노출 효과'인 것이다.

친밀감은 직원들과의 호감도를 높이고 편안함을 느끼게 하여 서로의 의견을 자유롭게 공유할 수 있도록 유도한다. 따라서 외부에서 실시되는 교육, 전사적 차원의 축하 행사, 이벤트 등을 개최할 때는 반드시 사교 활동을 유도하는 기회와 휴식 시간(자유 시간)을 충분히 제공한다. 팀원들이 자주 보고 편하게 소통하면 할수록 서로에 대한 호감도가 높아지고, 유대감이 강화되어 결국 협업이 성공적으로 이루어질 수 있는 것이다.

오늘날의 기업들은 엄청난 변화와 복잡한 현실에 직면하고 있다. 따라서 리더들은 그 어느 때보다도 직원들의 지혜와 지식, 자원에 의존해야 한다. 협력이란 있으면 좋고 없으면 아쉬운, 선택이 가능한 리더십 철학이 아니라, 조직의 생존과 성공에 반드시 필요한 절대적 요소이다. 이와 같이 '누구에게나 배울 것은 있기 마련이다' 라는 옛말을 기억하라.

5장

가상 커뮤니케이션과
1:1 커뮤니케이션

효과적인 비즈니스 커뮤니케이션이란 무엇인가

비즈니스의 최대 공헌자, 기술

컨퍼런스 콜의 6가지 성공 비법

비디오 컨퍼런스의 성공 비법

기술 발전이 몰고 온 커뮤니케이션 선택권의 다양성

1:1 대화의 장점

가상 커뮤니케이션과 1:1 커뮤니케이션

효과적인 비즈니스 커뮤니케이션이란 무엇인가

칩Chip은 전 세계에 걸쳐 금융 서비스를 활발히 제공하고 있는 세계적인 민영 금융 기관의 대표이다. 본사는 뉴욕 업스테이트에 소재하지만, 칩은 혼자 있거나 사무실을 비워 두는 경우가 많다. 그는 "사무실에 저 혼자 있을 때도 있고, 직원 한 명과 단 둘이 있을 때도 많습니다. 아예 비어 있는 경우도 꽤 있죠. 직원들은 재택 근무를 하거나 고객을 만나러 자리를 비울 때가 많습니다."라고 말한다.

그의 회사는 대표적인 가상 조직virtual organization으로 직원 및 고객과의 연락을 주로 기술에 의존한다. 이메일, 위키, 블로그, 비디오 컨퍼런싱 등 다양한 컴퓨터 커뮤니케이션 기기를 활용하는데, 이는 전적으로 필요에 의한 것이다. 물론, 그는 사적인 대화, 텔레컨퍼런스, 문자 전송을 하기 위한 '블랙베리BlackBerry' 휴대폰도 손에서 떼어놓지 못한다.

그의 직원들은 세계 곳곳에 뿔뿔이 흩어져 있지만 칩은 직원들이 직접 만날 수 있는 기회를 자주 만드는 편이다. 본사 직원들은 매주 저녁 식사에 초대하고, 지사 직원의 경우는 가능한 한 지사로 나가서 직접 직원들을 챙긴다. 뿐만 아니라, 1년에 한 번 정도는 모든 직원들을 2일짜리 전략 기획 회의에 참여하도록 하여 직원들이 서로에 대해 알 수 있는 기회를 마련하고 있다.

첨단 기술을 활용하면 직원들을 굳이 직접 만날 필요가 없는데, 칩은 왜 일부러 시간과 에너지, 돈을 들여 직접 만나려 하는 것일까?

5장에서는 가상 기업이나 가상 팀을 이끄는 리더들이 어느 한 쪽에 치우치지 않고 기술 기반의 소통과 1:1 face-to-face 소통의 균형을 유지하려고 하는 이유에 대해 살펴볼 것이다. 또한, '린lean'과 '리치rich' 커뮤니케이션 매체가 갖는 각각의 장점과 각 매체의 성공에 필요한 비언어적 신호에 대해서도 다룰 것이다.

뿐만 아니라, 비디오 컨퍼런싱과 1:1 회의에서 다르게 이해되는 비언어적 신호는 무엇이며, 신체 언어가 가상 현실의 일부가 되는 과정, 또한 (신체 언어 지식이 비즈니스의 핵심 스킬이 될 수밖에 없게 만든) 신세대 커뮤니케이션 플랫폼이 기술로 인해 구축된 과정 등에 대해 알아볼 것이다. 이와 더불어, 1:1 커뮤니케이션에만 해당되는 비언어적 신호들은 무엇이며, 이들 신호가 팀, 부서 또는 조직 내에서 긴밀한 대인 관계를 수립하고 신뢰를 구축하는 데 필수적인 이유에 대해 알아볼 것이다.

비즈니스의 최대 공헌자, 기술

커뮤니케이션 기술은 비즈니스를 위한 커뮤니케이션 방식을 획기적으로 바꿔 놓았다. 커뮤니케이션 기술의 발전으로 글로벌 시장이 열렸고 다국적 기업, 원거리 또는 재택 근무 등의 원거리 비즈니스도 가능해졌다. 원거리 근무가 보편화되고 복잡한 업무가 전문가(개인 또는 팀)의 영역에 따라 세분화됨에 따라(각 영역의 전문가들은 다양한 커뮤니케이션 기기를 활용하여 연락을 주고 받는다), 가상 공간에서의 소통 능력이 그 어느 때보다도 중요해졌다.

커뮤니케이션 매체의 선택권은 인스턴트 메시지부터 1:1 회의까지 다양하다. 문제는 '어느 매체가 가장 효과적인가?'가 아니라, '어느 매체가 소통의 시점과 목적에 가장 부합하는가?'이다. 이에 대한 답은 (대부분의 경우) 수행하고자 하는 과제가 '린'을 필요로 하는지, 또는 '리치'를 필요로 하는지에 달려 있다.

린 커뮤니케이션

커뮤니케이션 기술은 몇 가지 카테고리로 분류될 수 있다. 예를 들어, 커뮤니케이션 모드는 동기식(실시간 소통 – 휴대폰)과 비동기식(포스팅과 접근을 서로 다른 시간에 할 수 있는 정보의 송신 및 저장 – 유튜브)으로 나뉜다. 그러나 신체 언어 측면에서 볼 때 가장 중요한 분류 기준은 린과 리치 커뮤니케이션 모드이다.

다음은 린 커뮤니케이션의 예이다.

★ 이메일 : 비동기식 텍스트 교환(첨부 파일 가능)

★ 블로그 : 글쓰기 포스팅(관련 자료와의 링크 가능)

★ 인스턴트 메시징(IM) : 사용자들의 스크린에 거의 동시에 나타나는 방식의 텍스트 교환

★ 화이트보드 : 디지털 기반의 쓰기와 그리기 도구의 실시간 양방

향 소통 방식

★ 위키 : 다수의 사용자들이 웹 사이트 콘텐츠를 개발할 수 있도록 고안된 서버 프로그램

텍스트 기반의 커뮤니케이션 도구들은 몇 가지 눈에 띄는 장점을 가지고 있다. 이들 도구는 빠르고 경제적이며 접근이 용이하다. 대다수 직원들은 텍스트 기반의 커뮤니케이션 도구들을 손쉽게 활용할 수 있을 뿐만 아니라, 이들 도구는 다수에로의 신속한 전달이 가능하고 문서상 기록이 남기 때문에 업무 추진 과정을 추적하거나 새로운 소식을 전달하는데 효과적이다. 또한 민주적 프로세스를 채택한다는 점에서 심리적 안정감을 준다. 예를 들어, '문서 컨퍼런스' 또는 '위키'의 경우 중요한 것은 연령, 성별, 인종, 목소리 또는 외모가 아니다. 중요한 것은 아이디어, 콘텐츠, 데이터, 프레젠테이션의 내용과 전달력이다.

그러나 여러분도 알고 있듯이, 비언어적 신호들은 편견을 초래하는 요소일 뿐만 아니라, 상호간 커뮤니케이션의 이해에 있어 매우 중요한 요소이다. 이러한 '행동적 비가시성behavioral invisibility' 때문에 사실상 이메일 메시지는 종종 오해를 받는데, 이는 글쓴이의 정서적 의도가 오해를 사는 경우가 너무나도 흔하기 때문이다. 특히 문장력이 형편 없는 경우가 그러한데, 불행하게도 대부분이 이에 해당한다.

어떤 임원은 "마크 트웨인Mark Twain 같은 사람이 이메일을 보낸다면 정서적 의도를 충실하게 전달할 수 있을 것입니다. 그러나 현실은 그렇지 못해 안타깝습니다."라고 말한다.

필자는 사람들이 이메일에 지나치게 의존하는 모습을 종종 보아 왔다. '전체에게 답장'을 보내는 적절하지 못한 경우도 많았고, 이메일을

받고도 답장을 보내지 않아 갈등, 오해, 불신을 초래하는 경우도 많이 보았다. 린 커뮤니케이션 매체는 대인 관계에 반드시 필요한 사회적 신호social signal가 부족하기 때문에, 커뮤니케이션이 업무에 제한된 경우에 효과가 크다. 예를 들어, 유대 관계가 필요한 프로젝트 초기 단계에 이루어지는 커뮤니케이션보다는 지침이나 문서 내용을 전달할 때 효과적이다.

또한, 기술에 의존함으로써 초래하는 결과 중 하나는 소외감이다. 지리적으로 떨어져 있어야만 소외감을 느끼는 것이 아니다. Virtual Distance International의 CEO인 카렌 소벨 로제스키Karen Sobel Lojeski는 지리적 요건이 소외감의 원인이 될 수도 있지만, 전화 통화나 직접 만나는 대신 커뮤니케이션의 상당 부분을 전자 통신 수단에 의존하면 '가상 거리virtual distance'의 부정적 효과를 피할 수 없다고 지적한다.[1] 따라서 만약 팀 리더가 바로 옆에 앉아 있더라도 직접 말하는 것보다 인스턴트 메시지를 자주 활용하면 거리감이 생긴다.

리치 커뮤니케이션

음성 또는 이미지, 아니면 둘 다를 포함하는 커뮤니케이션을 리치 커뮤니케이션이라 한다. 《Journal of Personality and Social Psychology》에 발표된 한 연구 보고서는 이메일과 비교할 때 말로 하는 경우가 열정, 의심, 공감, 동정심, 아이러니, 회의감, 신뢰, 격려, 주의, 유머 등을 40% 정도 더 효과적으로 전달할 수 있다고 밝혔다.[2]

다음은 리치 커뮤니케이션의 종류이다.
★ 전화 : 1:1 대화

★ 텔레컨퍼런스 : 전화, 컴퓨터, 또는 기타 기기들을 활용하여 다수가 동시에 대화
★ 웹 프레젠테이션 : 다수의 원거리 사용자들이 발표자의 프레젠테이션을 볼 수 있음. 오디오와 컴퓨터 스크린 공유
★ 포드캐스트 : 유료 회원들에게 멀티미디어 신규 콘텐츠 제공 및 업 데이트
★ 비디오 컨퍼런스 : 두 곳 이상의 장소 간 오디오 및 비디오를 연결하여 실시간 양 방향 컨퍼런스
★ 가상 홀웨이 또는 미디어 공간 : 두 곳 이상의 장소에서 오디오 및 비디오 상시 연결

리치 미디어는 음성 조율(강세, 톤, 타이밍, 높낮이 등을 다양하게 하여), 표정, 자세, 동작 등을 통해 감정과 생각을 효과적으로 전달할 수 있다. 시스코 시스템즈의 후원을 받아 Pearn Kandola의 비즈니스 심리학자들은 린과 리치 미디어가 그룹의 업무 효율성에 끼치는 영향에 관해서 조사했다. 다음은 그 연구 결과이다.[3]

★ 1:1 커뮤니케이션을 통해 수립할 수 있는 대인 관계는 컴퓨터 기반 커뮤니케이션으로는 최소 2주 이상 걸려야 한다.
★ 리치 미디어(특히, 오디오와 비디오 포함)가 대인 관계를 수립함에 있어 린 미디어보다 효과적이다.
★ 업무 효율성 제고의 필수 요건인 신뢰는 고품질의 리치 미디어 커뮤니케이션을 통해 효과적으로 확보될 수 있다.
★ 이메일, 음성 메일 등에 대한 '무반응'은 오해를 불러일으킬 수 있다.

비디오 컨퍼런스

비디오 컨퍼런스는 리치 커뮤니케이션 기술의 한 유형이다. 그렇지만 시스코 시스템즈의 텔레프레전스(텔레프레전스에 관한 자세한 사항은 차후에 설명할 것이다)와 같은 첨단 기술이 뒷받침되지 않는다면, 비디오 컨퍼런스도 한계에 봉착할 것이다. 예를 들어, 회사의 네트워크가 업그레이드되지 못한 상태에서는 광대역이 부족하여 오디오 및 비디오가 자꾸 끊기는 상황이 벌어질 것이다. 또 말하는 사람의 입 모양과 들리는 말이 서로 일치하지 않아서 이해가 쉽지 않을 것이다. 게다가 예기치 못하게 화면이 멈추고 끊겨서 청중의 집중력이 저하될 것이다. 이와 같이 IT의 기술적 한계가 비디오 컨퍼런스의 효과를 떨어뜨리는 요소로 작용한다.

뿐만 아니라, '부적절한 눈 맞춤'도 비디오 컨퍼런스의 효과성을 떨어뜨리는 비언어적 요소이다. 카메라와 스크린이 서로 다른 곳에 위치하기 때문에, 카메라를 보다가 스크린을 보게 되어 청중의 집중력을 떨어뜨린다. 비디오 컨퍼런스 청중의 눈에는 화자가 자꾸 곁눈질을 하는 것으로 비쳐질 수도 있다. 만약 카메라가 스크린 위에 위치하고 있다면 말하는 사람이 청중을 아래로 내려다보는 것으로 비쳐진다. 여러분도 이미 알고 있듯이, 눈 맞춤이 적절하지 못하면 상대방과의 소통에서 신뢰, 만족감, 협동심이 저하된다.

멀티태스킹multitasking의 맹점

기술에는 많은 장점이 있다. 그러나 생산성을 높이기 위해 개발된 일부 기기들은 오히려 생산성을 저하시키는 문제를 낳는다. 노트북을 비롯하여 개인용 디지털 기기, 휴대폰 등이 바로 옆에 있으면 회의를 할 때 집중하지 못하는 결과를 초래한다. 회의에 집중하기 보다는 이메일이나 문자를 확인한다든지 인터넷을 검색하기가 쉽다. 물론, 회의 참석자들은 자신들이 멀티태스킹을 한다고 생각한다.

그러나 그것은 착각일 뿐이다. 인간의 뇌는 동시에 두 가지 일을 할 수 없다. 사실 뇌는 한 가지 일을 하기 위해서는 하던 일을 멈추어야 한다. 어떤 일을 하다가 다른 일에 집중하기 위해서는 아주 짧은 시간이지만 시간이 필요하다. 《뇌의 법칙Brain Rules》의 저자인 존 메디나John Medina는 "한마디로 이야기해서 우리는 동시에 여러 가지 일을 할 수 없습니다. 그것은 연구를 통해서도 입증된 사실입니다. 인간은 생물학적으로 동시에 여러 가지 일을 할 수 없습니다."라고 말한다.[4]

뿐만 아니라, 회의 참석자는 별 생각 없이 하는 행동이지만 앞에서 이야기하는 사람에게는 무관심함이나 무시함 같은 부정적인 비언어적 메시지로 비칠 가능성이 높다. 바로 그러한 이유 때문에, 일부 기업은 회의 시 노트북, 아이폰, 블랙베리 등의 전자 기기를 절대 허용하지 않는다.

컨퍼런스 콜의 6가지 성공 비법

텔레컨퍼런스는 말의 속도, 톤, 음량, 잠시 멈춤, 억양 등을 통해서 메시지를 보다 정확하게 전달할 수 있다. 텔레컨퍼런스에서는 상대방을 볼 수 없기 때문에, 1:1 대화보다 음성이 보다 중요한 역할을 한다. 전화기에 대고 말할 때 관리자가 어떤 자세를 취하느냐에 따라 음성의 강세와 억양이 달라질 수 있다. 텔레컨퍼런스 시에 유의해야 할 사항을 살펴보자.

제1비법 : 목소리의 톤을 다양하게 하라

숨을 크게 내쉬고(횡경막으로부터 숨을 크게 내쉰다) 목소리의 톤을 다양하게 한다. 단조로운 목소리를 내면, 마치 당신 스스로도 주제에 흥미가 없는 듯 느껴질 수 있다. 또한 텔레컨퍼런스에는 많은 사람들이 참여하므로 또박또박 명확하게 말한다.

제2비법 : 한 곳을 응시하고 집중하라

한 곳을 응시하고 집중하는 것이 효과적이다. 만약 서류를 들치거나 이메일을 확인한다거나 방 주위를 두리번거린다면 전화에 대고 말하는 것이라도 산만해질 위험이 있다.

제3비법 : 서서 말하라

자신감을 표출하기 위해서는 서서 말하는 것이 효과적이다. 서서 말하게 되면 에너지와 확신에 찬 목소리가 나온다.

제4비법 : 미소 지으라

말하면서 미소를 짓는다. 미소를 지으면 목소리에 열정과 에너지가 실릴 것이다. 목소리가 활기차면 사람들의 관심을 끌 수 있다. 배우이자 성우인 필자의 남편은 '좋은 성우'의 비결은 '미소'라고 항상 강조한다.

제5비법 : 간결하게 말하라

청중의 반응을 시각적으로 확인할 방법이 없기 때문에, 청중이 말하지 않는 한 그들이 여러분의 말을 제대로 이해하고 있는지, 동의하는지, 문제는 없는지 등에 대해 파악할 방법이 없다. 따라서 간결하게 말하고 피드백을 구하라.

제6비법 : 주제에서 벗어나지 마라

텔레컨퍼런스에서 다룰 주제를 사전에 알려 주고 해당 주제에서 벗어나지 않도록 주의한다. 텔레컨퍼런스의 목적은 무엇인지, 어느 정도의 시간이 소요될 것인지, 사전에 준비할 것은 무엇인지에 대해 알려 준다. 시각적 신호를 파악할 수 없는 한계를 고려할 때, 주제에 대한 정보를 명확히 알려 줄수록 효과를 높일 수 있다.

**비디오 컨퍼런스의
성공 비법**

1:1 방식을 통해서 얻은 정보와 비디오 컨퍼런스를 통해서 얻은 정보를 처리하는 프로세스가 다르다는 사실이 연구 결과 밝혀졌다. 비디오 컨퍼런스 참가자들은 화자의 주장이 얼마나 논리적인가 보다는 호감도와 같은 체험적 신호heuristic cue에 의해 더 큰 영향을 받는다.[5] 그 이유는 비디오 컨퍼런스의 경우 참가자들이 감당해야 하는 인지적 요구가 더 크기 때문이다.

따라서 여러분이 만약 비디오 컨퍼런스를 통해 정보나 의견을 전달하려 할 경우 호감도와 온화함과 같은 비언어적 신호에 주의를 기울여야 한다. 즉, 상대방의 호감을 사기 위해서는 상체를 살짝 앞으로 기울이거나 미소를 짓고 손바닥을 내보이는 것이 효과적이다.

그 외에도 유념해야 할 몇 가지 주의 사항이 있다. 비디오 컨퍼런스의 오디오 시스템의 성능이 좋지 않은 경우가 있다. 그러할 경우에는 천천히 또박또박 말한다. 정신을 산만하게 하는 버릇이나 표정은 비디오 컨퍼런스에서 더욱 두드러져 보이므로 주의한다. 동작을 크게 하지 않도록 유의한다. 의자에 앉거나 한 곳에 서 있도록 하고 이리저리 돌아다니지 않는다. 또한, 카메라를 응시하면서 말을 하고 손짓도 크게 하지 않는다.

메릴랜드 대학의 버지니 반 와센호브Virginie Van Wassenhove 교수
가 최근에 실시한 연구 조사 결과, 말할 때 얼굴을 명확하게 보여 주면
(모니터건 직접 보든 상관 없이) 청중의 이해도도 높아진다는 사실이 입증
되었다. 청중이 여러분의 얼굴을 명확히 볼 수 있다면(특히 입 모양), 청
중은 여러분이 말을 하기도 전에 무슨 말을 할 것인지 예측할 수 있고,
그 결과 이해도가 높아진다고 와센호브 교수는 밝혔다.[6]

기술 발전이 몰고 온 커뮤니케이션 선택권의 다양성

기술 발전으로 커뮤니케이션 선택권은
더욱 다양해졌으며 그 가능성은 무궁무진
하다. 전 세계 어디로든 사람의 '이동'을
가능하게 하는 홀로그램 기술을 비롯하여 신체 언어를 이해할 수 있는
로봇, 통화자의 정서적 상태까지 알려 주는 휴대폰 등이 그것이다.

오늘날 실험이 진행 중인 커뮤니케이션 기술이 장차 사람들이 선호하
는 매체가 될지 누가 알겠는가. 미래를 정확히 예측하기는 어렵다. 그러
나 5장 첫 부분에서 이미 밝혔듯이 리더들이라면 반드시 알아야 하는 기
술이 두 가지 있다. 하나는 시스코의 텔레프레전스이고, 또 하나는 린덴
연구소Linden Lab의 세컨드 라이프Second Life이다.

텔레프레전스

시스코 시스템즈의 텔레프레전스는 1:1 회의의 감정을 그대로 전달하
는 최첨단 비디오 컨퍼런스 시스템 중의 하나이다. 텔레프레전스는 1:1
회의의 효과를 그대로 살리기 위해 최첨단 카메라를 비롯하여 스크린,
조명, 오디오를 활용한다. 텔레프레전스는 '실물 크기'의 고화질 비디

오를 활용하여 상체를 실제와 같이 화면에 띄운다. 뿐만 아니라, 방향을 감지할 수 있는 사운드 기술을 채택하여 회의 참석자가 앉아 있는 방향에서 목소리가 들리는 듯한 효과를 제공한다.

보다 자연스럽고 생동감 있게 실제 같은 분위기를 조성함으로써, 신세대 비디오 컨퍼런스 시스템인 텔레프레전스는 지구 반대편에 살고 있는 회의 참석자들이 마치 한 방에 있는 것 같은 효과를 낸다. 실제로 회의 참석자들은 세계 곳곳에 퍼져 있지만 투사되는 이미지가 너무나도 실제 같아서 같은 시간에, 같은 곳에서 회의를 하고 있는 것 같은 착각을 일으킬 정도이다.

텔레프레전스의 가장 큰 장점은 신체 언어를 볼 수 있기 때문에, 협상자가 요구에 어떻게 응대하는지, 리더가 핵심 포인트를 강조할 때 상체를 앞으로 숙이는지, 걱정의 눈빛을 보내는지 아니면 동의 표시로 고개를 끄덕이는지 등을 관찰할 수 있다는 점이다.

[시스코의 텔레프레전스]

만약 텔레프레전스를 활용하는데 비용이 장애라면 굳이 구입할 필요는 없이 '예약' 만 하면 된다. 지난해 스타우드Starwood 호텔과 메리어트 인터내셔널Marriort International이 전 세계 대도시에 텔레프레전스 기기를 설치한 공간을 일반인들에게 공개했기 때문이다.

세컨드 라이프

2003년에 출범된 세컨드 라이프는 3D 인터넷 시뮬레이션 가상 공간이다. 이 가상 공간에서 사람들은 아바타를 이용하여 사회적 또는 경제적 거래를 마치 실생활처럼 할 수 있다.

세컨드 라이프는 온라인 게임과 유사하기는 하지만, '거주자들'이 여행도 하고 친분도 쌓고 물건을 만들기도 하고 비즈니스도 하는 가상 세

[커리어 우먼과 그녀의 세컨드 라이프 아바타]

계라는 점에서 독특하다. 이 가상 공간에서 대학 교수들은 강의를 하고, 사서司書들은 '아일랜드islands'를 만들어 사람들이 자료를 찾을 수 있도록 돕고 있다.

유명한 기업들(시어스Sears, 코카콜라Coca-Cola, 마츠다Mazda, 스타우드 Starwood 호텔 등)은 자신만의 아일랜드를 만들어 그곳에서 직원들이 글로벌 회의를 진행하기도 하고 공동 프로젝트를 수행하기도 하며 고객을 만나기도 한다. IBM과 인텔Intel은 세컨드 라이프에 협업 공간을 따로 만들기도 했다. IBM은 가상 공간 내의 직원들을 위해 '가상 세계의 행동 지침'을 작성하기까지 했다.[7]

세컨드 라이프를 이용하는 리더들은 실생활에서의 '관습'이 가상 공간에도 적용되고 있음을 인식해야 한다. 예를 들어, 여성 아바타들은 가상 공간이라 하더라도 실제 공간과 같이 남성 아바타들보다 가까이 서서 대화한다.

그러나 최첨단 가상 현실 패키지의 비언어적 측면 중 가장 흥미로운 사실은, 사람들이 자신의 모습을 쉽게 그리고 드라마틱하게 바꿀 수 있다는 점이다. 스탠포드 대학 연구원들이 입증해 보인 바와 같이, 사람들이 가상 세계에서 자신의 모습을 바꾸면 행동 또한 바뀐다는 점이 흥미롭다. 연구원들은 이러한 현상을 '프로테우스 효과Proteus effect'라고 한다.[8]

두 건의 실험에서, 실험 대상자들은 다른 아바타보다 키도 크고 매력적인 아바타를 지정 받았다. 실험 대상자들은 자신의 매력적인 아바타를 본 지 1분도 채 되지 않아서 자신 있게 자신을 드러내고 반대의 성性을 지닌 아바타에게 (남성은 여성, 여성은 남성에게) 적극적으로 접근하기 시작했다. 즉, 실제는 아니더라도 가상 공간에서 매력적인 아바타가 자신을 대표하면, 사람들은 낯선 이에게도 적극적인 태도를 취했다.

특히 두 번째 실험에서 실제보다 키가 큰 아바타를 지정 받은 실험 대상자는 그렇지 않은 아바타에 대해 불공정한 제의를 하는 경향을 보였다. 반면, 키가 작은 아바타는 그렇지 않은 아바타에 비해 불공정한 제의라고 하더라도 수용하는 경향을 보였다. 즉, 아바타의 키가 (아바타가 지정되자마자) 실험 대상자의 자신감에 지대한 영향을 끼쳤다.

이처럼 협업, 먼 거리에 흩어져 있는 직원들의 유대감 고취, 고객과의 협상 등의 상황에서 가상 세계 기술을 어떻게 활용하는가, 자신을 대표하는 아바타를 어떻게 선택하는가에 따라 상대방과의 상호 관계가 크게 변할 수 있다.

1:1 대화의 장점

기술은 전 세계 어디서든지 활용할 수 있고, 출장은 시간 낭비이며 비용이 많이 들고, 준비해야 할 것도 많아 귀찮은 점이 한두 가지가 아니다. 게다가 사람들을 모아 놓고 계획을 수립하는 것도 번거롭다. 특히 팀 또는 조직이 전 세계 각 지사에 퍼져 있다면 더욱 그러하다. 그러나 그러한 단점에도 불구하고 많은 리더들은 (5장 첫 부분에 언급한 적이 있는 칩이라는 CEO와 같이) 1:1 대화를 하지 않으면 조직의 생존이 불가능하다고 생각한다.

《하버드 비즈니스 리뷰Harvard Business Review》가 최근에 실시한 연구 조사는, 대다수 리더들이 직접 만나 비즈니스를 하는 것을 중요시하고 이러한 1:1 대화가 조직의 수익과도 직결된다는 점을 입증했다. 87%의 응답자들이 계약을 체결하는데 1:1 회의가 가장 필수적이라고 대답했고, 장기적이고 성공적인 비즈니스 관계에 1:1 회의가 반드시 필

요하다고 대답한 응답자는 95%에 달했다.[9]

앞에서 나왔던 칩은 1:1 대화를 위해 그가 투자하는 시간, 에너지, 비용이 ROI 상승으로 직결되므로 가치가 있다고 생각한다. 그는 직원들을 자주 만나 함께 저녁을 먹는 기회를 만들지 않고서 회사가 제대로 굴러간다는 것은 상상할 수도 없다고 말한다. 또 그는 "전화나 이메일, 비디오 컨퍼런스를 통해 많은 일을 할 수 있지만, 직접 만나서 함께 식사하고 한잔 기울이는 것보다 서로에 대해 알 수 있고 유대감을 강화하는데 도움이 되는 것은 없습니다. 함께 만나는 것은 즐거운 일이고 사기를 효과적으로 진작시킵니다. 사실, 저는 우리 회사만의 이러한 끈끈한 유대감이 다른 회사와 비교될 수 있는 차별화 전략이라고 생각합니다. 다시 말해 우리 회사 성공의 주춧돌이라고 할 수 있죠."라고 강조한다.

모든 커뮤니케이션 전략에는 스킬이 필요하다. 이메일이라도 잘만 쓴다면 엉성한 1:1 회의보다 나을 수 있다. 그러나 높은 수준의 직원들의 헌신 또는 감정적 메시지를 전달해야 할 경우에는 직접 만나는 것이 효

처음 만남 – 1:1 대화를 통해 서로에 대해 알아가기

"리더십 커뮤니케이션의 효과적 방법은 말의 내용 또는 행동보다 자신에 대한 이야기를 푸는 것이다. 바로 그러한 이유 때문에 상대방을 처음 만날 때는 직접 만나서 개인적 이야기로 시작하는 것이 바람직하다. 상대방이 여러분이 누구인지를 알고 나면, 그 후에는 전화 또는 이메일을 활용해도 커뮤니케이션의 효과를 높일 수 있다."[10]

－테리 피어스Terry Pearce,
《커뮤니케이션 리더십Leading Out Loud》의 저자이자 전문 컨설턴트

과적이다. 만약 리더가 새로운 전략, 대대적인 구조 조정, 전략적 기회, 또는 안 좋은 소식을 전달해야만 할 경우에는 반드시 1:1 회의를 통하는 것이 바람직하다.

대인 관계를 구축하고 유지함에 있어 가장 효과적인 방법(메시지를 충분하게 전달할 수 있다)은 1:1 대화이다. 기술을 통해서도 1:1 효과를 모방할 수는 있겠지만, 1:1 대화만이 갖는 친밀감과 신속성은 따라갈 수 없다.

인간은 자세, 몸짓, 표정, 목소리만으로도 커뮤니케이션 할 수 있는 타고난 능력을 갖추고 있다. 우리는 수 년에 걸쳐서 읽고 쓰기를 학습하지만, 아무도 비언어적 신호들을 보내고 응대할 수 있는 방법에 대해서는 가르쳐 주지 않는다. 사실 우리의 뇌는 이러한 원시적이면서 중대한 정보의 채널을 찾고 예측한다. 토마스 루이스Thomas Lewis 박사 (샌프란시스코에 소재한 캘리포니아 대학의 정신과 임상 부교수이자 정신 생물 학자)는 인간들에게 비언어적 신호들이 허용되지 않는다면, 뇌는 상대방이 전달하고자 하는 의미를 제대로 파악하지 못한다고 말한다.[11]

커뮤니케이션 기술이 제아무리 발전한다고 하더라도, 적어도 (1) 비공식적 자리에서의 대화, (2) 가장 원시적이고 강력한 비언어적 신호인 '터치', 이 두 가지 측면에서는 1:1 대화를 능가하지 못한다.

비공식적 자리에서의 대화

현장 경영management by wandering around(MBWA)은 관리자가 현장 근처에 상주하면서 경영하는 방식으로 강력한 비언어적 커뮤니케이션 형태이다.

MBWA는 단순히 '오픈 정책'을 넘어 관리자들이 사무실에서 직접 현장으로 나와 직원들의 업무 수행을 관찰하고 자유롭게 소통하는 것이다. MBWA의 핵심은 리더가 아랫사람을 속속들이 알 때만 수립이 가능한 대인 관계이다. 필자의 저서인《This isn't the Company I Joined》에서 그 예를 소개할까 한다.[12]

125명 정도를 고용하고 있는 법률 회사에 근무하는 HR 팀장은 관리자들을 관찰하는 데 많은 시간을 보낸다. 이 회사는 생산성이 높을 뿐만 아니라, HR 팀장은 리더십 평가 설문 조사에서 환상적인 피드백을 받았다. HR 담당 이사는 HR 팀장이 부하 직원들의 환호를 받는 이유가 궁금해졌다.

HR 담당 이사와 팀장이 회사의 사정에 대해서 이야기하며 사무실을 걸어가는 중에도, 팀장은 종종 걸음을 멈추고 부하 직원들에 대해 설명하곤 했다. "저쪽에 앉아 있는 스티브는 15년간 저와 함께 일했습니다. 스티브는 또 어린이 리그 팀의 코치로도 활약하고 있는데, 지난 목요일 시합에서 승리했다고 합니다."

그리고 나서, 다른 부하 직원을 지나치면서 팀장은 또 은밀하게 그녀에 대해 언급했다. "샐리는 올해 들어 딸과 마찰을 빚곤 했어요. 10대 자녀를 다루는 것이 얼마나 힘든지 아시죠? 샐리와는 가끔씩 딸에 대해 대화를 나누곤 한답니다."

몇 달 후, HR 담당 이사와 인터뷰를 했을 때 그녀는 사무실에서 보았던 상황이 잊혀지지 않았는지 그에 관해 내게 이야기했다. 그녀는 "팀장은 부하 직원 한 사람 한 사람에 대해서 모두 알고 있는 것 같았어요. 업무는 물론이고, 그들의 집안 환경, 취미, 걱정거리, 흥미거리 등 사적인 것까지 모두 말이죠. 팀장은 직원들이 기분이 좋을 때가 어느 때인지 알고 있습니다. 반대로 힘이 들어 팀장의 관심과 시간을 필요로 할 때가 어느 때인지도 알고 말이죠. 그래서 제가 물었습니다. 어떻게 125명에 관한 모든 것을 알 수 있느냐고요. 그랬더니 무엇이라 답했는지 아십니까? '그게 제 일인데요' 라고 말하더라구요."라고 말했다.

이러한 비공식적 자리에서의 대화를 통해 이익을 얻는 것은 관리자에만 그치지 않는다. 휴게실에서 만나거나 복도에서 우연히 만나서도 회사 돌아가는 상황에 대해 유용한 정보를 얻을 수 있다. 협력과 혁신의 경우에도 마찬가지이다. 비공식적인 자리에서 자주 만나 대화를 하면서 협력을 배양하고 혁신을 추진할 수 있다. 한 유능한 CEO는 "오늘 회의에서 다룬 중요한 의제들은 사실상 와인을 마시는 편안한 분위기에서 심도 있게 다루어질 것입니다."라고 말할 정도이다.

터치의 힘

수십 년 전에 존 나이스비트John Naisbitt는 자신의 베스트셀러인 《메가트렌드 : 우리 인생을 바꾸는 10계명 / Megatrends : Ten New Directions Transforming Our Lives》에서 새로운 개념을 소개했다. '하이 테크, 하이 터치high tech, high touch' 라고 하는 이 개념은 인간이 기술 발전으로 익명의 전자 커뮤니케이션을 더 많이 사용하면 할수록 개인적 소통 또한 필요로 한다는 내용이다. 나이스비트의 이러한 개념은 정확하다고 생각된다. 어쩌면 그가 알고 있는 것보다 훨씬 확실할 수도 있다.

과학자들은 오랫동안 비언어적 커뮤니케이션에 대해 연구해 왔다. 그러나 최근 몇 년에 걸쳐 일부 과학자들이 이전에는 중요한 비언어적 커뮤니케이션으로 여기지 않았던 '터치'에 대해 관심을 갖기 시작했다. 이러한 연구를 통해서, 심리학자들은 잠깐 동안의 터치가 손짓 또는 표정보다 더욱 다양한 감정을 전달할 수 있다는 것을 깨닫기 시작했다. 말보다는 더욱 빠르고 정확하게 전달하는 경우도 있을 정도이다.

신체적 접촉은 우리가 알고 있는 비언어적 커뮤니케이션 중에서 가장 원시적이면서 기본적인 형태이다. 사실, 터치는 어린 시절 경험할 때 큰 영향을 끼치는 것으로 밝혀졌다. 마이애미 대학의 '터치 연구소Touch Research Institute'가 실시한 연구는, 조산아를 만져 주고 마사지해 주면 그렇지 않은 조산아보다 성장도 빠르고 몸무게도 빨리 증가한다는 사실을 지속적으로 입증하고 있다.[13]

친근하고 따뜻한 격려의 터치가 갖는 감정적 영향력은 성인이 될 때까지 지속되는 것 같다. 그러한 현상을 화학적으로는 스트레스 호르몬인 '코티졸cortisol'의 수치를 내려줌으로써 신뢰감을 생성시키는 호르몬인 '옥시토신oxitocin'이 분비되는 것으로 설명할 수 있다. 한마디로 쉽게 설명하면, 터치를 해 주면 기분이 좋아진다.

'저 사람은 만만한 사람이야That person is an easy touch'란 표현에서도 '터치'의 강력한 '설득의 힘'을 알 수 있다. '순종 효과compliance effect'라고 명명된 연구에서 상대방에게 요구를 하면서 터치를 하게 되

감정적 터치

드퍼DePauw 대학과 캘리포니아 버클리 대학의 심리학자들은 감정적 터치에 대해 몇 가지 흥미로운 실험을 했다. 눈을 가린 낯선 이를 만짐으로써 다양한 감정을 전달하도록 실험 대상자에게 요청하였다. 실험 대상자들은 8가지 감정 (감사, 분노, 역겨움, 사랑 등)을 전달할 수 있었고 성공률은 70%였다.[16]

면 요구를 들어 줄 확률이 높아진다는 것을 증명했다. 교사가 학생의 등이나 팔을 격려의 표시로 두드리면 그렇지 않은 학생보다 수업 참여율이 훨씬 더 높아진다.[14] 뿐만 아니라, 웨이터가 고객에게 계산서를 건네면서 고객의 어깨를 살짝 쳐 주면 팁이 올라간다는 사실이 밝혀졌다(평균적으로 11.5%에서 14.9%로 증가한다).[15]

미국에서, 직장에서의 신체적 접촉은 논란의 대상이다. 심지어는 부적절한 행동 또는 그 보다 더 심한 행동으로 간주되어 처벌을 받기도 한다. 만약 신체적 접촉이 허용되는 경우라면, 손, 팔, 어깨 정도를 가볍게 쳐 줄 수 있다(비즈니스적 관계에 한정된다). 비록 상대방을 터치하는 것이 매우 조심스럽고 상황 판단을 잘해야 하겠지만, 굳이 피할 필요는 없다고 본다.

악수이건, '하이파이브' 이건, 격려를 위해 등을 살짝 두드리건, 터치는 비즈니스 커뮤니케이션의 중요한 부분이다. 인간은 누군가 자신을 살짝 터치해 주면 그 사람을 가깝게 느낀다. 또 누군가를 살짝 터치하면 터치를 한 본인도 상대방을 가깝게 느낀다.

그것은 어쩔 수 없는 인간의 특징이고 잠깐 동안 신체적 접촉을 한 경우라도 끈끈한 인간적 유대감을 느끼게 된다. 팔뚝 부분을 살짝만 건드려도 건드린 사람이나 상대방 모두 친근감을 느낄 수 있다.

과연 컴퓨터를 이용한 전자 커뮤니케이션을 통해서도 이러한 인간적인 친근감을 느낄 수 있겠는가?

6장

남과 여

리더의 성별이 신체 언어에 끼치는 영향

성별의 신경 과학

여성 리더가 적은 이유

성별에 의한 비언어적 커뮤니케이션의 13가지 차이

여성과 남성의 리더십 스타일

여성과 남성 리더의 신체 언어

남성과 여성 리더의 신체 언어에 대한 조언

화성에서 온 남자, 금성에서 온 여자

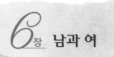

6장 남과 여

리더의 성별이 신체 언어에 끼치는 영향

한 그룹을 두 팀으로 나누어 한 팀의 리더는 여성을, 또 한 팀의 리더로 남성을 지정해 준다. 이 두 팀은 문제 해결 전략에 큰 차이를 보인다. 한 팀은 의사 결정에 있어 협력과 합의를 중시하고, 또 한 팀은 지시와 직위를 중시한다면, 과연 어느 팀의 리더가 여성이고 남성인지 예측할 수 있겠는가. 아마도 협력과 합의를 중시한 팀은 여성이, 그 반대의 팀은 남성이 리더라고 예측할 수 있을 것이다. 그리고 대부분의 경우(항상 그렇지는 않겠지만) 여러분의 예상은 맞을 것이다.

인구 계층을 일반적으로 정의하는 것은 – 특히 '여성'·'남성'처럼 너무나도 큰 범위의 인구 계층의 경우 – 부정확하고 고정관념에 치우칠 위험이 있다. 6장에 기술된 일반화된 정의에 적용되지 않는 사람도 꽤 있을지도 모른다. 그러나 성별에 따라 뇌 기능, 진화적 특성, 커뮤니케이션 스타일이 서로 다르고, 이러한 특징들이 여성과 남성의 리더십 방식과 사람들의 인식에 큰 영향을 끼친다는 사실은 과학적으로도 증명되었다.

6장에서는 리더의 신체 언어가 성별에 따라 끼치는 영향을 다룰 것이다. 이 장을 통해서 여러분은 감정과 스트레스에 여성과 남성의 뇌가 어떻게 반응하는지, 이러한 무의식적이고 비언어적인 반응이 여성의 승진에 어떠한 악영향을 끼치는지, 부하 직원들은 여성과 남성 리더의 커뮤니케이션 장점과 단점을 어떻게 평가하는지, 신체 언어를 어떻게 표현할 것인지, 현재의 신체 언어가 부족하다면 어떻게 수정해야 할 것인지에 대해 학습해 보자.

성별의 신경 과학

뇌 연구와 성별에 대한 연구는 우수하거나 명석하거나 하는 문제와는 거리가 멀다. 다만 차이점을 알아보는 것이다. 예를 들어, 남성은 뇌의 인지 능력cognitive functioning과 관련되어 있는 회백질 부분이 여성에 비해 6.5배 큰 반면, 여성은 인식cognition과 관련된 백질 부분이 남성에 비해 10배 정도 크다.[1] 백질은 수뇌부brain centers를 뇌 신경망neural network에 연계시키는 반면, 회백질은 뇌의 활동을 하나의 수뇌부로 한정시킨다.

이러한 차이 때문에, 남성은 뇌의 활동을 구분짓고 한 번에 한 가지 과제에 집중하는 편이다. 반면, 정보를 통합하는 능력이 우수한 여성의 경우에는 뇌량corpus callosum(좌우 대뇌 반구를 연결하여 커뮤니케이션을 촉진시키는 신경 섬유)이 크기 때문에, 서로 다른 요소들을 연계시키는 능력이 뛰어나다(이들 요소는 언뜻 볼 때는 달라 보이지만 사실은 서로 연계되어 있다).

최근까지는 감정을 느끼고 표현하는 여성과 남성의 차이는 양육 방식 때문이라고 인식되어 왔다. 그러나 샌프란시스코에 소재한 캘리포니아 대학의 루엔 브라이즈다인Louann Brizendine 임상 정신과 교수는 남성과 여성의 감정 처리 과정이 확연히 다르다고 말한다.[2] 남성과 여성 모두 상대방의 정서적 고통이 미러 신경 세포를 활성화시키지만, 뇌의 반응은 성별에 따라 다르게 나타난다.

즉, 남성의 뇌에서는 2차 시스템인 측두엽-두정엽 연접부temporal-parietal junction가 신속히 작동하여 '분석 후 해결analyze-and-fix-it' 하는 회로가 활성화된다. 따라서 여성의 뇌가 상대방의 정서적 고통에 공감하는데 그치는 반면, 남성의 뇌는 재빨리 감정을 파악한 후 해결책을 모색하느라 바쁘게 움직인다.

진화를 통해 남성의 뇌는 사냥에 적합하도록 만들어졌다. 그 결과 남성은 여성과 비교할 때 시야는 좁지만, 집중력이 뛰어나고 방향 감각이 우수하다. 또, 길을 잃었을 때도 웬만하면 물어보려고 하지 않는다. 그러나 여성은 시야가 넓은 편이고 여러 신호들을 동시에 받아들일 수 있다.

여성과 남성 모두 위험 신호에 대해 긴장하지만 그 방법은 서로 다르다. 방에 들어설 때, 남성은 본능적으로 출구를 찾는 반면, 여성은 사람들의 얼굴을 집중적으로 살펴보면서 그들이 누구인지, 어떻게 느끼는지, 그들과 함께 있는 것이 안전한지 등의 여부를 파악하려 한다.

여성이 잘 우는 것은 부분적으로 신경적·생리적 이유 때문이다. 즉, 여성은 신체와 뇌에 존재하는 '프로락틴prolactin 염색체'가 남성에 비해 발달되어 눈물샘이 커졌기 때문이다. 따라서 남성이 우는 것을 이해하는 문화에서조차도 여성이 더 많이 운다.[3]

수십 년간, 생리학 부문에서는 여성과 남성이 스트레스에 대해 동일한 생리학적 방식으로 반응한다고 생각해 왔다. 즉, 스트레스에 직면할 때 사람들은 스트레스로부터 도망치려 하거나 공격적으로 반응한다고 인식되어 왔다. 그러나 최근 들어 신경 과학자들은 이러한 가설에 오류가 있다고 발표했다. 펜실베니아 대학은 fMRI를 활용하여 연구하였으며, 그 결과 여성과 남성이 스트레스에 다르게 반응하고 있음을 입증하였다.[4] 남성의 경우, 좌측 전전두엽prefrontal cortex의 혈류가 증가하여 '싸울 것인가, 도망갈 것인가fight or flight'의 반응이 활성화된다.

반면, 여성의 경우에는 스트레스가 뇌의 변연계 부분을 활성화시켜 정서적 반응을 이끌어 낸다. 이른바 과학자들이 '배려와 친교tend-and-befriend'라고 명명한 정서적 반응을 이끌어 낸다. 여성의 경우 위협을 받거나 두렵거나 스트레스를 받을 때 타인을 보호하려 하고 가족과 친구로부터 위로받고 싶어 한다. 스트레스를 받을 때 사회적 지지social support를 주고받으려는 것이 여성의 대응 방식이다. 그러나 남성과 여성의 차이는 여기에서 그치지 않는다.

스트레스를 유발하는 환경에서 여성과 남성의 뇌가 어떻게 반응하는가를 연구한 서던 캘리포니아 대학의 연구원들은 뇌의 기능이 성별에 따라 다르고, 스트레스에 직면할 때 감정을 판단하는 방법 또한 다르다는 점을 발견했다. 타인의 감정을 시뮬레이션화하여 이해할 수 있는 뇌의 영역에서도 성별에 따라 차이가 있다는 점이 발견되었다. 연구 결과에 따르면, 스트레스를 받으면 여성의 경우 공감 능력이 증가하는 데 반하여, 남성의 경우에는 오히려 감소하는 것으로 드러났다.[5]

그렇다면 이러한 성별의 차이는 비즈니스와는 어떠한 상관 관계가 있을까. 예를 들어, 회사에서 스트레스를 유발하거나 위협을 느끼는 상황에 직면할 경우(대대적인 정리 해고 또는 대규모 구조 조정), 남성 리더들은 혼자서 부서 간에 공정하게 정리 해고를 하기 위해 '숫자'에 집중하는 반면, 여성 리더들은 직원들의 걱정과 불안을 해결하는데 집중한다. 이러한 상황에서 어느 쪽이 반드시 옳다고 말할 수는 없다. 다만, 여성과 남성 리더의 비율을 균형 있게 유지하는 것이 가장 바람직하다고 할 수 있다.

여성 리더가 적은 이유

남성과 여성 리더의 신체 언어를 살펴보기 전에, 기업체에서 여성 임원이 남성 임원에 비해 상대적으로 적은 이유에 대해 알아볼까 한다. 여러분은 달리 생각할 수 있지만, 이는 신체 언어와 관련이 깊다.

여성 인력은 전체 인력의 50%에 육박하여 중요한 부분을 차지한다. 미국을 포함한 선진국 전문 인력의 다수를 차지할 뿐만 아니라, OECD 국가 대학 졸업자의 다수를 차지한다. 이러한 여성들이 미국의 펩시콜라PepsiCo부터 프랑스의 아레바Areva에 이르기까지 주요 대기업의 CEO로 활동하기도 한다. 또한 많은 조직들이 여성 인력을 유치하여 리더로 배양하기 위해 가족 중심의 정책과 유연한 근무 조건은 물론, 여성 인력 리더십 프로그램을 개발하고 실시하는 데 최선의 노력을 기울이고 있다.

그러나 여성 인력의 증가, 높은 교육적 성과, 리더십 개발을 위한 조직의 지속적인 노력에도 불구하고 임원의 자리에 올라서는 여성의 수는 상대적으로 적다. 사실, 미국의 500대 기업의 2%만이 여성 CEO인 것이 현실이다.

여성 리더가 그렇게 적은 이유에 대해 여러 의견들이 있다. 예를 들어, 대다수 연구 결과는 성공하는 리더의 특징은 남성의 특징과 유사하다는 결론을 내린다. 비록 효과적 리더십의 조건은 남성적 특징(박력, 자신감, 과제 중심)과 여성적 특징(배려, 정서적, 관계 중심)을 모두 아우르는 것임에도 말이다. 이러한 오해 때문에 여성이 남성과 비교할 때 리더의 자격이 뒤처지지 않음에도 불구하고 남성에 비해 소수로 밀려나는 것이다.

그러나 임원 계층에서 여성이 남성에 뒤지는 데에는 또 다른 이유가 있다. 그것은 동료들이 여성을 무의식적으로 리더로 인정하지 않는다는 사실이다.

델라웨어 대학의 연구원들은 여성과 남성 리더의 비언어적 반응을 비교한 후, (남성과 여성이 함께 토론하는 자리에서) 여성이 자기 주장을 펼때 보내는 비언어적 신호가 부정적 효과를 낸다는 사실을 발견했다. 여성이 리더의 역할을 맡아 자신의 주장을 펼치면, 남성 리더와 비교할 때 동료 팀원들로부터 긍정적 반응보다는 부정적 반응을 이끌어 내는 것으로 드러났다.

물론 약간의 차이는 있겠지만, 다음은 연구원들이 팀 회의에서 목격한 것이다. 한 여성이 자신의 의견을 피력하고 있다. 그녀의 발표에 대해 회의 참석자들은 인상을 쓴다거나 머리를 좌우로 흔들거나 시선을 피하는 등 부정적인 비언어적 신호를 보낸다. 이러한 부정적 신호들이 목격되는 것뿐 아니라, 전체 그룹이 일부 그러한 신호를 보내는 사람들을 흉내 냄으로써 전체 분위기가 여성 리더가 피력하는 가치를 떨어뜨리는 결과를 초래한다. 그런데 이러한 모든 반응들은 무의식 중에 발생한다.[6]

의식적 차원에서는 여성에 대한 편견이 흔치 않지만(예를 들어, 설문 조사에 대한 응답), 무의식적 차원에서는 여성 리더의 태도가 차별을 받는다. 개인의 고용, 연봉, 승진(특히 임원의 경우)은 대부분 동료들의 인정에 달려 있기 때문에, 이러한 무의식적이고 반사적인 반응들로 인해 여성이 리더의 자격이 있음에도 불구하고 리더가 되지 못하는 것이다.

다음의 3가지 이유에 주목하기 바란다.
★ 동료 그룹에서의 리더십 행태에 관한 연구이다. 공식적인 리더의 자리에 있는 여성들이 남성 리더에 비해 부정적이거나 덜 긍정적인 감정적 신호를 보낸다는 증거가 없다.
★ 연구 결과는 남성이 특히 여성의 공헌에 대해 무시하는 것이라고 볼 수 없다. 연구에 참가한 사람들의 성비性比가 동일했기 때문이다.
★ 비언어적 커뮤니케이션의 힘은 무의식적 영역에 속해 있다. 따라서 남녀 차별 문제에 대해 자주 의견을 나누고, 의식적 영역으로 끌어올린다면 발생 빈도 수도 줄어들고 그 효과 또한 무력화될 수 있다.

성별에 의한 비언어적 커뮤니케이션의 13가지 차이

같은 팀에 소속되어 있는 케이트Kate와 그랜트Grant는 잠재 고객과 협상했다. 그러나 이 협상에 대한 두 사람의 평가는 달랐다. 그랜트는 1차 회의의 성과가 좋았다고 생각했지만, 케이트의 생각은 달랐다. 그랜트가 비즈니스 기회의 세부 사항에 집중한 반면, 케이트는 상대 팀원들이 보여 주는 비언어적 신호들(시선, 포착이 쉽지 않은 감정, 자세 변화 등)을 포착했다. 그러한 신호들은 상대 팀원들이 케이트와 그랜트의 제안에 대해 무언가 불편한 속내를 드러낸 것이었다.

하버드 대학의 로버트 로젠털Robert Rosenthal 박사는 '비언어적 신호에 대한 민감도 측정profile of nonverbal sensitivity'이라고 하는 테스트를 개발하여 신체 언어 신호들을 해독함에 있어 남성과 여성의 차이점을 분석했다. 분석 결과, 신체 언어를 읽고 이해하는 능력은 여성이 남성보다 뛰어난 것으로 밝혀졌다. '보육, 예술 또는 표현'의 직업을 가진 남성들을 제외하고, (초등학교 5학년부터 성인에 이르기까지) 여성들이 얼굴 표정이나 신체 움직임, 음성으로 전달되는 메시지를 정확히 판단하는 능력이 뛰어났다.[7]

여성들은 비언어적 신호들을 포착하는 것뿐만 아니라 표현하는 데도 뛰어나다. 커뮤니케이션에 있어서 더 많은 움직임, 활기, 목소리의 변화에 능하다. 여성들은 무언가 놀라거나 두려운 일이 있을 때 신체적 반응을 보인다(반대로 남성들은 통제 능력이 우수하다). 그러나 성별에 따른 신체 언어의 차이점은 여기에서 그치지 않는다. 그렇다면 구체적으로 어떠한 차이점이 있는지 알아보자. 13가지로 정리해 보았다.

1. 여성은 정면으로 접근하는 것을 편하게 여긴다. 반면에 남성은 옆으로 접근하는 것을 선호한다. 마찬가지로, 남성들은 대화를 나눌 때 몸을 비스듬히 서서 이야기하고, 여성들은 마주보고 서서 이야기한다. 남성은 마주보고 서 있는 것을 맞서는 것으로 인식한다.

2. 남성이 고개를 앞뒤로 끄덕이면 동의를 표하는 것이다. 여성의 경우, 고개를 앞뒤로 끄덕이면 동의를 표하거나 상대방의 이야기를 경청하거나 혹은 상대방이 계속 말하도록 격려하는 것을 의미한다.

3. 여성에게 있어 훌륭한 경청 스킬은 시선을 맞추고 시각적으로 반응을 보이는 것을 모두 포함한다. 반대로, 남성은 경청하고 있음에도 불구하고 눈 맞춤은 최소한으로 유지하고 비언어적 피드백을 거의 보이지 않는다.

4. 타인을 만날 때, 남성은 여성보다 거리를 둔다. 이전의 내용에서 설명했듯이, 성별에 따른 거리의 차이는 온라인 커뮤니티(예 : 세컨드 라이프)에서도 존재한다.

5. 비즈니스 환경에서 여성과 남성은 '터치' 의 의미도 다르다. 여성은 동의, 공감, 동정, 유대감, 축하를 의미하지만, 남성의 경우에는 파워를 의미한다. 예를 들어, 윗사람이 부하 직원에게 격려의 의미로 터치를 하게 된다(윗사람이 부하 직원의 등을 살짝 치면서 '잘했어' 라고 말하는 것을 예로 들 수 있다. 이때 부하 직원은 윗사람의 행동을 되받아칠 수 없다).

6. 남성은 공간을 넓게 차지한다. 남성은 넓게 앉아서 다리를 벌리거나 다리를 꼬더라도 자리를 많이 차지한다. 또한 자신의 소지품을 테이블에 넓게 펼쳐 놓거나 팔을 뒤로 쭉 뻗는다. 반대로, 여성은 팔꿈치를 바로 옆에 놓거나 다리를 꼬아서 자리를 많이 차지하지 않는다. 뿐만 아니라, 소지품을 한 쪽에 얌전하게 쌓아 두거나 손과 발을 모두 오므림으로써 최소한의 자리만을 차지한다.

7. 여성은 대체적으로 5가지 톤으로 대화를 하여 남성보다 감정이 풍부하게 느껴진다. 또한, 여성들은 스트레스를 받으면 목소리 톤이

높아진다. 남성의 목소리는 저음일 뿐만 아니라 3가지 톤으로 한정되어 있다. 남성의 깊고 우렁찬 목소리는 자신감과 권위가 있는 것으로 여겨진다.

8. 표정의 변화를 최소화하려는 남성의 성향은 여성을 불편하게 한다. 여성은 자신이 어떤 제안을 할 때 상대방의 표정에 변화가 없는 것을 부정적인 피드백으로 여기기 때문이다. 여성은 상대방의 의중을 파악하지 못하면 불안해 한다.

9. 진정으로 기쁘거나 재미있거나 사회적으로 기대되는 경우, 여성과 남성 모두 미소를 짓는다. 그러나 불편함이나 긴장을 감추기 위해서 또는 부정적인 말을 부드럽게 하기 위한 경우에는 여성이 남성보다 미소를 자주 짓는다.

10. 남성은 여성보다 분노를 비언어적 신호로 더 자주 표현하는 경향을 보인다. 그리고 테이블을 치는 등 과격한 행동을 함으로써 화를 금방 푼다.

11. 여성은 서 있을 때 다리를 붙이거나 어떤 경우에는 다리를 교차시킨다. 반대로, 남성은 약 10~15도 각도로 발을 벌리는 경향이 있다. 여성보다 좀 더 안정되고 개방적인 자세로 보인다.

12. 남성의 신체 언어는 자세, 자신감, 안정감을 강조하는 경향을 보인다. 또한 남성은 여성보다 무관심, 반대, 경멸 등의 신호를 더 자주 보

낸다. 반대로 여성은 열정과 기쁨을 더 자주 표현하고 그들의 감정이 상처를 입을 때 눈에 띄게 반응한다.

13. 콧소리가 섞인 긴장된 목소리를 내는 여성은 여성스럽지만 경박하고 지적이지 않다고 평가된다. 반면, 허스키한 목소리를 내는 남성은 남성스럽고 지적이고 성숙한 것으로 평가된다.

분노의 효과

예일 대학과 노스웨스트 대학에서 실시한 연구에 따르면, 여성이 직장에서 화를 내면 권위가 떨어지고 역량이 부족한 것으로 인식된다고 한다. 반면에 남성이 화를 낼 경우는 오히려 권위가 높아 보인다. 여성이 CEO이건 인턴이건 간에 동료들은 여성이 화를 내는 것을 개인적 결함이라고 생각하는 반면, 남성의 경우에는 외부의 환경에 의해 어쩔 수 없는 것이라고 생각한다.[8]

여성과 남성의 리더십 스타일

일반적으로 말해서, 여성 리더들은 부하 직원과의 소통을 중시한다. 특히, 정서적 충격을 줄 수 있는 내용을 말해야 할 경우에는 부하 직원과 지속적으로 소통한다. 여성은 참여 지향적인 리더십 스타일을 구사하고 정보와 힘을 공유함으로써 협력적 분위기를 조성한다. 또한, 대인 관계 스킬이 뛰어나서 부하 직원을 잘 다룬다.

여성이 대인 관계 니즈를 충족시키는 데 주력하는 반면, 남성은 대인 관계 스킬은 여성에 비해 중요하게 생각하지 않는 편이다. 대다수 남성들은 '대인 관계 스킬' 보다는 권위와 통제를 중시한다. 남성 리더는 비즈니스 거래를 해야 할 경우에는 소통을 중시하지만, 거래가 완료된 후에는 혼자만의 세계로 돌아가서 과제를 해결한다. 남성들은 계층적 리더십 스타일과 상명하복上命下服 방식을 선호한다. 남성은 '명령과 통제'를 필요로 하는 강한 리더 또는 공식적 권한을 지닌 사람으로 인식된다. 이러한 차이점은 연구실에서 이론으로 연구할 때도 실제 리더를 관찰할 때도 공통적으로 나타났다.

여성과 남성 모두 팀을 성공적으로 이끌 수 있지만 그 방식에는 차이를 보인다. 남성 리더들은 팀원들의 아이디어를 비교하면서 경쟁심을 자극하는 반면, 여성 리더들은 팀원들의 아이디어를 연계시킨다. 이 두 가지 리더십 스타일이 모두 장점을 지니고 있으므로, 성별을 균형 있게 맞추어 팀 리더로 임명한다면 협력적 업무 환경을 조성하는 데 큰 효과가 있을 것이다.

여성과 남성 리더의 신체 언어

최근에 필자는 미국, 캐나다, 유럽의 관리자들을 대상으로 여성적, 남성적 커뮤니케이션 스타일에 대해 설문 조사를 실시했고, 성별에 따른 신체 언어로 초래되는 문제점과 기회에 대해 살펴보았다. 설문 조사에서 다음의 4가지 질문을 했다.

1. 남성 리더의 커뮤니케이션이 지닌 최대의 장점은 무엇이라고 생각하는가?
2. 여성 리더의 커뮤니케이션이 지닌 최대의 장점은 무엇이라고 생각하는가?

3. 남성 리더의 커뮤니케이션이 지닌 최대의 단점은 무엇이라고 생각
하는가?
4. 여성 리더의 커뮤니케이션이 지닌 최대의 단점은 무엇이라고 생각
하는가?

설문 조사 결과를 종합해 본 결과, 나름대로의 장점과 단점이 모두 있
는 것으로 드러났다. 사람들이 이른바 '커뮤니케이션'이라고 하는 것이
성별에 따른 비언어적 특징과 행동에 의해 얼마나 많은 영향을 받는지
를 주의 깊게 살펴보기 바란다.

남성 리더 커뮤니케이션의 3가지 장점

1. 존재감

"남성은 크고 강해 보인다."

"남성은 근사한 사무실에서 일하거나 임원 타이틀을 가질 확률
이 많기 때문에 권위적으로 보이거나 스스로도 파워를 느낀다."

2. 직접적이고 강력한 리더십

"남성은 전달하고자 하는 메시지를 단도직입적으로 말한다."

"남성은 강하고 무게감 있는 목소리를 지니고 있으므로 목소리
로 상대방을 압도하면서 대화를 이끈다."

3. 권위와 파워를 보여 주는 신체 언어 신호

"남성은 포커페이스를 보여 줌으로써 감정 조절에 능한 것으로
비쳐진다."

"남성은 자신감 있는 모습을 보여 주고 넓은 공간을 차지한다."

여성 리더 커뮤니케이션의 3가지 장점

1. 신체 언어를 읽을 수 있는 뛰어난 능력

"여성은 비언어적 커뮤니케이션의 포착하기 어려운 '단서' 들을 포착하는 뛰어난 능력을 지니고 있다."

"여성은 통찰력이 뛰어나다."

2. 뛰어난 경청 능력

"여성은 대화할 때 상대방을 응시한다."

"여성은 상대방이 말할 때 집중력이 우수하다."

3. 공감의 능력

"여성은 친근하고 온화해 보인다. 여성은 신체 언어로 친근함을 표현하기 때문에 여성의 뛰어난 공감 능력은 1:1 대화에서 빛을 발한다."

"여성은 따뜻하다 – 표현력이 풍부하고 남을 배려하며 대인 관계 능력이 우수하다."

그러나 다음에 나올 내용에서도 알 수 있듯이, 여성과 남성 리더의 장점은 지나치면 오히려 단점이 될 수도 있다.

남성 리더 커뮤니케이션의 3가지 단점

1. 무뚝뚝하고 단도직입적이다

"남성은 목소리가 너무 크고 억압적이다."

"남성은 무뚝뚝하여 사람들의 감정을 상하게 하고 사기를 저하시킨다."

2. 상대방의 정서적 반응에 무심하다

"남성은 지나치게 논리적이어서, 대화 뒤에 숨어 있는 감정의 신호를 포착하지 못한다."

"남성은 상대방의 말을 경청하지 않는다. 심지어 경청하고 있다는 시늉조차 내지 않는다."

3. 자신의 의견이 무조건 옳다고 믿는다

"남성은 남의 말을 중간에 끊고 자신의 의견을 내세우는데 급급하다. 마치 자신의 의견만 제일이라고 여긴다."

"상대방의 의견은 고려하지 않는 듯 행동한다."

여성 리더 커뮤니케이션의 3가지 단점

1. 지나치게 감정적이다

"여성은 자신의 감정을 지나치게 표현한다. 따라서 때때로 감정 조절을 하지 못하는 것으로 비쳐진다."

"능력 있고 경험이 풍부하고 재능 있는 여성이 회의석상에서 우는 모습을 종종 목격하게 된다. 여성 자신뿐 아니라 회의 참석자 모두를 당황시킨다."

2. 우유부단하다 - 핵심에서 벗어난다

"시간을 물어보는데 시계 설계 방식을 설명하려 한다."

"말하기 힘든 메시지를 전달할 때 상대방의 눈을 직시하지 못한다."

3. 위엄 있게 보이지 않는다

"프로답지 못하고 여성적으로 보이거나 매력에 의존하여 성과를 내려고 하는 여성이 일부 있다."

"몸짓을 너무 많이 사용하여 의도를 명확히 파악하기 어려울 때가 있다."

남성과 여성 리더의 신체 언어에 대한 조언

1장에서 부하 직원들이 리더에게서 찾기를 원하는 두 가지 신호(온화함 : 공감, 호감, 배려/권위 : 파워, 신뢰, 지위)에 대해서 언급한 바 있다. 여성과 남성의 전형적인 스타일에 해당하지 않는 리더들을 코칭한 적도 있기는 하지만, 대부분의 경우에는 남성과 여성 리더의 신체 언어는 달랐다. 여성은 온화함과 공감을 보여 주는 반면, 남성은 파워와 권위를 보여 주었다.

여러분이 필자가 코칭하는 대부분의 리더와 같다면, 현재의 비언어적 행동이 매우 효과적인 상황도 있을 것이고, 현재의 비언어적 행동을 교정한다면 더 좋은 효과를 낼 수 있는 상황도 있을 것이다(남성의 신체 언어는 자신감과 역량을 보여 주는 대신, 차갑고 남을 배려하지 않는 것으로 비쳐질 수 있다. 반면에, 여성은 자신도 모르는 사이에 양보와 순종의 신호를 보내서 권위가 없는 것으로 비쳐질 수 있다).

[온화함을 보여 주는 여성의 신체 언어]　　　　[권위를 보여 주는 남성의 신체 언어]

　이제 여러분의 신체 언어를 어떻게 교정해야 효과적인 리더가 될 수 있는지에 관해 몇 가지 조언하고자 한다.
　만약 신뢰감과 권위를 보여 주고 싶다면, 여성 리더는 다음의 조언을 귀담아 듣기 바란다.

★ *목소리의 톤을 낮춘다*　여성은 말을 할 때 문장 끝 부분에 가서 목
　소리의 톤을 높이는 경향이 있다. 그것은 마치 질문을 하거나 허
　락을 구하는 듯 느껴진다. 따라서 소견을 피력할 때 권위 있게
　느껴지도록 말한다. 즉, 처음에는 낮게 시작하다가 중간 부분에

가서 목소리의 톤을 높인 후 마무리 단계에서 톤을 낮춘다.

★ **장소를 넓게 차지한다** 여성에 비해 남성의 체격이 큰 편이다. 이를 보완하기 위해 여성 리더는 발을 벌리고 똑바로 서고 서류들을 책상 위에 넓게 펼치는 것이 바람직하다. 손을 엉덩이 위에 올려 공간을 넓게 차지하는 것도 효과적이다. 또한 의견을 제시할 때는 앉는 것보다 서서 하는 것이 좋다. 서서 발표를 하게 되면 키가 커 보여 위엄이 느껴진다

★ **미소를 아낀다** 미소가 물론 강력하고 긍정적인 비언어적 신호이지만(특히 친절해 보이고 호감을 살 수 있다), 지나치거나 부적절하게 사용되면 오히려 사람들을 혼란에 빠뜨리거나 신뢰감을 떨어뜨릴 수 있다. 예를 들어, 심각한 주제를 다루거나 분노를 표시하면서 부정적인 피드백을 제공하면서 미소를 짓는다면 역효과를 낼 것이다.

★ **손짓에 유의한다** 모든 사람은 스트레스를 받을 때 마음을 안정시키기 위해 특유의 몸짓을 한다. 예를 들어, 두 손을 마주 비비거나 팔뚝을 잡거나 목을 만지거나 한다. 이러한 행동은 주위를 산만하게 하므로(여성, 남성에 상관 없이) 지나치면 자신감과 권위가 없어 보인다. 그러나 특히 여성의 경우 머리카락을 돌돌 말거나 액세서리를 자꾸 만지거나 손톱을 물어뜯는 등의 어린아이 같은 행동을 하면 권위가 심하게 손상된다.

★ **감정의 수위를 낮춘다** 감정을 적나라하게 표현하면 상대방을 당황스럽게 한다 (특히 회의 참석자들이 대다수 남성인 경우 더욱 그러하다). 따라서 권위를 최대한 유지하고 싶으면 움직임을 자제하는 것이 바람직하다. 침착하고 안정되어 보이면 권위가 있어 보인다.

★ **대담하게 소신을 밝힌다**　협상에서 남성은 여성보다 말을 더 많이 하고 상대방이 말하는 중간에 끼어든다. 미국의 전 국무장관인 매들린 올브라이트Madeleine Albright는 여성 후배들에게 조언을 부탁 받았을 때, "남이 말하는 도중에 끼어들어 자신의 소신을 밝힐 수 있는 방법을 익히십시오."라고 말했다.[9] 그녀의 조언이야말로 대담하게 소신을 밝히는 것이 중요하다는 점을 강조하고 있다.

★ **머리를 꼿꼿이 세운다**　머리를 옆으로 기울이는 것은 관심이나 적극성을 보여 주는 긍정적 신호이다. 특히 여성일 경우에 그러하다. 그러나 이 행동은 (남녀를 구별하지 않는 상태에서는) 묵인과 굴종을 의미하기도 한다. 따라서 권위와 자신감을 보여 주려면 머리를 들고 똑바로 선다.

★ **악수할 때 상대방의 손을 꽉 잡는다**　당신의 자신감과 신뢰도는 악수를 할 때 상대방의 손을 얼마나 꽉 잡는가에 의해 판가름난다. 남성 동료보다 여성의 경우가 더욱 그러할 것이다. 따라서 2장의 '악수' 부분을 다시 한번 숙지한 후 제대로 악수를 해 보자.

★ **시선 처리를 프로답게 한다**　2장에서와 같이, 눈을 밑변으로 하고 꼭지점을 이마 중간으로 삼각형을 상상해 본다. 이 삼각형을 응시하는 것이 사업상 가장 효과적인 시선 처리이다. 만약 삼각형을 입 쪽으로 내려 잡고 상대방을 응시한다면 개인적 관계에서는 적절하지만 사업상으로는 추파를 던진다는 오해를 받을 수 있다.

★ **리더답게 옷을 입는다**　필자는 여성의 매력적이고 자신감 넘치는 옷차림을 좋아하는 편이다. 그러나 사업상 거래나 회의를 할 때

는 프로답게 옷을 입으라고 조언한다. '성공하는 리더의 옷차림'은 상대방에게 신뢰감을 심어줄 수 있는 옷차림을 의미한다. 리더의 위치에 있는 여성이 너무 깊게 파이거나 짧은 스커트를 입게 되면 지적으로 보이지 않는다. 심지어 다른 여성들도 그렇게 입은 여성 리더를 우습게 볼 수 있다.

호감을 얻을 수는 있으나 비즈니스에서는 패자

어떤 협상에서 여성이 애교를 떨면 호감도를 높일 수는 있을지 모르겠지만, 우위를 차지하기는 어렵다는 것이 연구 결과 증명되었다. UC 버클리 대학이 실시한 연구에서 여배우들에게 생명 공학 업체의 영업 사원 역할을 하도록 요청했다. 여배우의 50%에게는 전문가다운 행동을 하라고 요청했고, 나머지 50%의 여배우들에게는 애교를 떨 것을 부탁했다(예를 들어, 미소를 짓거나 도발적인 모습으로 몸을 앞으로 수그리거나, 또는 머리카락을 만지작거리라고 요청했다).
그러나 그 모든 행동들을 너무 눈에 띄지 않게 은근히 해 달라고 부탁했다. 협상 결과는 판이하게 달랐다. 전문가다운 행동을 보였던 영업 사원들보다 애교를 떨었던 영업 사원들에게 평균적으로 20% 낮은 가격을 제시했다. 결국 애교를 떨었던 영업 사원이 얻은 것은 '호감' 정도에 지나지 않았다.[10]

만약 온화함과 공감을 보여 주고 싶다면, 남성 리더는 다음의 조언을 귀담아 듣기 바란다.

★ *감정을 통제하는 것만이 능사가 아니다* 감정을 통제할 수 있는 남성의 능력은 비즈니스를 협상할 때 이점으로 작용한다. 그러나

모든 비즈니스 상황에서 감정을 감추어야 하는 것은 아니다. 협력을 증진하거나 회사의 새로운 전략을 직원들이 적극적으로 수행할 수 있도록 격려한다거나 대대적인 변화의 부정적인 결과를 말해야 할 때, 감정을 드러내는 것은 바람직할 뿐만 아니라 효과적인 리더십 전략이 될 수도 있기 때문이다.

★ *말할 때 상대방을 응시한다*　리더가 시선을 주면 상대방의 의견에 동의하는 것이라고 간주된다. 여성은 남성 상사가 눈을 맞추지 않으면 그녀의 의견을 탐탁치 않게 여긴다고 생각한다. 따라서 상대방을 응시하게 되면 온화함과 친절함을 느끼게 될 것이다 (단, 특정 팀원만을 응시하지 않고 모든 팀원들에게 골고루 시선을 주어야 함에 유의해야 한다).

★ *해결책 찾기에 급급해하지 않는다*　남성은 감정을 다루는 능력이 부족하여 해결책을 찾기에 급급하다(물론 이러한 성향이 본능적이기는 하다). 상대방은 그저 이야기만을 들어주기를 원하는 것임에도 불구하고 해결책을 찾으려 하는 것이다. 만약 누군가 감정적으로 힘들어 한다면 문제를 해결하려 하지 말고 들어 주어라.

★ *표정을 밝게 한다*　남성은 자신의 표정을 잘 살필 필요가 있다. 상대방에게 위협적이거나 억압적이거나 험상궂게 보이지 않는지 유의해야 한다. 그러한 모습이 유용할 때도 있기는 하지만 그렇지 않은 경우도 있다. 문제는 그러한 험상궂은 모습이 본인은 인식하지도 못하는 상태에서 습관화가 된다는 데 있다. 상사이기 때문에 부하 직원 앞에서 인상을 마음대로 쓸 수 있다는 생각을 가지고 있다면 실패로 가는 지름길이다.

그러나 본인이 인상을 쓴다는 것을 인식하고 있다면 상황에 맞게 표정을 조정할 수 있을 것이다. 예를 들어, 만약 여러분의 목표가 팀의 사기를 진작시키고 혁신을 조장하는 것이라면 격려의 미소가 큰 도움이 될 것이다. 표정을 밝게 한다고 해서 상사의 위신이 떨어지는 것도 아니다. 표정을 밝게 해 보라. 여러분도 놀랄만큼 부하 직원들이 열심히 일하여 놀라운 성과를 올릴 테니.

화성에서 온 남자, 금성에서 온 여자

20년 전 존 그레이John Gray가 《화성에서 온 남자, 금성에서 온 여자》라는 베스트셀러에서 썼듯이, 여성과 남성은 매우 다르다. 성격, 비전, 이해, 직관, 분석적 재능, 커뮤니케이션 스킬, 정서적 강점 및 약점, 창의력은 물론 모두 열거하기 어려울 정도로 많은 부분에서 다르다. 남성과 여성이 다른 이유는 양육과 사회적 기대치뿐만 아니라, 뇌 과학으로도 설명이 가능하다. 그리고 앞으로도 연구해야 할 부분이 많다.

여성과 남성의 이러한 차이점은 그 책이 처음 출간된 시점부터 지금까지, 앞으로도 계속 유효할 것이다. 100년 후에도 여성과 남성은 서로 다른 행성에서 온 것처럼 다른 행태를 보일 것이다. 그러나 비즈니스계에서 달라진 점이 있다면 '금성과 화성의 이분법'이 리더십 철학과 행태에 지대한 영향을 끼칠 것이라는 것이다. 더 많은 여성들이 리더가 되고 임원의 자리를 차지할 것이며 자신의 사업을 시작할 것이기 때문에, 남성과 여성의 차이점은 비즈니스 관행에 큰 영향을 끼칠 것이 확실하다.

따라서 필자는 행성 간의 협력에 대해 조언하면서 이 장을 마무리할까 한다. 외계인을 두려워하지 말라. 그들도 고객에게 최고의 서비스를 제공하고 훌륭한 제품을 만들며 사회에 공헌하고 돈을 벌고, 친구와 함께 일하며, 밝은 미래를 열고자 하는 공동의 목표를 가지고 '세계 평화와 성공'을 위해 노력한다는 점을 명심하자. 우리 모두, 성공적인 '파트너'가 될 수 있다는 사실을 기억하자.

7장

글로벌 팀과의 협업

다문화 세계에서의 효과적 신체 언어
다양한 문화
문화 간 통용되는 신체 언어
기억해야 할 점

다문화 세계에서의
효과적 신체 언어

필자는 수 년 전에 아랍에미리트에서부터 중국, 인도, 말레이시아, 필리핀, 인도네시아 등지를 돌면서 강연회를 가진 적이 있다. 가는 곳마다 청중의 도착 시간은 점점 늦어졌다. 인도네시아 자카르타에서의 강연은 오후 7시에 예정되어 있었는데, "공지된 시간은 무시하세요."라는 조언까지 들었다. 그들은 "청중에게 7시까지 도착해줄 것을 요청했지만 아마도 8시는 되어야 오실 걸요. 넉넉히 잡으면 9시나 되어서야 강연회를 시작할 수 있을 것입니다."라고 말했다.

그러한 경험은 최근 캐나다의 토론토에서 겪었던 것과는 완전히 다르다. 토론토에서의 강연은 오전 8시 예정이었다. 시청각 장비들을 확인하기 위해 1시간 일찍 강연장에 도착했는데도 사람들은 이미 강연장 밖에서 줄을 서 있었다. 필자는 혹시 시간을 잘못 알고 있었던 것은 아닐까 걱정되어 기획자를 붙잡고 물었다. 그녀는 "걱정하지 마세요. 시간은 충분하니까요. 우리 나라 사람들은 강연 시간보다 일찌감치 도착하는 편이지요."라고 대답했다.

그렇다면 어느 쪽이 맞는 것일까? 인도네시아 사람들의 '고무줄 시간'이 옳은 것일까, 아니면 캐나다 사람들의 '이른 시간'이 옳은 것일까? 물론, 정답은 없다. 다만, 문화에 따른 차이가 있을 뿐이다. 문화에 따라 시간 개념이 다르기 때문이다. 문화에 따라 다른 것은 시간만이 아니다. 시간 개념은 다양한 문화 출신의 동료와 효과적으로 업무를 하기 위해 고려해야 할 하나의 요소에 불과하다.

오늘날 성공적인 리더는 문화의 미묘한 차이를 인식해야 한다. 그 이유는 글로벌 팀과 협업을 해야 하는 이유도 물론 있지만, 국내에서 근무하는 인력도 인종적으로나 문화적으로 다양해지고 있기 때문이다. 여러분은 전화상으로, 또는 직접 얼굴을 맞대고, 이메일로, 컨퍼런스에서 관습과 문화가 다른 사람들과 함께 일해야 한다.

7장과 8장은 다양한 문화 출신의 사람들이 세상을 어떻게 인식하고, 그러한 인식의 차이가 비즈니스 부문에서 나타나는 비언어적 행동에 어떠한 영향을 끼칠 것인지를 정확히 파악함으로써 효과적으로 소통할 수 있는 방법에 대해 다룰 것이다. 이제 고배경 문화high context culture와 저배경 문화low context culture의 차이점, 시간 개념의 차이점, 내성적과 솔직함, 형식적 또는 비형식적 행동, 문화에 따른 신체 언어 허용 범위, 모든 문화에 공통적으로 적용되는 비언어적 신호들에 대해 살펴보겠다.

다양한 문화

이 장에서 문화라 함은 특정한 사회(국가, 연방국, 부족, 종교 커뮤니티 등)가 허용하거나 '정상적'인 행동을 인식함에 있어 그 토대가 되는 사회적 가치 및 가정assumption을 의미한다. 이들 가치는 주어진 사회를 기준으로 행동의 허용 여부를 결정한다. 따라서 외국에 나갈 때는 국가 또는 문화에 따라 허용될 수 있는 행동이 달라질 수 있다는 점을 염두에 두고 주의를 기울여야 한다.

사소한 실수(부적절한 말, 몸짓 또는 표정) 때문에 계약을 망치거나 부정적 인상을 남기거나 심지어 프로젝트를 완전히 망칠 수 있다는 점에 유의한다. 비즈니스 파트너 문화에 대한 기본 지식을 갖추지 못하면 실수를 저질러도 무엇을 잘못했는지 조차 인식하지 못하는 경우가 많다.

물론, 동일한 문화 출신이라고 해서 비언어적 신호가 무조건적으로 같다고는 할 수 없다. 문화의 전형적 유형은 동일한 문화권 내에서 일반적으로 예상되는 행태로 한정된다. 다른 문화의 비언어적 행태에 의해 전달되는 의미를 세부적으로 모두 파악하는 것은 불가능하다. 타인의 비언어적 행태를 보면서 우리 자신의 문화적 편견에서 자유로울 수는 없는 것이 현실이다. 물론 타인이 우리의 비언어적 행태를 볼 때도 마찬가지일 것이다.

그렇지만 사전에 준비를 충분히 한다면 적어도 익숙하지 않은 문화 환경에 어느 정도까지는 적응할 수 있다. 이를 위해서는 약간의 인내심과 관대함을 가지고 상대방의 행동을 지켜보고 그들의 말을 경청하는 것은 물론, 다음에 설명하는 몇 가지 기본 수칙을 유념하여 우리의 행동을 조금씩 바꿔 나가는 것이 바람직하다.

고배경 문화와 저배경 문화

익숙하지 않은 환경을 관찰할 때 가장 유용하게 활용될 수 있는 도구는 문화 인류학자인 에드워드 T. 홀Edward T. Hall이 개발해 낸 분류 시스템이다. 이 분류 시스템에 따르면, 모든 문화들은 커뮤니케이션 스타일에 따라 구분될 수 있다.

저배경 문화Low Context Culture(LCC)는 주로 말과 글을 사용하여 명확하게 의미를 전달한다. LCC는 직접적이고 명확하게 메시지를 전달하며 암시적 방법을 거의 사용하지 않는다.

반면, 고배경 문화High Context Culture(HCC)는 비언어적 행태(신체언어, 상대방과의 거리, 침묵, 말하는 도중 잠시 중지 등)와 환경적 배경에 의한 암시적 방법을 많이 사용하는 편이다. 즉, 대화 상대방과의 관계, 과거에 일어난 사건, 참석자, 대화의 시간과 장소 등에 지대한 영향을 받는다.[1]

LCC 출신의 협상자들은 합의를 마무리하는 데 주력하는 반면, HCC 출신의 협상자들은 관계를 돈독히 하는 데 초점을 맞춘다. 글로벌 팀 회의에서 다양한 문화 출신의 팀원들과 회의를 효과적으로 하려면, LCC

고배경 문화와 저배경 문화 스펙트럼

고배경 문화	스페인어	미국어
일본어	이탈리아어	스칸디나비아어
중국어	프랑스어	독일어
아랍어	캐나다어(프랑스어권)	독일어(스위스어권)
그리스어	영어	저배경 문화
멕시코어	캐나다어(영어권)	

출처 : L. Copeland와 L. Griggs, 2001년. *Going International: How to make Friends and Deal Effectively in the Global Marketplace* (New York: Random House), p. 107.

팀원들은 HCC 팀원들과 먼저 친해지는 것이 바람직하다. 그러나 HCC 팀원들은 LCC 팀원들을 상대할 때 단도직입적으로 핵심 주제를 다루고, '측정 가능한 진전'을 위해 필요한 것이 무엇인지를 정확히 이해하는 것이 바람직하다.

양측 모두 상대방 문화의 유사점과 차이점을 심도 있게 이해하고 솔직한 대화를 나누는 것이 효과적이다. 물론, 여러분 자신의 문화적 특징을 무시하라는 것은 아니다. 다만, 상대방 문화의 특징을 파악한 후 그에 맞게 행동함으로써 대화의 효과를 높이라는 것이다.

일본에서 온 이메일

내가 미국 회사에 근무할 때 팀 회의에 참석한 적이 있다. 회의 참석자 중 마케팅 매니저만이 유일한 미국인이었다. 나머지 참석자들(또 다른 마케팅 매니저, 엔지니어, 디자이너, 제조 담당자)은 대만, 프랑스, 일본, 이란 등 다른 나라 출신이었다. 우리들 모두 영어가 어눌하기는 했지만, 회의는 만족스럽게 진행되었으며 결과에 대해서도 만족했다. 미국인 매니저만 제외하고 말이다.

회의가 끝난 후, 미국인 매니저가 나에게 다가오더니 "나만 이해를 못하는 것 같군요. 나중에 이메일로 보고서를 제출해 주세요."라고 말했다. 미국인 매니저를 제외한 모든 참석자들은 표정과 몸짓만으로도 서로의 마음을 읽을 수 있었다. 이제 와서 생각해 보니, 미국인 매니저는 대화를 할 때 말에만 지나치게 의존하기 때문이었던 것 같다.

－카즈히로 아메미야Kazuhiro Amemiya, 일본

시간 – 마음대로 늘어나는 '고무줄'인가, 아니면 '아까운 재산'인가

미국인들은 시간을 '아까운 재산'으로 이해한다. 그래서 '쓴다', '절

약한다', 또는 '낭비한다'는 말로 시간을 표현하곤 한다. 그러나 이탈리아, 브라질, 일본과 같은 문화에서는 시간을 항상 존재하는 것, 통제 불가능한 것으로 간주한다. 시간을 어떻게 생각하든지 간에 비즈니스 행태는 사람들의 시간 개념의 영향을 받는다.

시간을 재산으로 간주하는 경우, 일정을 준수하는 것을 매우 중요하게 여긴다. 시간에 대한 강박 관념 때문에 미국인들이 다른 문화 출신의 협상가들과 협상할 때 손해를 보는 사례가 종종 목격된다.

한 일본인 임원은 "우리는 상대측 미국인이 언제 출국한 것인지만 확인하면 됩니다. 상대측은 왕복 비행기표를 이미 끊어 출국 시간까지 받아 놓은 상태죠. 따라서 우리는 협상을 질질 끌다가 출국 시간에 임박해서야 제안을 합니다. 미국측은 그제서야 시간 내에 협상을 마무리해야 된다는 생각에 집착한 나머지 우리가 원하는 대로 서명하게 됩니다"라고 말한다.

시간을 '고무줄'로 간주하는 문화에서는 이와는 정반대의 현상이 일어난다. 이들은 시간을 과거, 현재, 미래가 서로 긴밀하게 얽힌 서클로 이해한다. 사실 중국어에는 과거와 미래 시제가 없다. 모든 것이 현재

문화에 따른 시간 개념의 차이

홍콩의 한 벤치에 미국인과 중국인 사업가가 나란히 앉아 있다. 미국인 사업가가 "30년이나 홍콩에서 근무했죠. 30년이나 말이죠! 회사에서 전근 지시가 내려왔어요. 며칠 후면 미국 본사로 들어가야 합니다."라고 말했다. 그러나 중국인 사업가가 말했다. "미국의 문제가 바로 그거라니까요. 오늘은 여기 있지만 내일 가버리면 그만이죠"

시제로 쓰이며 문맥에 따라 시제가 구별된다.[2] 중요한 관계는 시간에 구애 받지 않는다. 이들 문화에서는 사람과의 관계가 비즈니스에서 가장 중요하게 간주된다. 따라서 비즈니스에 있어서 친구나 친척을 우대하지 않으면 신의를 저버린 것으로 여긴다.

내성적인가, 솔직한가

내성적 문화(일본, 중국, 스칸디나비아, 핀란드 등)의 출신 사람들은 반드시 필요한 경우에만 말을 하는 편이다. 이들은 비즈니스 협상에 반드시 필요하지도 않은 것에 대해 끊임 없이 말하는 사람들과 대화하는 것을 불편하게 여긴다. 또 내성적 문화 출신의 사람들은 감정 표시도 잘 하지 않는다.

반면, 아랍 국가들이나 이탈리아, 남미 등의 솔직한 문화 출신의 사람들은 따뜻함, 열정, 관심을 표시하는 방법의 하나로 말을 많이 하는 편이다. 이들은 대화 중 자주 끼어들고 침묵을 싫어한다. 또한, 표현력이 상당히 풍부하여 몸짓이나 손짓도 크다.

만약 여러분이 사소한 문화적 차이가 비즈니스 의사 결정에 큰 영향을 끼칠 수 있는지에 대해 의심이 가면 다음의 예를 살펴보기 바란다.

미국에서 태어난 한 일본인 IT 매니저가 도쿄 지사로 옮겨 달라고 요청을 했다. 전근 가능성에 들떠서 그는 일본으로 향했으며 도쿄 지사 매니저와 면담했다. 그러나 그의 요청은 실패로 돌아갔다. 왜 그랬을까? '지나친 열정'이 화근이었다.

한편, 중국에서 태어났고 미국에서 교육을 받은 우수한 영업 사원이 상하이 지사가 개점을 하자 영업 관리자로 물망에 올랐다. 그러나 면담을 주재한 미국인 상사는 '도전 의식'이 충분치 않다는 이유로, 그 영업 사원을 새로운 영업 관리자로 선택하지 않았다.

물론, 매니저들의 평가가 정확한 것일 수도 있다. 그러나 차이가 났던 것은 직위에 맞는 자질만이 아니었다. 매니저들의 기대치도 문화에 따라 달랐다.

형식적, 비형식적 행동

프랑스에 근무하는 미국인 임원은 부하 직원들과 친하게 지내려고 눈에 띄는 행동을 했다. 그의 목표는 팀의 사기를 진작시키려는 것이었지만 결과는 실패로 돌아갔다. 미국인 임원이 간과한 것은 프랑스인들은 형식적인 것을 선호한다는 사실이었다. 프랑스인들은 직위를 무시한 채 편하게 지내는 것을 불편하게 여긴다.

그렇다면 미국인 임원은 사전에 이러한 사실을 알았어야 했을까. 물론 그렇다. 만약 그가 프랑스인들의 특징을 사전에 파악했더라면 그의 노력이 헛되지 않았을 것이다. 그렇다면 어떻게 프랑스인들의 특징을 파악할 수 있었을까. 자신의 생각을 피력하기 전에 상대방의 문화를 주의 깊게 살폈다면 결과는 달라졌을 것이다. 프랑스의 비즈니스 문화에 발을 처음 내디딘 경우, 잠시 자신을 낮추고 상대방을 높여 주는 센스가 필요하다. 처음부터 자신을 내세우면서 상대방을 배려하지 않는 것은 바람직한 행동이 아니다.

미국, 캐나다, 호주, 뉴질랜드, 덴마크, 노르웨이, 아이슬란드와 같이 형식적인 것을 싫어하는 문화의 사람들은 사회적 지위를 중시하지 않는다. 사회적 지위에 따라 사람들을 차별하는 것을 좋아하지 않는 것이다. 조직 내에서의 계층은 역할이 다르기 때문이라고만 생각한다. 중요한 것은 개인의 능력과 성과라고 생각한다. 그러나 유럽, 아시아, 아랍, 지중해, 남미 등지의 문화에서는 사회적 지위, 집안 배경, 인맥, 나이, 학력, 지위, 학위 등에 따라 대접 받기를 원한다.

형식을 중시하는 문화에서는 비즈니스 예절을 중요하게 생각하지만, 그렇지 않은 문화에서는 불편하거나 진부하게 여긴다. 또 형식을 중시하지 않는 문화 출신의 사람들은 형식을 중시하는 비즈니스 파트너가 거만하거나 거리감이 느껴지고 진부하다고 생각한다. 그러나 형식을 중시하는 문화 출신의 사람들은 그렇지 않은 사람들을 가볍고 무례하다고 생각한다.

필자는 지난 수 년간 중역들이 참석하는 글로벌 회의를 많이 목격했고, 그들이 서로에 대해 생각하는 바가 다르다는 점을 목격했다. 예를 들어, 몸을 구부정하게 하거나 껌을 씹거나, 처음 만나는 사람에게 이름 또는 '어이, 친구!'라고 부르거나, 다리를 꼬거나 벌리고 앉거나(다른 사람들은 정장을 입었는데도 불구하고), 청바지나 티셔츠를 입고 있으면 지나치게 '가벼운' 사람으로 인식된다. 말레이시아 출신의 한 고객은 "친하지도 않은데 친한 척하면서 '오버'하면 무례하게 생각되죠."라고 조심스럽게 비판했다.

다른 문화를 확인 절차 없이 섣부르게 가정assumption하거나 행동한다면, 아무리 의도가 좋더라도 황당한 결과를 초래할 수 있다. "교육 프로그램에 참석한 적이 있었습니다. 캐나다인 강사가 샌들에 긴 구슬 목걸이, 흰색 면 재질로 된 하늘하늘한 셔츠를 입었습니다. 그녀가 캐리비언에 온 것은 처음이었고 저희 문화에 대해 잘못된 선입견이 있었던 것 같습니다. 강의실에 있던 우리 모두는 정장 차림이었죠."라고 주딧 Judette Coward-Puglisi(트리니다드 토바고)은 지적했다.

문화 간 통용되는 신체 언어

문화마다 서로 다른 비언어적 신호가 있는데, 상징적 몸짓emblematic gesture이 이에 해당한다. 예를 들어, 미국에서 긍정적 의미를 지니는 'OK' 사인(엄지와 두 번째 손가락으로 원을 만든다)이 다른 문화에서는 전혀 다른 의미를 지닌다. 예를 들어, 프랑스에서는 가치가 없거나 '제로'를 의미하고, 일본에서는 '돈'을 의미한다. 또 다른 문화에서는 외설적인 의미를 지니기도 한다.

그러나 문화 간에 통용되는 비언어적 신호들도 많이 있다. 사실 변연계 뇌에서 통제하는 신체 언어(위협에 직면했을 때 꼼짝 못하거나 맞서거나 도망가는 반응, 당황할 때 얼굴이 붉어지는 반응, 스트레스를 받았을 때 마음을 안정시키기 위해 하는 행위 등)는 세계 어느 곳을 가더라도 공통적으로 볼 수 있다.

위협에 직면할 때 사람들은 자신을 보호하거나 피해를 덜 보기 위해 장애물들을 활용한다(책상을 보호물로 활용하거나 팔짱을 끼거나 옆으로 몸을 돌리거나, 양손을 꽉 잡는다). 비록 이러한 행동들이 문화에 따라 다르게 나타날 수는 있으나, 몸짓을 취함으로써 말에 의미를 더하거나 말을 대신하거나 화자의 태도 및 감정에 대해 비언어적 정보를(의식적으로거나, 무의식적으로거나) 전달하는 것은 모두 동일하다.

이전에도 다룬 바 있지만, 이렇게 전 세계 공통적으로 나타나는 비언어적 신호 중의 하나가 '눈썹을 살짝 올리는' 행동이다. 사람들은 자신이 아는 사람이거나 좋아하는 사람을 만날 때 눈썹을 살짝 올리거나 눈을 크게 뜬다.

비언어적 커뮤니케이션은 본능적으로 타고난 특성이면서 후천적 학습으로 배우게 된다(문화적 영향). 본능적이면서 보편적인 기본적인 인간의 감정들이 있지만, 그러한 감정을 표현하는 방식은 문화의 '규범'에 다르게 나타날 수 있다. 또한 그러한 감정을 촉발시키는 요인들도 문화에 따라 다르다.

1장에서 보았듯이, 과학자들은 2004년 아테네 올림픽 대회와 장애자 올림픽 대회에서 유도 시합이 치루어진 이후의 승리한 선수와 패한 선수의 반응을 조사하였다. 연구원들은 승리했을 때의 반응이 문화에 관계 없이 유사하게 나타나는 것을 확인할 수 있었다 (머리를 뒤로 제치거나 팔을 공중으로 치켜 올리거나, 가슴을 치거나 활짝 웃었다). 이러한 반응은 심지어 앞을 보지 못하는 시각 장애자의 경우에도 같았다. 사실 시각 장애자들은 학습을 할 수 없다는 점을 고려할 때 이러한 반응은 본능적이라 할 수 있다.

그러나 수치심을 표현하는 방식은 문화에 따라 달랐다. 서양 문화에서는 정상적인 선수들은 수치심을 신체로 표현하지 않았다. 반면에 시각 장애자들은 신체로 표현했다. 연구원들은 이러한 차이점을 서양 문화에서 수치심은 굴욕적인 것이기 때문에 학습에 의해 이러한 감정을 억제하는 것으로 결론 지었다.[3]

보편적 감정 표현

모든 문화에서 동일하게 나타나는 신체 언어가 있다. 이것은 전 세계 사람들이 동일한 방식으로 표현하고 인식하고 연관시키는 7가지 기본 감정이다. 샌프란시스코에 소재한 캘리포니아 대학의 폴 에크먼Paul Ekman과 그의 동료들은 보편적 감정을 발견하고 분류하였다. 이들 감정은 기쁨, 놀라움, 슬픔, 분노, 두려움, 역겨움, 경멸이다.[4] 그렇다면 이들 감정을 구분하는 방법에 대해 설명해 보겠다.

기쁨 : 볼의 근육이 올라가고 눈은 가늘게 떠지며, 눈가의 주름이 잡힌다. 입 꼬리가 올라간다.

놀라움 : 눈썹이 올라가고, 눈꺼풀이 살짝 올라가고 아래턱은 내려간다.

슬픔 : 눈썹 안쪽이 올라가고 눈꺼풀은 처진다. 극심한 슬픔에 사로잡힐 때는 양쪽 눈썹이 모아지고 입 꼬리가 내려간다.

분노 : 양미간이 좁혀지고 처진다. 눈꺼풀이 긴장된다. 눈은 분노로 이글거리고 입술을 꽉 다물며 가늘어보인다.

두려움 : 양쪽 눈썹이 모아지고 올라간다. 눈꺼풀이 긴장된다. 입술은 가로로 길게 늘어진다.

역겨움 : 코에 주름이 잡히고 윗입술이 올라간다. 입 꼬리는 처진다.

경멸 : 얼굴 한쪽이 찌그러지는 유일한 표정이다. 얼굴 한쪽의 볼

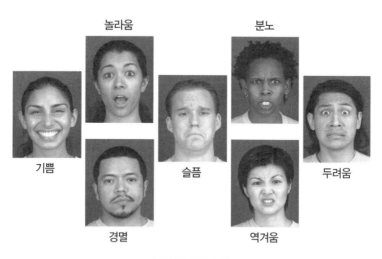

[보편적인 감정 표현]

근육이 수축되고, 입 꼬리 한쪽이 올라간다.

어느 감정이든 상관없이 감정의 강도가 세면 표정이 강하게 나타나고 4초까지 지속된다. 그러나 개인의 문화적 배경과 같은 다양한 요소들에 따라, 그 강도는 파악하기 어려운 경우도 있다. 특히 비즈니스 세계에서는 표현의 강도를 포착하기 어려운 경우도 종종 있다.

상대방의 표정을 읽는다는 것은 순간의 감정뿐만 아니라 감정의 변화를 포착하는 것을 의미한다. 사실 여러분은 자각을 하지 못해서 그렇지 매일 상대방의 표정을 읽고 있다. 상대방과 직접 만날 때, 여러분은 상대방의 표정이 어떻게 변하는지를 살피면서 여러분이 한 말에 대해 상대방이 어떻게 느끼는지를 파악하려 애쓰고 있다. 그러나 감정을 느낀 직후라든지, 감정의 강도가 약하다든지, 감정을 느껴서는 안 되는 상황일 때는 상대방의 표정을 정확하게 포착하기가 힘들다. 얼굴 표정을 보고 상대방의 감정을 포착하는데 표정이 확실치 않을 때는 포착이 쉽지 않다.

동료 사이에 분노 또는 역겨움의 표정이 살짝 지나치는 것을 몇 번 본 적이 있다. 이러한 표정은 말로 표현되지는 않지만 양쪽이 느끼는 감정을 여실히 보여 준다. 필자는 사람들의 감정을 포착할 때 눈을 보곤 한다. 눈 주위의 잔 근육이야말로 사람들의 진실한 감정을 보여 준다. 이 부분은 상대방이 말하거나 의미한 바에 대해 본인이 느끼기도 전에 무의식적으로 반응한다.

관리자와 임원들은 포착이 쉽지 않은 표정을 통해서 많은 정보를 수집할 수 있다. Humintell의 설립자이자 비언어적 커뮤니케이션 및 감정 분야의 전문가인 데이비드 마츠모토David Matsumoto는 공무원을 위해 '미묘한 표정 인식 훈련subtle expression recognition training'을 개발하였다. 그렇지만 필자는 이러한 훈련을 리더들에게도 권한다.[5] 리더가 팀원들의 미묘한 반응을 해독하는 능력을 배양하게 되면, 부하 직원과의 관계 수립, 개선, 정보 수집, 감정 포착에 큰 도움이 될 것이다.

미세 표정micro expression(1초의 1/5보다 짧게 나타나는 표정)도 사람의 진정한 감정을 포착할 수 있는 또 다른 방법이다. 그러나 여러분이 순간적으로 스쳐 지나가는 감정을 읽을 수 있는 재능을 타고 났거나, 훈련을 통해 전문가 수준에 도달하지 않았다면(Humintell은 미세 표정 읽기 과정도 제공하고 있다) 업무상 활용이 불가능하다.

거짓된 감정 표현은 쉽게 포착된다. 일반적으로 거짓된 표정은 다음의 행동으로 포착할 수 있다.[6]

★ 강요되거나 거짓된 표정은 근육을 일부만 사용한다. 한 예로 미소를 들 수 있다. 강요되거나 거짓된 미소는 입 부분만 웃고 눈 주위의 근육에는 변화가 없다.

★ 진실한 감정의 표현은 양쪽 근육이 대칭적으로 움직인다(경멸의 표정만 예외이다). 따라서 근육이 비대칭적으로 움직이면 진의를 의심할 필요가 있다.

★ 5초 이상 유지되는 표정은 거짓일 확률이 높다. 진실이라면 수 초 만에 표정이 사라지는 것이 일반적이다.

기억해야 할 점 | 글로벌 팀의 회의를 관찰하면서 참으로 많은 것을 배울 수 있었다. 필자가 미국인 리더들에게 충고하는 가장 중요한 사실은 미국식의 '보스 기질'을 발휘하여 부하 직원들을 몰아세우지 말라는 것

이다. 홍콩에서 새로 부임한 미국인 임원이 중국인 팀원들을 처음 만났던 순간을 지켜본 적이 있다. 전임자가 1년 이상을 노력하여 겨우 친해졌는데, 신임 임원이 단 5초 만에 모두 물거품을 만들어 버렸다. 신임 임원은 보스 기질이 넘치는 역량 있는 리더라고 자신을 생각했지만(미국이라면 그렇게 인정 받았을지도 모른다), 홍콩에서는 그의 행동이 무례하고 눈치 없으며 고압적으로 비쳤다.

다양한 문화 출신의 고객을 대하면서, 필자도 문화적으로 용인되지 못한 행동을 한 적이 있다. 기억에 남는 에피소드를 소개하자면 글로벌 회의에서 어색한 분위기를 없애기 위해 몇 가지 게임을 했는데, 이 게임은 미국에서는 분위기를 바꾸기 위해 종종 활용되고는 한다. 미국인들은 '시간이 돈이다' 라는 생각을 가지고 있기 때문에, 빠른 시간 내에 분위기를 부드럽게 하기 위해 여러 가지 게임을 한다.

한 유럽인 참가자가 한숨을 쉬면서 "또 미국인이야? 제발 좀 그냥 놔두면 어련히 알아서 친해질까봐"라고 불평하는 것을 들었다. 또한, 이들 고객은 필자의 문화적 무지에서 오는 실수들을 너그럽게 이해해 주었다. 한 고객은 "괜찮아요, 캐롤. 진심은 그게 아닐 테니까요"라고 말해 주기도 하였다.

'모든 관계의 기본은 존중' 이라는 아레사 프랭클린Aretha Franklin의 말이 전적으로 옳다. 여러분이 다른 문화의 가치와 관습을 진심으로 존중한다면, 그리고 여러분이 진심으로 그들을 대한다면, 가끔씩 실수를 하는 것은 모두 이해될 것이다.

8장

국제적으로 통용되는 신체 언어

전문가 12명의 조언

인사법

명함 건네기

시간 개념

거리 개념과 신체 접촉

눈 맞춤

자리 배치

감정 표현

여성 임원

마지막 조언

전문가 12명의 조언

필자는 24개국에서 강연회나 세미나를 개최한 적이 있고 코칭과 컨설팅을 꾸준히 해 왔으며, 그 외에 12개 이상의 국가에 여행을 다녀오기도 했다. 그러나 그렇다고 해서 국제 비즈니스 관행 전문가라고 자처할 정도는 아니다. 그렇지만 전 세계 비즈니스 관행 전문가와 커뮤니케이터들을 잘 알고 있으며, 그들 중 많은 사람들이 국제 비즈니스 커뮤니케이터 협회International Association of Business Communicators(IABC)의 회원으로 활동 중이다. 8장에서는 이들 전문가의 글로벌 신체 언어와 비즈니스 예절에 관한 조언을 소개할 예정이다.

여러분은 이 장을 통해, 비즈니스 회의에서의 눈 맞춤, 신체 접촉, 공간, 감정 표현, 인사법을 국제적 시각에서 판단하는 방법을 터득할 것이다. 뿐만 아니라, 문화적 차이를 파악하고 이해할 수 있는 능력을 배양하는 것은 물론, 여러분의 행동이 다른 문화의 사람들에게 어떻게 인식될 것인지를 알 수 있을 것이다.

그럼, 이제부터 12명의 국제 비즈니스 관행 전문가들을 한 사람씩 소개하겠다.

마크 라이트Marc Wright(영국) 전 세계 사내 커뮤니케이션 전문가들이 자주 활용하는 온라인 잡지 및 정보 출처인 《www.simplycommunicate.com》의 발행인. 마크는 'IABC 유럽 & 중동' 회장과 이벤트 및 비디오 제작사인 Simplyexperience와 사내 커뮤니케이션 컨설팅 업체인 Simplygoodadvice의 회장을 역임하고 있다.

파울로 소아레Paulo Soares(브라질) 다양한 경력을 갖춘 비즈니스 커뮤니케이션 전문가. 그는 현재 다국적 채굴 업체인 Vale의 기업 홍보 총책임자를 역임하고 있으며, 브라질 내에서의 홍보를 담당하고 있다. 또한 IABC 국제 이사이며, ABERJE(브라질 비즈니스 커뮤니케이션 협회)의 회원으로 활동 중이다.

헬렌 왕Helen Wang(중국) 중국 출신으로 미국에서 20년 이상 거주했다. 스탠포드 대학에서 석사 학위를 취득한 후, 두뇌 집단의 일원으로 《포춘》 '500대 기업'에게 컨설팅을 제공했다. 또한 실리콘 밸리에서 기업을 창립하여 운영하고 있으며 중국 비즈니스계에까지 사업을 확장했다. 《차이나 드림 : 세계 최대 중산층의 등장The Chinese Dream: The Rise of the World's Largest Middle Class》의 저자이기도 한 헬렌은 중국 비즈니스 전도사로 활동한다.

주딧 코워드Judette Coward-Puglisi(트리니다드 토바고) 글로벌 고객에게 서비스를 제공하는 전략적 커뮤니케이션 전문 업체인 Mango

Media Caribbean의 전무 이사로 재직 중이다. 주딧은 다큐멘터리 제작으로 상을 받은 적도 있다. 저널리스트로도 활동했으며 'IABC 트리니다드 토바고'의 초대 회장이다.

제니퍼 프램 Jennifer Frahm(호주) 멜버른에 소재한 Jennifer Frahm Collaborations에서 변화 관리, 커뮤니케이션 컨설팅 담당 이사로 재직 중이다. 그녀는 또한 사업이나 경력에서 변화를 꾀하는 사람들이 주로 이용하는 오프사이트 교육 기관인 Conversations of Change를 설립하였다. 현재 'IABC 빅토리아, 호주'의 회장직을 맡고 있다.

로베리토 이슬라스 Roberto Islas(멕시코) HSBC Private Bank Ltd.(영국)의 국제 프라이빗 뱅킹 담당 이사이다. 멕시코 토박이인 로베르토는 라틴 아메리카 시장에 대해 폭넓은 지식을 갖추고 있다.

실비아 캠비에 Silvia Cambie(독일) 5개 국어를 능숙하게 하고 국제적 환경에서 경력을 쌓았다. 현재 런던에 거주하면서 비즈니스 커뮤니케이터와 저널리스트로 활동하고 있다. Chanda Communications를 운영하면서 전략적 커뮤니케이션, 주주 관계, 소셜 미디어에 관한 컨설팅 서비스를 제공하고 있다. 실비아는 IABC 이사회장으로 활동하고 있으며, 《국제 커뮤니케이션 전략 : 문화 간 커뮤니케이션, 기업 홍보, 소셜 미디어의 발전International Communications Strategy : Developments in Cross-Cultural Communication, PR and Social Media》의 저자이기도 하다.

프리야 사르마 Priya Sarma(아랍에미리트) 인도와 이집트의 유수 광고 대행사에서 경력을 쌓았다. 현재 Unilever의 북아프리카, 중앙아프리카, 중동 사업부의 기업 홍보 매니저로 재직하고 있으며 두바이Dubai에 사무실이 있다.

가즈히로 아메미야 Kazuhiro Amemiya(일본) Crossmedia

Communications, Inc.을 창립하기 전에 Texas Instruments Japan 과 Intel Japan의 기업 홍보 매니저 및 웹 마스터를 역임한 바 있다. 이후 그는 회사 내 기업 홍보 매니저와 웹 마스터들과 함께 온라인 커뮤니케이션의 전략을 수립하였다. 현재, IABC 일본과 일본 Public Relations Society의 회원으로 활동 중이다.

수지 파틸Sujit Patil(인도) 마케팅 커뮤니케이션, 브랜드, PR, 위기 대응 커뮤니케이션, 사내 커뮤니케이션 등 비즈니스 커뮤니케이션의 모든 부문에서 14년간 경력을 쌓았다. 그는 아시아를 비롯하여 유럽, 아프리카, 미국 등지에 생산 공장을 운영하는 세계 유수의 화학 업체인 Tata Chemicals Ltd.에서 커뮤니케이션 사업부를 이끌고 있다. 직원 간의 의사 소통을 향상시킨 성과를 인정받아, 2010 IABC Gold Quill Excellence상을 수상하였다.

사다 이브라힘Saada Ibrahim Mufuruki(탄자니아) 탄자니아에서 유명한 커뮤니케이션 대행사 중 하나인 M&M Communications Ltd.의 전무 이사로 재직 중이다. 그녀는 Ogilvy & Mather에서 시작하여 ScanAd Kenya에서 경력을 쌓았으며, 1992년, ScanAd Tanzania의 CEO로 임명되었다. 현재 탄자니아의 광고인협회 부회장과 IABC 탄자니아 회장으로 활동 중이다.

라인 산타나Laine Santana(필리핀) HSBC 아시아-태평양의 수석 홍보 매니저로 활동하며, 아시아-태평양 지역의 뉴스와 투자자 홍보를 맡고 있다. HSBC 대외 홍보 사업부를 설립한 장본인이며, HSBC가 필리핀으로 사업 영역을 확장할 때 부사장으로서 기업의 이미지를 제고하는 데 큰 역할을 했다.

필자는 지금까지 소개한 커뮤니케이션 전문가들에게 미국 출신의 임원(가공의 인물)을 어떻게 코칭하면 좋을지에 대해서 조언을 구했다. 미국인 임원이 이들 전문가의 국가에서 회의를 주관한다면 그 나라의 문화 관습과 비언어적 신호를 어떻게 이해하고 표현하고 대응할 것인지에 대해 조언을 구한 것이다. 다음의 8가지 질문을 토대로 이야기를 전개해 나가고자 한다.

1. 비즈니스 파트너에게 어떻게 인사를 건넬 것인가?
2. 명함을 어떻게 주고받을 것인가?
3. '시간' 개념은 어떻게 다른가?
4. 동료와 대화할 때 어느 정도 떨어져야 하는가, 신체 접촉은 얼마나 자주 해야 하는가?
5. 사업상 만나는 사람들과는 어느 정도의 눈 맞춤이 적절한가?
6. 회의 시 탁자에 앉을 때, 대표격 임원은 어디에 앉는가, 미국인이 대표라면 어디에 앉는 것이 바람직한가?
7. 사업상 거래에서 감정은 어떠한 역할을 하는가?
8. 미국인 임원이 여성이라면 상황이 달라질 것인가?

인사법

악수가 보편적인 인사법이 되고 있지만, 문화에 따라 몇 가지 흥미로운 차이점을 보인다. 일본인들은 악수를 가볍게 하는 편이다. 한편, 독일인들은 악수할 때 상대방의 손을 꽉 잡고 아래 위로 크게 흔든다. 프랑스인들은 상대방의 손을 가볍게 잡고 재빨리 아래 위로 흔든다. 중동 지방 사람들은 인사를 하면서 계속 손을 잡고 흔든다. 그들이 키스, 포옹, 고개를 숙여 인사하더라도 놀라지 않도록 한다. 그럼 지금부터 문화마다 인사법이 어떻게 다른지에 대해 구체적으로 살펴보자.

마크(영국) 악수할 때, 주도권이 있는 남성들은 손목을 비틀어 자신의 손이 위쪽에 있도록 한다. 여성들은 악수를 하는 동안에는 아래를 내려다 보는 편이고 먼저 손을 빼내려 한다. 키스는 예전보다 흔해지기는 했지만, 여성들 사이에서 더 흔한 편이다. 남성들은 여성을 만날 때 잘 아는 경우에만 키스를 한다. 남성끼리는 포옹을 거의 하지 않는다. 남성끼리는 키스도 절대 사절이다.

파울로(브라질) 비즈니스가 얼마나 공식적인가, 전에 만난 적이 있는가 등에 따라 다르다. 악수가 가장 보편적인 인사법이지만, 여성과 남성이 함께 만날 때는 한두 번 정도 가볍게 키스한다(물론 지역에 따라 차이는 있다). 비즈니스 파트너와 친한 경우, 포옹을 하기도 한다. 남성끼리, 여성끼리(여성의 경우가 더욱 흔하다), 남성과 여성 사이에도 포옹을 한다.

제니퍼(호주) 성별에 상관없이 힘 있게 악수를 하는 것이 보편적이다. 만약 당신이 여성인데, 남성이 가볍게 악수를 한다면 그 남성(임원)은 직장에서 여성들을 '특별하게' 대우하는 사람이라고 생각하면 된다.

로베르토(멕시코) 멕시코의 경우, 잠재 고객을 처음 만날 때 악수를 주로 한다. 여성을 만날 경우 키스를 가볍게 한 번 하고, 남성의 경우에는 포옹을 하는 것도 드문 일은 아니다. 처음 만나는 경우가 아니라면 키스 또는 포옹은 더욱 자연스러운 인사법이다. 앵글로 색슨계의 경우 처음 만난 사람에게 포옹을 하기까지 어느 정도 시간이 걸리는데, 그것은 충분히 이해가 간다. 멕시코에서는 친숙한 비즈니스 파트너를 만나면 항상 여성에게는 키스를 하고, 남성에게는 포옹을 한다.

실비아(독일) 독일의 비즈니스 문화는 매우 형식적이다. 악수는 독일인이 가장 보편적으로 하는 인사법이다. 악수를 할 때는 손을 꽉 잡고

'단호함'을 보여야 한다. 독일 사람들은 악수를 얼마나 힘 있게 하느냐에 따라 상대방을 평가한다. 볼에 키스를 하는 것은 드문 일이지만, 독일 남부 지역이나 여성들끼리(혹은 이전 직장 동료들끼리) 인사를 주고 받을 때 서로 잘 아는 사이라면 볼에 키스를 하기도 한다.

프리야(아랍에미리트) 지역 사람들끼리는 서로 포옹을 하고 볼에 세 번 키스한다. 이것은 남성, 여성 모두에게 해당된다. 아랍 지역(걸프Gulf 지역과 사우디아라비아) 남성들의 전통적 인사법은 코를 비비는 것이다. 아랍 출신 남성이 같은 지역 출신의 여성을 만날 때, 허리를 약간 숙여 주고 손을 왼쪽 가슴 위쪽으로 올린다(심장 위쪽).

그러나 중동 지역 출신의 국외 거주자들이 증가하면서, 지역 사람들이 외국인이나 국외 거주자들을 만날 때 악수를 하는 경우가 늘었다. 그럼에도 불구하고, 걸프 지역과 사우디아라비아 출신의 남성과 여성들은 (심지어 국외 거주자들을 만나더라도) 전혀 악수를 하지 않는다.

가즈히로(일본) 양쪽이 모두 일본인이라면, 그 중 한쪽이 외국계 기업에서 일하거나 외국인을 일상적으로 자주 대한다고 하더라도 가볍게 목례를 한다. 한편, 외국인을 만날 때는 악수를 주로 한다. 전혀 하지 않는다고 말할 수는 없지만, 키스 또는 포옹은 업무상 만날 경우에는 거의 하지 않는다. 그렇지만 상대방이 외국인이고 매우 절친한 사이라면 포옹과 키스도 허용된다.

수지(인도) 처음 만날 경우, 힘 있게 악수하는 것이 바람직하다. 다만 악수를 얼마나 오래 할 것인가가 문제가 된다. 소개하는 내내 손을 잡고 있다면 상대방이 불편하게 생각할 것이다. 짧고 힘 있게, 따뜻하고, 위압적이지는 않으나 적극적인 태도로 악수하는 것이 가장 바람직하다. 온화한 분위기를 유지하고 진솔한 미소를 짓는다. 억지 웃음은 피하도

록 한다. 남성의 경우 처음 만날 때 포옹은 거의 하지 않는 편이지만, 비록 한 번도 만난 적은 없지만 오랫동안 거래를 한 사이라면 옆에서 어깨를 감싸면서 포옹하면 정말 만나고 싶었다는 메시지와 애정과 따뜻함을 상대방에게 효과적으로 전달할 수 있다.

사다(탄자니아) 인사법은 상황에 따라 다르다. 비즈니스 회의의 경우, '남성 대 남성' 또는 '여성 대 남성'이라면 악수가 보편적이다. 서로에 대한 소개가 끝나고 나서도 오랫동안 악수를 지속한다. 남성끼리는 상대방의 손을 꽉 잡고 악수한다. 경력, 나이, 직위에 따라, 아랫사람은 상대방을 존중하는 표시로 왼손으로 오른쪽 팔목을 잡는다(주의할 점 : 독실한 회교도의 경우, 여성이 어머니, 여동생, 누나, 이모, 고모 등 친척이 아니라면 키스 또는 악수를 하지 않는다. 대신 말로만 인사한다).

여성들끼리이고 서로 잘 아는 사이라면, 악수는 하지 않고 양볼에 입을 맞춘다. 그러나 처음 만난 사이이거나 그리 친한 사이가 아니라면 악수만 한다.

라인(필리핀) 성별에 상관없이, 필리핀에서는 힘 있게 악수하는 것이 가장 바람직하다. 친근함을 주고 관심을 끌기 위해서는 시선을 맞추는 것도 중요하다. 거기에 미소까지 더하면 양쪽의 분위기가 한층 부드러워질 것이다. 한편, 서로 잘 아는 동료라면(여성과 남성, 또는 여성과 여성) 키스를 하는 것이 보편적이다. 한쪽 볼에 입을 맞춘다. 처음 만나 소개를 하는 자리라면 키스를 하지 않지만, 어느 정도 서로에 대해서 알게된 후 작별 인사로 키스를 하기도 한다. 남성의 경우라면, 회의를 시작할 때와 끝낼 때 악수 정도면 충분하다.

명함 건네기

미국의 경우 명함을 건네는 것은 매우 보편적이다. 카드 게임을 할 때 카드를 능숙하게 다루듯 미국인들은 명함에 친숙하다. 다국적 출신의 전문가들이 조언하듯이, 명함을 건네는 방법도 문화에 따라 각양각색이다.

마크(영국) 대다수 영국인들은 명함을 사용하지 않을 뿐 아니라 가지고 있지도 않다. '대화로 모든 것이 해결된다' 는 믿음이 있기 때문이다. 따라서 상대방이 명함을 건네면 영국인들은 오래 전부터 고치려고 생각은 하고 있었는데 그러지 못했다고 사과하면서, 급하게 명함과 펜을 꺼내 들고 최근의 직책, 이메일 주소, 휴대폰 번호 등을 수정한다.

파울로(브라질) 명함을 교환한 후, 일반적으로 회의 테이블 위에 명함을 둔다. 회의 중 상대방의 이름을 기억하기 위해서이다.

헬렌(중국) 중국인들은 명함을 두 손으로 건넨다. 심지어 명함을 건넬 때 두 손을 머리 위로 쳐들고 살짝 고개를 숙여서 존경심을 표시한다. 누군가가 명함을 중국인에게 건네면 항상 명함을 뚫어지게 본다. 명함을 찬찬히 본 후에는 명함집이나 서류집에 조심스럽게 끼운다.

주딧(트리니다드 토바고) 공식적 회의에서 윗사람이 먼저 명함을 꺼내기를 기다린다. 상대방이 명함을 건네면 가능한 한 공손하게 받고 찬찬히 살핌으로써 상대방에게 관심을 표명한다.

제니퍼(호주) 호주의 경우, 대인 관계를 수립하는데 있어 명함을 주고받는 행위는 권장되지 않는다. 명함을 건네는 사람은 무조건 신뢰를 받지 못하고 무언가를 팔려는 목적이 있는 것이 아닌가 의심 받는다. 만약 여러분이 호주인에게 명함을 건넸는데, 상대방이 "새 명함이 없네요, 아직 만들지 못했어요"라고 답변한다면 호주인이 당신을 의심하고 불편해하며 그 상황에서 빨리 벗어나고 싶어 한다는 사실을 인식해야 한다.

로베르토(멕시코) 일반적으로 악수를 하면서 명함을 교환한다. 명함을 줄 때 상대방을 본다. 만약 공식 회의라면 테이블 위에 명함을 둔다. 만약 레스토랑에서 명함을 받는다면 주머니에 넣는 것이 바람직하다.

실비아(독일) (특히 회의를 시작할 때) 명함을 중요하게 생각한다. 독일인은 명함을 받은 후 당신의 직책을 확인할 것이다. 한 회의에서 이탈리아인 임원이 명함을 가지고 있지 않았는데(이탈리아에서는 흔한 일이다), 필자의 독일 동료는 그 사람을 신뢰하지 않았다.

프리야(아랍에미리트) 회의를 시작하면서 자신을 소개할 때 명함을 교환한다. 명함을 건넬 때 조심해야 할 점은 따로 없다.

가즈히로(일본) 명함을 교환하는 것이 인사의 중요한 부분이라고 생각한다. 신입 사원들은 심지어 명함을 건네는 방법까지 마치 의식처럼 배운다. 명함을 건넬 때 예절을 중시한다. 가볍게 목례하면서 두 손으로 공손하게 명함을 건넨다. 명함을 건넬 때 당신의 이름이 새겨진 부분을 위로 하여 상대방이 쉽게 볼 수 있도록 배려한다.

수지(인도) 대부분의 인도인은 명함을 받은 상대방이 제대로 보지도 않고 주머니에 넣으면 모욕감을 느낀다(그것은 필자도 마찬가지이다). 공식적인 첫 만남에서 많은 인도의 전문직들은 양손으로 명함을 교환하고 거의 반사적으로 가볍게 목례를 한다. 인도에서는 계층 및 직위 등이 중시된다. 명함을 받으면 지갑 또는 주머니에 넣기 전, 잠시 주의 깊게 읽고 확인하는 것이 바람직하다. 필자의 개인적인 경우를 보면, 명함을 받은 상대방이 명함 뒷면에 만난 일자, 장소, 이유 등을 기록하면 고맙게 여겨진다. 이러한 행동이 보내는 비언어적 신호는 다시 연락할 의사가 있다는 표시이기 때문이다.

사다(탄자니아) 명함을 테이블 위로 돌리거나 개개인에게 건네준다.

라인(필리핀) 필리핀에서는 두 손으로 명함을 건넨다. 명함을 받으면 가볍게 목례하고 감사하다는 말을 한다. 그리고 나서 잠시 살펴본 후 테이블 위에 올려 놓거나 보관한다. 특히, 다수의 사람들을 만나야 할 때 그렇게 한다.

시간 개념

시간을 '재산'으로 보느냐, 혹은 '고무줄'로 보느냐에 따라 '정시on time'의 개념과 가치가 달라진다. 시간에 대한 개념 때문에 오해가 발생할 수 있다. 어떤 문화에서는 회의에 늦는 것을 계획을 잘 수립하지 못하거나 상대방을 존중하지 않는다고 생각하는 반면, 어떤 문화에서는 철저한 시간 개념을 유아적 조급함 정도로 간주하기도 한다. 만약 회의가 오후 2시에 시작해서 4시에 끝날 예정이라면, 당신은 언제 회의실에 들어갈 것인가? 그리고 회의가 언제쯤 끝날 것이라고 예상하는가? 간단한 질문 같이 들리지만, 사실은 문화에 따라 너무나 다양하여 대답하기 어려운 질문이다.

마크(영국) 회의 시작 시간이 오후 2시라면, 2시 8분까지는 허용된다. 그렇지만 2시 15분까지 나타나지 않는다면 무례한 행동으로 간주된다. 한편, 회의 종료 예정 시간이 4시라면 4시 15분까지는 지연될 수 있다. 그러나 4시 15분이 지나도 회의가 끝나지 않는다면, 대부분의 참석자들은 그때까지는 집중은 하겠지만 급한 일이 생길 경우 회의실을 빠져 나가도 무방하다. 참석자의 50%는 노트북 컴퓨터를 들여다 보기 시작할

것이고, 휴대폰을 흘깃흘깃 보는 사람도 많아질 것이다. 회의에서 빼놓을 수 없는(거의 종교적 예식에 가까울 정도로 빼놓지 않는) 차를 마실 것이고, 비스킷(쿠키)의 맛과 품질에 대해서도 한담을 나눌 것이다.

파울로(브라질) 회의나 이벤트에 참석할 때 '정시'의 개념이 거의 없다. 30분까지는 늦어도 무방하며, 정시에 끝나는 경우가 거의 드물다. 한번 시작하면 끝날 줄을 모른다.

헬렌(중국) 시간을 꼭 맞출 필요가 없다고 생각하는 중국인도 꽤 있다. 사실, 요즘 들어 바뀌고 있는 중이기는 하지만, 그러한 생각을 하는 사람들이 여전히 있다. 중국인들은 계획 없이 회의를 갖는 편이다. 따라서 회의를 사전에 계획하여 진행하는 것이 매우 어렵다. 달력을 가지고 다니는 사람이 거의 없다. 이틀 전에 중국인 동료와 만날 약속을 정하려고 했는데, 그는 "만나고 싶은 날 전화해서 시간을 정하자"라고까지 말할 정도이다. 회의에 15~20분 정도 늦는 것은 아무렇지도 않다.

주딧(트리니다드 토바고) 회의가 오후 2시에 시작할 예정이라면 2시까지 도착한다. 본론으로 들어가기 전에 스포츠, 이벤트, 사회적 이슈 등에 대해 한담을 나누는 편이다. 끝나는 시간을 반드시 지켜야 된다는 생각은 하지 않고 여유 있게 행동한다.

제니퍼(호주) 2시에 반드시 회의를 시작해야 하며 10분이 넘으면 무례하다고 생각한다. 마찬가지로, '정시'에 끝날 것을 예상한다. 업무 중에 회의가 많기 때문에, 한 사람이 회의에 늦으면 다른 사람의 스케줄도 엉키게 된다. 시간을 지켜야 하는 사람은 VIP뿐이다. 회의에 늦는 것은 자신이 VIP라는 점을 상기시키는 한 수단이다.

로베르토(멕시코) 멕시코에서는 시간이 간단한 문제가 아니다. 30분 정도 늦는 것이 '센스'로까지 여겨질 정도이다. 고객을 만날 예정이라면 당신은 정시에 도착해야 하고, 고객은 늦어도 흠이 되지 않고 실제로 정시에 오는 고객도 거의 없다. 또한 정시에 끝나는 경우도 거의 없다. 그냥 되는대로 회의를 진행한다. 회의를 늦게 시작하는 것이 보통이기 때문에, 끝나는 시간을 미리 정해 놓지 않는다. 시간을 정해 놓으면 부담이 느껴지기 때문에 바람직하지 않다.

실비아(독일) 무엇이든지 시간을 정해서 진행한다. 정해진 주제 내에서 토의하고 휴식시간, 중식 등 모든 활동을 정해진 시간에 시작해서 끝낸다. 따라서 회의가 오후 2시에 시작해서 4시에 끝날 예정이라면, 1시 50분에 회의장에 도착하고 4시에 정확히 끝날 것이라고 예상한다. 만약 정해진 스케줄에 따라 진행되지 않거나, 사과나 안내도 없이 끝나는 시간을 지키지 않으면 게으르거나 프로 정신이 부족하다고 평가된다.

비즈니스 회의의 경우, 주먹구구식으로 회의에 참석하는 것이 아니라, 준비를 충분히한다는 점을 보여 주어야 한다. 회의에서 다룰 주제를 반드시 서면으로 작성하여 준비해야 한다. 모든 구체적인 내용을 분류하여 서면으로 정리한 후, 가능하면 사전에 회의 참석자들에게 배포한다. 회의를 주관하는 사람은 참석자의 이름, 직위 등을 소개하고 각 참석자가 참석한 이유를 설명하거나 각자에게 말하도록 한다.

'Nachbereitung' 라는 독일어가 있는데, 이 말은 '사후 평가 준비' 라고 해석될 수 있다. 회의가 끝나면 회의를 성공적으로 마친 것에 대해 '감사' 를 표하고, 회의 결과를 일목요연하게 정리하여 발송한다.

프리야(아랍에미리트) 중동 지역에서는 시간보다는 대인 관계가 중시된다. 뿐만 아니라, 교통 혼잡 등의 이유로 회의가 지연되는 것이 일반적이다. 따라서 늦게 시작하고 늦게 끝난다. 또 본론에 들어가기 전에 약 5분 정도 가족 근황이나 기타 사적인 화제에 대해 이야기한다. 회의

가 시작되자마자 본론으로 들어가는 것은 무례하다고 간주된다.

가즈히로(일본) 회의가 오후 2시에 시작될 예정이라면 2시 10분까지는 허용된다. 예를 들어, 상사(팀장 또는 관리자)가 15~30분 정도 늦게 도착하는 것은 무방하고 아무도 비난하지 않는다.

나는 미국계 회사에서 근무했는데 예정 시간보다 빨리는 아니더라도 정시에는 시작하였다. 반면, 일본계 회사와 회의를 할 때는 시간이 지체되는 경우가 흔했다. 심한 경우에는 1시간 이상 지체되는 경우도 있었다. 일본계 회사들은 끝나는 시간보다는 시작하는 시간을 중요하게 여기는 것 같다.

수지(인도) 인도인들이 즐겨 하는 농담 중에 '시간'에 관한 것이 있다. '인도 시간Indian Standard Time(IST)'이란 것인데, 실제 시간보다 20분 이상이 늦으며 그 보다 더 심한 경우도 있다. 사전에 시간에 대해서 언급해 두는 것이 바람직하다. 시간에 대해서 강조해 두지 않으면 상당한 지체를 초래할 수 있기 때문이다.

일반적으로는 정시에 시작하고 몇 분 정도 늦는 것은 정상으로 여겨진다. 그래도 요즘 들어서는 회의를 정시에 시작하는 편이다. 내 개인적 경험을 보면, 미국인이나 영국인들과 비교할 때 인도인들은 말을 많이 하는 편이어서 회의 시간이 지체되는 경우가 많다. 따라서 회의가 약간 지체되더라도 별 문제가 없도록 여유를 두는 것이 바람직하다.

인도인들은 여러 과제를 한꺼번에 해결하려는 것으로 유명하다. 따라서 회의 중에 들락날락하는 것이 이해되어야 한다. 회의 중에 자리를 뜨는 것이 무례한 행동으로 비치지 않는다. 동시에 여러 가지 일을 하기 때문에 회의 중에 이메일을 확인하거나 휴대폰으로 전화를 받거나 하더라도(비록 예절 바른 행동으로 간주되지는 않지만) 허용되는 추세이다.

일반적으로, 회의실에는 스낵류, 차 또는 커피 등을 준비해 둔다. 그렇게 하는 것이 예절 바르다고 생각한다.

사다(탄자니아) '정시'라는 것은 5분 일찍 또는 적어도 정각을 의미한다. 정시를 지키지 못하면 진지하지 않거나 프로 같지 않다고 간주된다. 만약 대부분의 회의 참석자들이 늦게 오면 회의 시작 시간이 2시 15분 정도까지 늦어질 수 있다. 그리고 끝나는 시간은 회의를 주관하는 사람이 얼마나 시간에 대해 철저한가에 따라 4시 15분 또는 그 이후가 될 수도 있다.

탄자니아인들은 형식을 상당히 중시한다. 회의 주제를 책임지는 사람이 회의도 주관하며, 모든 회의에는 커피, 차, 비스킷 등이 준비된다. 중식 시간까지 회의가 진행되어야 한다면 가벼운 스낵류까지 준비한다. 휴대폰은 주로 꺼놓거나 진동으로 해 놓는다. 회의 중에 문자를 주고받거나 전화를 받으러 자리를 뜨는 것을 무례한 행동으로 생각한다.

라인(필리핀) 필리핀인들은 일반적으로 시간에 대해 관대한 편이다. 특히 지방으로 갈수록 더욱 심하다. 어떤 경우에는 관공서만큼이나 지연되는 경우도 있다(물론 바뀌기를 바란다!). 그러나 대기업 또는 다국적 기업의 임원을 만난다면 늦지 않도록 조심하는 편이다. 어떠한 경우이든 시간을 지키는 것이 바람직하다. 마닐라와 같은 대도시는 교통이 매우 혼잡하기 때문에 여유 있게 출발하여 회의에 늦지 않도록 한다.

거리 개념과 신체 접촉

문화에 따라 거리와 신체 접촉에 대한 생각이 상당히 다르다. 업무상으로는 일정 거리를 유지하고 악수를 하거나 명함을 교환할 때만 가까이 가는 것을 허용하는 문화가 있는 반면, 업무상임에도 불구하고 서로 가까이 있거나 신체 접촉이 있어도 편하게 여기는 문화가 있다.

마크(영국) 영국인들은 적어도 61cm의 거리를 유지하고, 직장 동료와의 신체 접촉은 절대 허용되지 않는다. 가까운 사람의 경우 펜으로 테이블을 톡톡 치면서 친근함을 표시할 수 있지만, 신체적 접촉은 전혀 하지 않는다.

파울로(브라질) 거리는 전혀 문제되지 않는다. 바짝 붙어 앉거나 서 있는다. 포옹이나 터치는 아주 흔한 일인데, 다른 문화와는 비교가 안 될 정도이다.

헬렌(중국) 중국인들은 대화할 때 거리를 가까이 유지하는 편이다 (61cm보다는 가깝고 30cm보다는 멀다). 때때로 중국인들은 다른 사람의 팔이나 등을 치거나 어깨를 잡음으로써 상대방에 대한 신뢰를 표시한다. 걸어가거나 이야기할 때 부딪치기도 하는데, 다른 사람과 부딪치는 것을 무례하게 생각하지 않는다.

주딧(트리니다드 토바고) 남성의 경우 신체 접촉을 거의 하지 않는다. 있다고 하더라도, 회의를 성공적으로 마친 후 어깨를 살짝 두드리는 정도이다. 약 61cm 정도의 거리를 유지한다.

제니퍼(호주) 상당히 편한 분위기를 연출하는 것으로 정평이 났지만, 거리에 대해서는 까다로운 편이다. 61cm보다 가까이 오면 불편해하거나 비밀 이야기를 하는 것으로 받아 들인다. 가까운 사이가 아니라면 뒷걸음치거나 옆으로 비켜서 공간을 확보하는데, 약 91~122cm 정도의 거리를 편하게 여긴다.

직장 동료가 신체적 접촉을 시도한다면 경직되거나 불편해 할 것이다. 대다수 남성 임원들은 여성에 대해 성희롱으로 오해를 받을까 두려워한다. 그럼에도 불구하고, 팔이나 어깨를 살짝 쳐 주는 것은 '동감입니다, 당신과 같은 편입니다, 또는 감사해요' 라는 의미이다.

로베르토(멕시코) 가까운 거리를 유지하고 신체 접촉에 대해서도 거리낌이 없다. 상대방을 잘 알지 못하는 경우에는 주로 팔, 어깨, 등을 친다. 반면, 잘 아는 사이라면 (만약 옆에 앉아 있다면) 다리를 살짝 치기도 한다.

실비아(독일) 어느 정도 떨어져 있는 것을 편하게 여긴다. 신체 접촉도 거의 하지 않지만, 독일 남부 지방에서는 신체 접촉이 있는 편이다.

프리야(아랍에미리트) 거리에 대한 개념이 없기 때문에 가까운 거리를 유지하는 편이다. 모든 거래가 대인 관계에 의해서 좌우된다. 사실, 상대방과 너무 거리를 두고 서 있으면 부정적 이미지를 전달하며, 상대방은 그 이유를 물을 정도이다. 그러나 신체 접촉은 그리 많지 않은 편이다. 결혼하지 않은 이성끼리는 공공 장소에서 신체 접촉이 법으로 금지되어 있기 때문이다.

가즈히로(일본) 상대방과의 거리는 약 91cm에서 122cm가 적당하다. 61cm보다 가까우면 불편함을 느낀다(출퇴근 시의 콩나물시루 같은 전철 안의 상황은 어쩔 수 없이 받아들이지만, 그 외에는 매우 불편해 한다). 일본의 경우, 회사 동료들과 신체 접촉을 거의 하지 않는 편이다. 특히 요즘에는 더욱 심하다. 그러나 남성 상사가 격려 차원에서 동성의 부하 직원의 어깨를 가볍게 두드리는 경우는 종종 볼 수 있다.

수지(인도) 거리는 약 61cm 정도가 적당하다. 그러나 때때로 윗사람이 지나치게 가까이 다가와 거의 속삭이듯 말했던 경험이 있다. 물론 그것은 개인적 취향이지만, 일반적으로 상대방을 불편하게 하는 행동이

다. 상식적으로는 어느 정도의 거리를 유지하고 정중하게 말하며 개방적인 메시지를 전달하는 신체 언어를 구사한다(예를 들면, 팔짱을 끼는 행동은 바람직하지 않다). 밤에 한잔 하러 외출하는 경우에는 가까이 가도 무방하다. 그러나 여성과 함께 있을 경우, 상대방과 이야기하거나 서 있을 때 상대방을 배려하여 거리를 유지하도록 주의한다.

보통의 경우, 업무상 허용되는 신체 접촉은 상대방을 만나거나 헤어질 때 악수를 하는 정도이다. 인도인들은 대부분 사람들을 친절하게 대하는 편이다. 따라서 축하할 때 또는 멈추어 달라고 부탁할 때 상대방을 살짝 치는 정도는 허용된다. 상대방을 안심시키기 위해서 팔과 어깨를 살짝 치는 것도 정상적인 행동으로 간주된다. 회의 도중에 단합을 위해 동료끼리 '하이파이브'를 하기도 한다.

사다(탄자니아) 적어도 30cm의 거리를 유지하는 것이 바람직하다. 나의 경우 손목이나 어깨를 살짝 치거나 만지지만 매우 가볍게 한다.

라인(필리핀) 성별에 관계 없이 약 61cm가 적당하다. 여성의 경우, 직위가 높을수록 예절을 중시 여긴다. 직원 동료 간에는 신체 접촉이 적절하지 않으며, 특히 회의 중에는 더욱 그렇다. 그러나 칵테일 파티 같은 가벼운 분위기의 만남의 경우, 상대방과 친하면 팔 또는 어깨를 살짝 건드리는 정도는 허용된다.

눈 맞춤

눈 맞춤의 관습은 문화에 따라 다르다. 미국과 같은 서양 사회에서는 대화를 하는 중에 상대방을 직시하라고 어려서부터 배운다. 그러나 어떤 문화에서는 눈을 마주치지 않는 것을 예절바르다고 생각한다.

마크(영국) 영국인들은 적당히 눈을 맞춘다. 그러나 논란이 있는 현안에 대해 이야기할 때는 상대방을 보지 않고 허공을 본다.

파울로(브라질) 상대방을 직시하는데, 이는 자신감을 의미한다.

헬렌(중국) 중국인들은 시선을 피하는 편이다. 상대방을 직시하는 것은 무례하게 생각하는데, 시선 맞추는 것을 매우 불편하게 생각한다.

주딧(트리니다드 토바고) 눈을 맞추는 편이지만, 성별에 따라 미세한 차이가 있다. 만약 당신이 남성이라면, 여성의 친절과 호의를 당신에 대한 관심으로 오해하지 않기를 바란다. 특히 파티에서라면 더욱 그렇다. 그들은 그저 파티를 즐기고 있을 뿐이다. 만약 여성이라면, 친절하고 공손하게 상대방을 대하되 오해의 여지를 남기지 않도록 주의한다.

제니퍼(호주) 호주인들은 시선을 맞추어야 진실되고 공손한 사람이라고 생각한다. 상대방의 시선을 피하면 거짓말을 하거나 존중하지 않는다고 여긴다. 그러나 눈을 떼지 않고 계속해서 상대방을 직시하면 불편하게 생각하기도 한다. 전략적으로 비즈니스 파트너의 마음을 동요시키고 싶다면 계속해서 시선을 맞춘다.

로베르토(멕시코) 상대방과 항상 시선을 맞춘다.

실비아(독일) 상대방과 항상 시선을 맞추어야 한다. 그렇지 않은 경우 신뢰를 받지 못한다.

프리야(아랍에미리트) 적절한 눈 맞춤은 긍정적인 효과를 낸다. 그러나 빤히 쳐다보는 것은 무례하다고 간주된다.

가즈히로(일본) 비즈니스 회의 리더나 연사는 어느 정도 눈 맞춤을 해야 한다. 그러나 회의 참석자에게 너무나 자주 시선을 맞추면 제안된 아이디어를 못마땅하게 생각하거나 반박을 하려 한다고 오해를 받기 쉽

다. 따라서 눈 맞춤은 최소한으로 유지하는 것이 바람직하다.

수지(인도) 인도인들은 신뢰를 매우 중요하게 여기기 때문에 대화 중 시선을 맞추는 것이 매우 효과적이다. 눈 맞춤은 자신감을 나타내기도 한다. 그렇다고 해서, 상대방을 빤히 쳐다보는 것은 무례하게 생각된다. 특히, 여성을 오랫동안 뚫어지게 쳐다보는 것은 피해야 한다.

사다(탄자니아) 지나친 눈 맞춤은 위압적인 행동으로 오인 받기 쉽다. 또한 성별에 따라 허용 범위가 다르다. 남성 대 남성의 경우 시선을 오래 맞추고 있어도 허용되지만, 남성 대 여성의 경우 오래 쳐다보면 공격적이거나 자만한 사람으로 오해받기 십상이다.

라인(필리핀) 눈 맞춤은 솔직함과 상대방에 대한 관심을 의미한다. 그럼에도 불구하고, 상대방과 시선을 맞추거나 누군가 계속 쳐다보면 불편하게 여기기도 한다. 따라서 때때로 딴 데를 쳐다보거나 시선을 아래로 두는 경우가 있다. 그러나 요즘에는 그러한 경우가 거의 없으며 특히 젊은 임원들은 시선을 맞추는 편이다.

자리 배치

여러분이 손님의 자격으로 회의에 참석했다고 가정해 보자. 과연 어디에 앉을 것인가? 그렇다면 회의 주최자는 어디에 앉을 것인가? 자리 배치도 문화에 따라 다를 수 있다는 사실에 유의하자.

마크(영국) 임원이 항상 테이블 상석에 앉는다. 반면 미국인들은 테이블 중간에 앉는 경향이 있어서 상석above-the-salt과 말석below-the-salt의 질서를 깬다. 소금 그릇의 위치에 따라 상석과 말석이 정해지는 기원은 소금이 귀했던 중세로 거슬러 올라간다. 높은 신분의 사람들은

소금 그릇이 놓여진 위쪽에, 낮은 신분의 사람들은 아래쪽에 앉았다. 신분이 낮을수록 테이블 아래쪽의 말석에 앉는다.

파울로(브라질) 가장 높은 임원은 테이블 상석 또는 중간에 앉는다. 그 임원의 직속 부하 직원은 그의 오른쪽 또는 왼쪽에 앉는다. 미국인 임원이 손님이라면 주최측 임원의 맞은편이나 우측 옆에 앉힌다.

헬렌(중국) 가장 높은 임원은 테이블을 가로질러 출입구를 마주볼 수 있는 위치에 앉는다. 중국인들은 이 위치가 힘과 통제권을 가진다고 생각하기 때문이다. 미국인 임원은 주최측 임원 옆에 앉힌다.

주딧(트리니다드 토바고) 가장 높은 임원이 앉을 때까지 기다린 후 비즈니스 파트너들은 맞은편에 앉힌다.

제니퍼(호주) 비교적 자유롭게 앉는 편이다. 대개 "어디에 앉을까요?"라고 물어본 후 앉지만, 격식을 차려야 하는 회의가 아니라면 가장 높은 임원은 다른 참석자들이 남겨 놓은 자리에 앉는다. 가장 직위가 높기 때문에 일반적으로 회의실에 늦게 도착하게 되는데 빈 자리에 앉는다. 한편, 회의를 주재하는 사람은 주로 테이블 상석에 앉는다. 모든 참석자들을 잘 볼 수 있고 계층 의식을 피하기 위해서 일부러 테이블 중간에 앉기도 한다.

로베르토(멕시코) 가장 높은 임원은 항상 테이블 상석에 앉는다.

실비아(독일) 독일 임원들은 테이블 상석이나 한쪽 중앙에 앉는다. 만약 그가 상석에 앉는다면 부하 직원이 옆에 앉기를 원할 것이다. 한편, 미국인 임원의 경우 주최측 임원이 테이블 중앙에 앉으면 맞은편에 앉히고, 주최측 임원이 상석에 앉으면 그 반대편에 앉힌다.

프리야(아랍에미리트) 가장 높은 임원은 테이블 상석에 앉고 회의를 주재한다.

가즈히로(일본)　일본의 경우, 손님은 출입구에서 가장 먼 곳에 앉힌다. 그림에서 볼 수 있는 것과 같이, 양쪽의 가장 높은 임원들은 서로 마주보고 중앙에 앉고, 그 다음의 직위의 관리자는 출입구에서 먼 쪽에 마주보고 앉으며, 일반 직원은 출입구 가까운 쪽에 마주보고 앉는다.

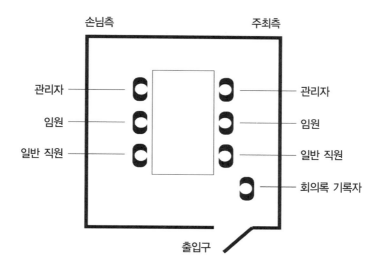

[비즈니스 회의의 자리 배치(일본)]

수지(인도)　가장 높은 임원이 테이블의 상석에 앉지만, 사실 회의의 상황이나 종류에 따라 얼마든지 달라질 수 있다. 일반적인 회의라면 가장 윗사람이 주로 이 자리를 차지한다.

그러나 비즈니스 회의인 경우, 다음에 설명할 2가지 시나리오를 비교해 보자.

1. 미국이 공급 업체이고 인도가 바이어인 경우 바이어들은 본능적으로 테이블 한 쪽의 중간에 앉고 부하 직원들을 양 옆에 앉힌다. 반면 공급 업체 측은 서로 마주보고 앉는다. 일반적으로 공급 업체보다 바이어 측이 사람 수가 많다. 이는 바이어들이 우세한 입장에 있다는 것을 보여 주는 비언어적 신호이기도 하다.

2. 일반적인 세일즈 프레젠테이션인 경우 가장 직위가 높은 사람이 상석에 앉는다. 이 자리에서 회의 참석자들이 가장 잘 보이기 때문이다. 발표자들은 테이블의 가장 끝에 직각으로 서서 상석에 앉은 사람이 제일 잘 보이도록 스크린을 위치시키고 발표한다(가장 높은 직위의 사람은 스크린을 잘 볼 수 있는 반면, 다른 사람들은 고개를 이리저리 돌려야 보이는 자세로 스크린을 보아야 한다). 스크린의 위치는 최종 결정을 내리는 사람이 직위가 가장 높은 사람이기 때문에 그에게 주도권을 준다는 비언어적 신호인 것이다.

사다(탄자니아) 회의를 주관하는 사람은 테이블의 상석에 앉고 그의 팀원들은 양 옆에 앉는다. 반면, 상대편은 맞은편에 앉는다. 이러한 자리 배치는 외부인들과의 회의 시 적용된다. 한편, 사내 회의인 경우에는 회의를 주관하는 사람은 상석에 앉고, 그의 팀원들은 양 옆에 앉으며 상대 팀원들은 맞은편에 앉는다.

라인(필리핀) 임원진은 상석에 앉는 것이 일반적이다. 상대측은 주최 측이 안내하는 대로 앉는다. 주최자는 손님들이 앉을 곳을 안내한다. 만약 테이블이 작다면 마주보고 앉는 것이 안전하고 옆에 나란히 앉는 것도 무방하다. 만약 상대 측이 너무 가까이 앉는 것을 꺼린다면 한 자리

건너서 앉는다.

감정 표현

감정 표현도 문화에 따라 차이가 난다. 만약 여러분이 크게 소리 내어 웃거나 협상을 할 때 큰소리를 치거나 흥분한다면, 또는 사적인 이야기를 하거나 갑자기 울음을 터뜨린다면 상대방은 어떻게 반응할 것인가? 전문가들의 의견을 들어보자.

마크(영국) 감정 표현을 거의 하지 않는 북유럽인에 비하면 영국인들은 그래도 감정을 표현하는 편이다. 그럼에도 불구하고, 솔직한 감정 표현보다는 농담을 선호하고 아이러니와 풍자를 높이 평가한다. 스포츠 이외에는 열정을 보이지 않는다. 영국인들은 소리를 지르는 것을 패배를 인정하는 것과 같다고 생각한다. 웃음은 장려하지만, 울음은 당황스럽게 생각한다. 냉정함과 차가움을 높이 평가한다. 어느 경우에라도 냉정함을 잃지 않는 것이 바람직하다고 생각한다.

파울로(브라질) 브라질인들은 매우 감정적이다. 가족, 친구, 사생활 등에 대해서 먼저 이야기를 나눈 후 본론으로 들어간다. 회의 중에 사례나 사적 정보 등을 종종 활용한다.

헬렌(중국) 중국인들은 비즈니스 회의 시 쉽게 감정적인 된다. 웃음을 터뜨리거나 목소리를 높인다. 목소리가 커져도 무례하다고 생각하지 않는다.

주딧(트리니다드 토바고) 캐리비언의 다른 국가들에 비해 트리니다드 토바고의 민영 기업들은 형식적이지 않다. 매우 쾌활한 문화이다. 회의를 시작할 때 농담을 하면서 흥겨운 분위기를 조성한다. 우는 것은 비이

성적으로 생각된다.

제니퍼(호주) 호주인들은 비즈니스 거래에서는 감정의 중립을 지키는 것이 바람직하다고 생각한다. 직장에서 분노, 실망, 과도한 감정을 보이는 것을 불편하게 여긴다. 직장에서 감정을 표현하게 되면 승진에 방해가 되는 경우도 종종 있다.

로베르토(멕시코) 감정은 멕시코인들의 일부이기 때문에, 감정을 적극적으로 표현한다. 분위기가 긴장되면 농담을 하여 분위기를 부드럽게 하려 한다.

실비아(독일) 감정이 일부 허용된다. 예를 들면, 힘을 과시하거나 심지어 분노를 표출하는 것도 인정되는 편이다(목소리를 높인다거나 상대방을 비난하거나 감정에 북받쳐 연설하는 것까지도 허용된다). 독일인들은 협상을 시작할 때 상대방을 먼저 공격하는 전략을 구사한다. 그들은 당신의 반응을 기다린다. 만약 당신이 겁을 먹는다면 무시할 것이고, 당신이 자신감 있고 강한 신체 언어를 구사하며 당당하게 맞대응한다면 당신을 존중하게 될 것이다.

프리야(아랍에미리트) 감정과 대인 관계가 거래를 좌우하는 주요 요소이다. 따라서 사람들은 감정적이 되고 불쾌함을 드러내고 표현한다. 그러나 두바이와 같은 지역에서는 지나치게 공격적인 행동을 하거나 욕을 하면 법의 처벌을 받는다.

가즈히로(일본) 전통적으로 일본인들은 감정을 드러내는 것을 권장하지 않았다. 일본은 오랫동안 고배경 문화high-context culture를 숭상해 왔다. 따라서 일본인들은 상대방이 자신의 감정을 명확히 드러내지 않는다고 해도 상대방의 심리 상태를 파악할 수 있는 '센스'를 발휘하는 것을 바람직하다고 생각한다.

그러나 최근 들어 일본은 저배경 문화low-context culture로 바뀌면서 예전보다는 감정을 표현하는 편이다. 감정 표현에 있어 일본의 또 다른 특징은 타인의 감정 표현을 따라 한다는 것이다. 예를 들어, 다른 사람이 웃음을 터뜨리면 함께 따라 웃는다. 이는 동질성을 추구하는 일본인의 특이한 점이다. 누군가가 농담을 할 경우 이해가 되지 않아도, 또는 공감하지 않아도 다른 사람들이 웃으면 예의상 같이 웃어 준다.

수지(인도)　인도인들은 감정을 쉽게 드러내는 편이기는 하지만, 비즈니스 거래에서는 자제하는 편이다. 웃음과 가벼운 농담은 언제나 허용되는 편이고, 스트레스 해소제로서 효과적으로 활용된다. 상대방에 대한 우려, 공감, 단결 등을 표현하면 신뢰를 얻을 수 있다. 그러나 대화 중에 냉소, 인종주의, 위압 등의 감정을 신체 언어로 표현하면 비즈니스 회의 또는 그 외의 회의에서 걸림돌이 될 수 있다.

사다(탄자니아)　회의 시, 침착하고 냉정한 태도를 취하는 것이 바람직하다. 만약 화가 난다면 얼굴 표정이나 목소리 톤으로 표현할 뿐이지, 소리를 지르지 않도록 유의한다. 상스러운 언어는 용납되지 않는다. 여성이 울음을 터뜨리게 되면 유약하다는 것을 보여 주게 되고, 남성의 경우에는 허용되지 않는다. 울음은 남성, 여성에 관계 없이 모두 프로답지 않게 간주된다. 심하지만 않다면 농담은 허용된다. 농담을 들을 때 웃는 것은 상관 없지만, 누군가 말을 하려고 할 때는 삼가도록 한다.

라인(필리핀)　절도와 예절을 지키는 것이 가장 바람직하다. 상황에 따라 미소를 짓거나 웃는다. 필리핀인들은 쾌활한 편이므로 잘 웃는다. 감정적 폭발이나 소리를 지르는 것은 비록 그 행동들이 상대방을 의도적으로 당황시키기 위한 것이 아니라 할지라도 삼가도록 한다. 말과 행동을 요령 있게 하는 것이 바람직하다.

청중 앞에서보다는 1:1로 상대방을 대할 때 감정을 표현하는 것이 효과적이다. 청중 앞에서 감정을 표현하다 보면 사람에 따라 상황이 다르기 때문에 오해를 살 수 있기 때문이다. 필리핀인들은 매우 예민하여 의견 차이로 갈등이 생길 때 사적인 감정을 능숙하게 배제시키지 못한다. 공개적으로 갈등이 불거지거나 의견 차이가 생기면 심리적 영향을 받는다.

여성 임원

여러 문화 출신의 커뮤니케이터 전문가들은 여성 임원에 대한 조언도 남성 임원에 대한 조언과 같다고 이구동성으로 말한다. 그들은 하나 같이, "여성은 비즈니스 파트너로 생각되며, 임원의 경우 남성과 동일하게 대우를 받습니다."라고 강조한다. 그러나 몇 가지 예외는 있을 수 있는데 다음과 같다.

마크(영국) 남성들은 간식을 절대로 접대하지 않는다. 다른 누군가가 그들을 위해 차를 준비해 주기를 기대한다. 만약 10명 정도의 남성에 1명의 여성이 끼어 있다면, 그 여성이 차를 대접하지 않는 한 아무도 손 하나 까딱하지 않을 것이다. 그래서 남자만 모여서 회의를 할 때 우리는 우스갯소리로 "누가 우리를 챙겨 줄까?"라고 농담을 할 정도이다.

헬렌(중국) 중국 남성들은 여성을 보고 "매력적이시네요.", 또는 "예쁘시네요."라고 칭찬을 한다. 미국 문화의 관점에서 보면 부적절하게 들릴 수도 있을 것이다. 그렇지만 그들은 단지 친절하고 싶어서 그런 것이지 다른 의도가 있는 것은 아니다.

로베르토(멕시코) 멕시코는 남성 위주의 국가이다. 물론 상황이 많이 바뀌고는 있다. 그럼에도 불구하고, 여성이 모임에 참석하면 남성들의

행동도 바뀐다. 남성 동료들만 있으면 농담도 많이 하고 왁자지껄한 분위기가 연출되지만, 한 명 또는 그 이상의 임원이나 여성이 합석하게 되면 예절을 차리는 편이다. 물론 여성 동료와 너무나 친하여 아무 거리낌이 없다면 상황은 달라질 수도 있다.

실비아(독일) 다른 나라 사람들은 독일은 선진국이므로 직장에서 성차별이 전혀 존재하지 않을 것이라고 생각하지만 실상은 다르다. 여성 임원은 거의 볼 수 없는 것이 현실이다. 여성 임원이 독일인과 회의를 하게 된다면, 가능한 한 업무에만 집중하는 것이 가장 바람직하다. 여성스러운 행동은 되도록 피하는 대신, 자신감과 힘을 보여 주는 데 최선을 다하도록 한다.

수지(인도) 여성이기에 누릴 수 있는 이점이 있다. 물론 인도에도 여성 리더가 많기는 하지만, 여성 임원은 남성보다 좋게 평가된다. '여성은 미소 지으며 할 일 다 한다'는 옛말이 그대로 맞아 떨어진다고 할 수 있겠다.

라인(필리핀) 전통적으로 여성을 존중하여, 여성을 대할 때 남성을 대할 때보다 부드럽게 대한다. 그러나 점차 여성들의 지위가 높아짐에 따라 이 태도에도 변화가 오고 있기는 하다. 여성을 남성과 동등하게 보는 현대의 추세가 그대로 반영되는 결과일 것이다.

파울로(브라질) 직장에서 성별에 의한 차이는 존재하지 않는다. 여성이 업무에 충실하면 남성과 동일하게 존중을 받는다. 브라질에서 임원의 위치까지 올라간 여성은 거의 없지만 점차 증가하고 있다.

마지막 조언

미국인 임원에게 추가적으로 전하고 싶은 조언이 있는지 전문 커뮤니케이터들에게 물었다. 그들은 다음과 같이 말하면서 조언을 마무리하였다.

주딧(트리니다드 토바고)　미국인들이 주의해야 할 것은 오만하고 폐쇄적이라고 오해 받을 수 있는 행동을 피하는 것이다. 우리는 사업을 할 때도 대인 관계를 매우 중시한다. 따라서 상대방의 문화를 마음의 문을 열고 이해하는데 시간을 투자하는 것이 바람직할 것이다. 편하다는 이유만으로 미국인 동료들하고만 어울리지 않도록 주의하라. 지역 사람들과도 함께 어울리도록 노력하라. 지역 사람들이 자주 가는 클럽, 레스토랑에도 가 보고 크리켓 클럽에서도 사람들과 어울려서 대인 관계의 영역을 넓히도록 하라. 긴장을 풀고 함께 친할 수 있는 사람이라는 것을 보여 주는 것이 바람직하다.

수지(인도)　인도는 가족 중심의 마음이 따뜻한 국가이다. 따라서 사업을 할 때도 신뢰를 바탕으로 한 대인 관계를 중시한다. 신뢰가 확보되어 있다면 사업을 할 때도 훨씬 유리하다. 만약 인도인과의 비즈니스에서 원하는 성과를 얻지 못하더라도 실망하지 말고 후일을 기약하며 대인 관계를 지속적으로 유지하는 것이 바람직하다.

로베르토(멕시코)　라틴아메리카 문화는 비즈니스 그 자체보다는 대인 관계를 기반으로 한다. 어떤 회의를 하더라도, 60%의 시간은 가족이나 소소한 일상, 사회 문제 등에 대한 대화를 나누면서 보낸다. 한담을 나눈 후 분위기가 무르익어야 비로소 비즈니스에 대해 이야기를 시작한다. 만나자마자 본론으로 들어가면 멕시코에서는 '백전백패'라고 보면

된다. 물론 예외가 있을 수는 있겠지만 대개는 그렇다.

실비아(독일) 독일은 큰 나라이다. 남부(카톨릭)와 북부(프로테스탄트)는 큰 차이를 보인다. 한때 사회주의 국가였던 동독도 고유의 역사를 지니고 있다. 따라서 독일인들과의 회의를 준비할 때는 이들 차이점을 충분히 파악하도록 노력하라. 그들의 역사적 배경과 경험을 인정하고 이해하도록 노력하는 것이 바람직하다. 어쩌면 미국인들의 시각과 정반대일 수 있으므로 차이점을 충분히 이해하는 것이 효과적일 것이다.

 문화의 차이를 극복할 수 있는 12인의 조언 요약

인사법

★**영국/아일랜드** : 남성과 여성 – 악수

★**브라질/남아메리카** : 남성과 여성 – 악수, 친구 – 포옹 또는 키스

★**호주** : 남성과 여성 – 힘 있는 악수

★**멕시코/라틴아메리카** : 초면인 경우 악수, 친해지면 남자는 포옹 여자는 키스

★**독일** : 남성과 여성 – 단호하고 힘 있는 악수를 하면서 시선을 맞춤

★**서유럽(프랑스, 이탈리아, 스페인, 남부 유럽까지 포함)** : 친근하면서 가볍게 악수하면서 따뜻한 시선으로 눈 맞춤

★**아랍에미리트/중동** : 남성과 여성 – 악수, 잘 아는 여성끼리는 키스

★**사우디아라비아 및 일부 중동 국가** : 가벼운 목례, 때때로 손을 가슴 위로 올림, 악수하지 않음, 불확실하면 남이 하는 것을 주의 깊게 살핀 후 따라 함.

★**일본/중국/극동** : 남성과 여성 – 악수, 양측 모두 아시아인이라면 목례, 적당한 눈 맞춤

★**인도** : 남성과 여성 – 힘 있고 따뜻한 악수

★**중앙아프리카/남아프리카** : 남성과 여성 – 악수

★**북아프리카** : 남성과 여성 – 중동 지역과 동일

★**필리핀** : 남성과 여성 – 힘 있는 악수

명함 건네기
★**영국/아일랜드** : 명함을 거의 건네지 않음. 연락처를 다른 곳에서 얻지 못할 때나, 향후 1:1로 반드시 만나야 할 필요가 있을 때만 명함을 건넴.
★**브라질/남아메리카** : 명함을 주고받는 것이 흔치 않음. 만약 명함을 받으면 테이블 위에 올려 놓고 이름과 직위를 확인함.
★**호주** : 아무한테나 명함을 건네지 않음 – 중요한 관계일 때만 교환함.
★**멕시코/라틴아메리카** : 인사할 때 명함을 건넴.
★**독일** : 명함을 중시, 명함을 받은 후 직책 확인
★**서유럽** : 중시하지 않음. 단지 연락처를 확인하기 위해 활용(특히 이탈리아인들이 명함을 건네지 않아 독일인의 애를 먹임)
★**아랍에미리트/중동** : 인사할 때 정중하게 건넴. 이름과 직위 확인
★**일본/중국/극동** : 인사의 일부로 매우 중시함. 받은 명함을 중요하게 다룸.
★**인도** : 매우 중시함.
★**아프리카** : 회의 시작 시 명함을 돌림.
★**필리핀** : 중시함.

시간 개념
★**영국/아일랜드** : 어쩔 수 없는 상황이라면 5~8분 늦는 것은 허용됨. 15분 정도 늦는 것은 무례한 행동으로 간주됨. 15분 이상 늦으면 다음 일정을 조정해야 함.
★**브라질/남아메리카** : 라틴아메리카에서는 시간 개념이 없음. 30분까지 늦어도 무방하고 회의 종료 시간은 지켜 본 적이 없음. 그럼에도 불구하고, 1:1 약속인 경우에는 시간을 지키도록 해야 함.
★**호주** : 약간 늦는 것은 허용되지만 정시에 도착하도록 노력하는 것이 바람직함.
★**멕시코/라틴아메리카** : 브라질과 동일함.
★**독일** : 일찍 도착함(일찍 도착하면 적극적인 태도를 보여 줄 수 있음). 독일인 비즈니스 파트너도 일찍 도착할 것임.

★**서유럽** : 정시에 도착하도록 노력해야 함. 불가피한 이유가 있을 때는 몇 분 정도는 늦어도 무방함. 그러나 영국의 경우에는 늦지 않도록 주의하는 것이 바람직함. 10분이 넘으면 무례한 행동으로 간주됨.

★**아랍에미리트/중동** : 회의에 늦게 도착하면 무례하게 간주되지만, 그렇다고 회의가 정시에 시작되는 것도 아님. 논리적으로 이해하기 어려운 특별한 문화

★**일본/중국/극동** : 회의 시작은 거의 정시에 이루어지지만 끝나는 시간은 1시간 정도 지체되는 것이 일반적임. 중국의 경우, 시간을 중시하지 않음. 사전에 약속이 되어 있지 않더라도 몇 분 전에만 알려 주면 회의를 시작하는데 무리 없음. 회의 종료 시간은 아무도 모름. 그럼에도 불구하고 아무도 불만스럽게 생각하지 않고 사업상 무리 없음.

★**인도** : '인도 시간'이 악명 높음에도 불구하고 회의 시작 시간은 예정보다 10~15분 정도를 넘기지 않음. 그러나 주재자가 의제를 모두 다루었다고 판단해야 비로소 회의가 종료됨.

★**아프리카** : 진지한 모습을 보이려면 시작 시간 5분 전에 도착하는 것이 바람직함.

★**필리핀** : 정시 또는 거의 정시에 도착해야 하지만, 시작은 30분 정도 지체될 것을 예상하는 것이 바람직함.

거리 개념

★**영국/아일랜드** : 약 61cm의 거리를 유지하는 것이 바람직함. 신체 접촉은 금물.

★**브라질/남아메리카** : 특별한 제약이 없으므로 편한 거리를 유지하면 됨. 신체 접촉 허용

★**호주** : 호주인들은 느긋한 사람들이 아님.《크로커다일 던디Crocodile Dundee》라는 영화에서 나왔던 여유 있고 멋진 사람이 모든 호주인들이라고 착각하지 않도록 주의. 실제로 호주인들은 철저하고 깐깐함. 약 91~122cm를 편하게 여기며, 신체 접촉은 금물

★**멕시코/라틴아메리카** : 약 61cm 정도가 적당함. 신체 접촉 허용

★**독일** : 조금 멀리 떨어져 있는 것이 바람직하며, 신체 접촉 금물

★**서유럽** : 약 61cm 정도가 적당함. 신체 접촉은 국가에 따라 다르므로, 다른

사람의 행동을 보고 따라 하는 것이 바람직함.

★**아랍에미리트/중동** : 가까운 거리를 유지해도 무방하나, 신체 접촉은 금물

★**일본/중국/극동** : 일본의 경우 약 91~122cm를 유지하며 신체 접촉은 금물 중국의 경우 약 61cm 정도 유지하고 편하다면 좀 더 가까이 있어도 됨. 신체 접촉은 대체적으로 금기시되지만 신뢰를 표시하는 방법으로 허용되는 경우도 있음.

★**인도** : 약 61cm의 거리가 적당함. 우정 또는 신뢰를 표시하기 위한 약간의 신체 접촉은 허용됨.

★**아프리카** : 약 61cm의 거리를 유지하는 것이 적당하며 신체 접촉은 바람직 하지 않음.

★**필리핀** : 약 61cm의 거리가 적당함. 신체 접촉은 대체적으로 부적절한 것으 로 간주됨.

눈 맞춤

★**영국/아일랜드** : 지나치게 오랜 시간 뚫어지게 보는 것은 피하는 것이 바람직 함. 특히 영국인들은 누군가 자신을 계속 응시하면 감시 받는다고 느낌.

★**브라질/남아메리카** : 시선을 맞추면 맞출수록 정직하고 자신감에 차 있다고 여겨짐.

★**호주** : 눈을 맞추지 않으면 거짓말을 하고 있는 것으로 오해 받기 쉬움. 그러 나 계속 응시하면 상대방을 불편하게 할 수 있음.

★**멕시코/라틴아메리카** : 브라질과 동일

★**독일** : 위축되지 않도록 주의. 위축되면 신뢰를 잃을 수 있음.

★**서유럽** : 온화한 눈빛으로 시선을 계속 맞추는 것이 바람직함.

★**아랍에미리트/중동** : 적절한 눈 맞춤은 진지하고 정직한 것으로 여겨짐. 그러 나 빤히 쳐다보는 것은 무례하게 간주됨.

★**일본/중국/극동** : 일본의 경우 가능한 한 눈을 맞추지 않는 것이 적절함. 시 선을 오래 맞추면 부정적이거나 심지어 적대적인 이미지를 심어 줄 수 있음. 중국의 경우에는 눈을 맞추지 않는 것이 바람직함. 상대방의 눈을 똑바로 쳐 다보는 것은 무례하게 생각됨.

★**인도** : 시선을 맞추면 자신 있어 보이고 상대방으로부터 신뢰를 얻을 수 있음. 그러나 상대방을 빤히 쳐다보는 것은 무례하게 생각됨. 특히, 여성을 오랫동안 뚫어지게 쳐다보지 않도록 주의해야 함.

★**아프리카** : 적당한 눈 맞춤이 가장 바람직함.

★**필리핀** : 눈 맞춤은 솔직함과 상대방에 대한 관심을 의미함.

감정 표현

★**영국/아일랜드** : 적절한 감정 표현은 허용됨. 그러나 지나친 감정 표현은 삼가함. 소리 지르는 것은 패배를 인정하는 것과 같다고 생각함. 재치, 아이러니, 풍자를 높이 평가함. 그러나 눈물은 좋게 생각하지 않음. 냉정함과 차가움을 높이 평가함.

★**브라질/남아메리카** : 가족, 친구, 사생활 등에 대해서 먼저 이야기를 즐겁게 나눈 후, 회의, 세미나 등을 시작함. 감정 표현을 함으로써, 친근함과 관심, 진지함 등을 보여 줄 수 있음.

★**호주** : 감정의 중립을 지키는 것이 바람직함. 감정 표현은 호주인들을 불편하게 하고 역량이 떨어진다는 인상을 줄 수 있음.

★**멕시코/라틴아메리카** : 브라질과 동일

★**독일** : 힘을 과시하거나 심지어 분노를 표출하는 것이 협상과 회의에 전략적으로 활용됨. 그들의 인정을 받으려면 단호하게 맞서는 것이 효과적임. 위축되면 의심을 살 가능성이 높음.

★**서유럽** : 소리 지르거나 우는 것은 바람직하지 않음. 반면, 친밀감과 가벼운 농담 등은 허용됨. 거의 모든 유럽인들은 영어를 능숙하게 사용하므로 친밀한 표현이나 농담 등을 무리 없이 받아들임.

★**아랍에미리트/중동** : 항상 공손하게 대하되 무뚝뚝한 자세는 피함. 중동에서의 비즈니스 거래 시 감정과 대인 관계가 중요한 역할을 함. 그러나 무례한 행동을 하거나 분노를 폭발시키지 않도록 주의해야 함. 심한 경우, 법의 심판을 받을 수도 있음.

★**일본/중국/극동** : 중국인들은 비즈니스 회의 시 활기차고 심지어 목소리를 높이는 경우도 있음. 소리 지르거나 큰소리로 웃는 것이 허용됨. 그러나 다른

극동 국가들의 감정 표현은 다름. 따라서 조용히 말하고 공손하게 행동하되 상대방의 행동을 잘 보고 적절하게 따라하는 것이 바람직함.

★**인도 :** 친절하고 공손한 태도를 취함. 감정 수위를 낮추는 것이 바람직함.

★**아프리카 :** 냉정한 태도를 유지하는 것이 바람직함.

★**필리핀 :** 공손한 태도를 취하는 것이 바람직함. 감정을 통제하되 냉담해 보이지 않도록 주의해야 함.

9장

리더십의
비언어적 미래

차세대 신기술
신세대가 가져 온 변화
Y세대의 등장
Y세대와 비주얼 기술의 미래
미래의 리더십
신체 언어의 미래에 대한 예측

9장 리더십의 비언어적 미래

차세대 신기술

켄드라Kendra는 미국 명문대의 비즈니스 회계학부에서 기업 전략 기획을 전공하였다. 졸업을 한 학기 남겨둔 켄드라는 여름 방학 동안 실리콘 밸리의 유수 최첨단 기업에서 인턴으로 근무하였다. 그 회사는 켄드라에게 졸업 후 정식 직원으로 채용할 것을 제안했고, 그녀는 자신이 소망했던 세계 굴지의 경영 컨설팅 기업에서 취업 제안을 받지 않는 한 받아들일 생각이다.

켄드라는 이른바 최고 인재군에 속하는 학생이다. 다시 말하면, 조직의 미래를 결정 지을 수 있는 신세대 인력을 대표하는 사람이라고 할 수 있다. 켄드라와 같은 신세대 최고 인재들의 마음을 사로잡아 지속적으로 근무할 수 있도록 유도할 수 있는 능력을 갖춘 기업이야말로 미래에도 계속 번영할 수 있으며 경쟁력을 지속적으로 유지할 수 있을 것이다.

여러분의 조직은 이들 신세대 인력을 변화시킬 것이다. 그들의 역량을 계속 발전시키는 것은 물론, 재능을 살리고 학교에서 배운 이론을 실제 업무에 응용시킬 수 있도록 지원할 것이다. 그에 대한 대가로 신세대 직원들은 조직의 구조와 문화를 대대적으로 변혁시킬 것이다. 창의성과 에너지, 열정과 유연성으로 여러분의 조직을 구석구석 바꿔 놓을 것이다.

우리는 8장에서 다문화 출신의 인력 등장을 비롯하여 최첨단 커뮤니케이션 기술로 인해 변화된 비즈니스 관행, 여성의 약진(특히 미국) 등에 대해서 살펴보았다. 9장에서는 신세대 인력이 조직에 몰고 온 변화를 비롯하여 그들의 가치관과 기대치에 대해서 다룰 것이다. 이에 대하여 신세대만이 가지고 있는 고유의 특징들을 어떻게 활용하여, 보다 협력적이고 개방적인 리더십 스타일을 발전시킬 것인지에 대해서도 설명할 것이다. 그리고 마지막으로 비언어적 커뮤니케이션의 미래와 신체 언어의 적절한 구사가 리더십의 효과를 증진시키는 열쇠인 이유에 대해서 간단하게 정리해 보겠다.

신세대가 가져 온 변화

필자의 아버지는 《샌프란시스코 이그재미너San Francisco Examiner》 신문사에서 35년간 근무하셨다. 아버지는 업무에 대해서 말씀하시기를 좋아하셨지만 회사의 비전, 사명, 또는 가치에 대해서는 언급하지 않으셨다. 아버지가 직장에 다니셨을 당시에는 '상명하복'의 리더십이 대세였기 때문에 회사의 비전 같은 것들에 대해서는 강조할 필요까지는 없었다. 1930년대의 대공황 시대에 어린 시절을 보낸 아버지 세대는 일자리를 잡는다는 사실만으로도 다행이라고 여겼기 때문에 상명하복의 리더십도 아무런 무리가 없었다.

물론 베이비붐 세대(1946~1964년 출생)가 등장하면서 상황은 달라졌다. 7,800만 명의 거대한 베이비붐 세대는 직장에서 의미, 보람, 권한 등을 찾기를 원했다. 베이비붐 세대가 스스로 깨닫기도 전에 기업들은 인재들의 마음을 사로잡고 붙잡아 두기 위해 회사의 미션, 사명 또는 가치를 만들기에 여념이 없었다.

사랑으로 사회를 변혁시키자는 슬로건을 들고 나타난 '플라워 파워 flower power' 세대는 여성과 소수 민족의 권리를 향상시키고자 거리로 나서기도 했다. 이 세대는 이사회와 회사 정책에 자신의 요구를 관철시키기 위해 노력하였다. 한편, 1:1의 의사소통을 중시하고 상명하복의 리더십에 반발하는 베이비붐 세대의 요구를 충족시키기 위해, 임원진은 '섬기는 리더십servant leadership'과 '변화 리더십transformational leadership'으로 리더십에 변화를 꾀했다.

베이비붐 세대 여성들의 출산율이 저하되고 사회 참여가 증가됨에 따라 이후 세대의 인구는 급속히 감소하였다. 1965~1983년에 출생한 X세대들의 인구 수는 그리 많지 않지만 첨단 기술로 무장하여 사회에 큰 영향을 끼쳤다. 그 시기는 기술(특히 인터넷)이 비즈니스 관행에 지대한 영향을 끼치는 시점이었으므로 X세대의 영향력은 매우 컸다. 당시의 경제 상황도 상당히 고무적이었다. 닷컴 열풍이 일던 시기에 노동 시장에 등장한 X세대는 그들이 원하는 카푸치노 머신, 직장에서의 애완 동물 키우기, 프리 마사지 등을 모두 얻을 수 있었는데, 그 이유는 기업들이 부족한 인재를 확보하고자 '전쟁'을 치르고 있었기 때문이다.

X세대는 그 외에도 여러 가지 변화를 일으켰다. 베이비붐 세대가 상사와의 1:1 의사소통을 선호한 반면, X세대는 이메일과 인트라넷 커뮤니케이션을 선호했다. 또한, 장기 근속을 중시하던 베이비붐 세대와 달

리 X세대는 이직을 긍정적으로 평가했다. 평생 직장이라는 개념이 무너지면서 X세대는 직장을 옮겨 다니며 경력을 쌓아갔다.

이제 또 다른 세대가 등장하기 시작했다. Y세대가 그들인데 신체 곳곳에 피어싱과 문신을 하고 디지털에 능하며 소셜 네트워크와 모바일 기기를 자유자재로 활용한다. Y세대는 지금까지와는 완전히 다른 종족이라 할 수 있다. 이전 세대가 그랬듯이, Y세대도 그들만의 능력을 발휘하고 도전하며 변화를 몰고 올 것이다.

Y세대의 등장

1984년에서 2002년에 출생한 사람들은 Y세대로 불리우며, 때때로 '밀레니엄 세대'로 불리기도 한다. Y세대는 그 숫자가 베이비붐 세대에 버금갈 정도로 많다. 오늘날 Y세대는 부모 세대와는 전혀 다른 가치관과 시각을 가지고 업무에 임한다. 베이비붐 세대의 퇴직이 시작되면서 Y세대가 등장하기 시작했다. 그들은 이제 하나 둘씩 비즈니스 현장에 나타날 것이다. 그러나 과연 기성 세대는 어떠한가? 그들은 새로운 Y세대를 맞이할 준비를 마쳤다고 할 수 있는가?

Y세대와 비주얼 기술의 미래

시스코 시스템즈의 연구에 의하면, Y세대의 50% 이상이 웹캠webcam을 갖추고 있고, 20% 이상이 하루에도 여러 번 '유튜브YouTube'를 방문한다고 한다.[1] 구세대와 비교할 때 그들은 소셜 네트워킹을 적극적으로 활용하고 자신에 대한 동영상을 포스팅한다. Y세대는 이렇듯 시각 매체visual media를 선호하며, 이로 인해 많은 직원들과의 의사소통이나 지식 공유의 방법이 상당히 바뀌었다. 과거에는 정보 대부분이 문서, 이메일, 파워포인트 슬라이드를 통해서 공유되었지만, 이제는 짧은 동영상을 제작하여 직원들과 우수 사례들에 대한 정보를 공유하거나 프로젝트 및 업무 활동에 대하여 동료들에게 브리핑한다. 예를 들어 마이크로소프트는 모든 직원들에게 포드캐스팅 podcasting 장비를 무료로 제공한 후, 직원들이 매년 3개의 비디오를 제작하여 업무에 관한 정보를 공개하도록 하고 있다.

그러나 비주얼 기술의 강력한 힘에 대해 언급은 했으나 실제로 본 적은 없다. 이제 최첨단 비주얼 기술이 신제품 개발이나 리서치 프로젝트, 신기술 시연 등 업무 전반에 걸쳐 어떠한 대변혁을 일으킬 것인지를 예를 들어 설명하겠다. IVN의 '실루엣Silhouette', '프로젝트 라이프라이크Project LifeLike'와 시스코의 '텔레프레전스' (홀로그래픽 버전)에 대해 소개하고자 한다.

실루엣

당신은 회사 본사로 출근하였다. 회의실에서 진행되고 있는 회의에 참석했으나, 회의에서 다루어지고 있는 주제가 당신의 업무와는 상관이 없는 듯하여 회의실에서 나와서 동료 사무실로 간다. 그곳에서 당신은 동료와 함께 맡고 있는 프로젝트에 대해 의견을 나눈다. 퇴근하기 전에 HR 부서장과 인사 문제의 진행 여부를 확인한다.

(그런데 위의 모든 일들이 컴퓨터를 통해서 이루어졌다는 것을 알고 있는가? 물론 세계 어느 곳에서든지 위와 같은 업무들을 컴퓨터만 가지고도 할 수 있다는 것을 알고 있는가?)

IVN이 개발한 '실루엣'은 3D 온라인 환경과 라이브 스트리밍 비디오, 싱크로나이즈드 오디오를 접목시켜 가상 세계에서 직원들이 '얼굴을 맞대고' 함께 업무를 할 수 있도록 하였다. 이것은 지금까지 볼 수 없었던 새로운 기술이다. 실루엣은 사용자의 실제 이미지로 3D 공간에서 자유자재로 업무를 수행할 수 있도록 한 최초의 기술이다.

[실루엣을 활용하여 자택에서도 가상 이사회에 참석할 수 있다]

실루엣은 가상 공간에 있으면서도, 컴퓨터가 생성한 아바타avatar가 아닌 실제 이미지로 의사소통을 가능하게 한 최첨단 기술이다. 인터넷 공간에서 실시간 비디오와 오디오로 사용자들이 의사소통을 할 수 있는 것이다. 그렇다고 해서 특별한 장비가 필요한 것도 아니다. 실루엣은 기본 사양의 웹캠을 사용하여 사용자의 이미지를 촬영하여, 가상 회사로 이미지를 '전송'한 후 회의에 참석하거나 업무를 함께 수행할 수 있는 것은 물론 모든 종류의 의사소통이 가능하다.

실루엣은 최첨단 기술로 이미 IBM, 마이크로소프트, 인텔, 시스코, 구글, 디즈니, 심지어 미국 정부의 지대한 관심을 받고 있다.

프로젝트 라이프라이크

프로젝트 라이프라이크는 센트럴 플로리다 대학University of Central Florida의 인텔리전트 시스템즈 연구소와 시카고에 소재한 일리노이 대학University of Illinois의 전자 시각화 연구소가 공동 개발한 기술이다. 이 프로젝트의 목적은 실제와 같은 아바타를 만들어 내는 것이었다.

연구원들은 실물과 같은 캐릭터를 만들어 내는 것뿐만 아니라(만화 같은 캐릭터 대신 실물과 같은 캐릭터를 만들었다), 캐릭터들이 의사소통할 때 신체 언어 신호까지 전달할 수 있는 방법을 연구했다. 개인별로 장착된 센서를 활용하여, 연구원들은 표정, 눈의 움직임, 몸짓을 파악한 후 아바타가 표현할 수 있도록 하였다. 이를 통해 아바타들이 감정을 표현하는 것은 물론, 상대방의 신체 언어에 나타나는 뉘앙스를 파악하고 그에 적합한 반응을 보일 수 있게 되었다.

현재까지는 '100% 성공'이라고 할 수 없지만, 지금까지 상당한 진전

[실제 여성과 실물을 꼭 빼다 박은 듯한 아바타 캐릭터]

을 해 왔고 가까운 장래에 놀라운 발전이 이루어질 것으로 전망된다. 만약 당신과 똑같은 아바타가 회의에 참석하고 당신은 시급한 업무를 수행할 수 있는, 그러한 소망이 실현될 수 있는 날이 얼마 남지 않았다.

이제 머지 않아, 전 세계에 퍼져 있는 회사의 직원들이 자신들의 컴퓨터를 활용하여 온라인상에서 임원 아바타와 회의를 하거나, 구직자들이 아바타와 인터뷰 기술을 익힐 수 있을 것이다. 사실, 향후 수십 년 내에 대부분의 사람들이 '아바타'로 의사소통을 하게 될 지도 모른다. 또한 온라인상의 아바타는 비언어적 커뮤니케이션을 자유롭게 구사할 것이다.

신체 언어를 표현할 수 있는 아바타

스탠포드 대학 연구진은 아바타가 말을 하면서 사람의 머리 움직임을 흉내 낼 수 있도록 하였다. 그 결과, 아바타가 신체 언어를 표현할 수 있으면 정직해 보이고 설득력이 높은 것으로 나타났다.[2]

홀로그래픽 텔레프레전스

이것은 물론 시연에 불과했다. 그러나 시스코와 뮤전 시스템즈가 공동 개발한 '시스코 텔레프레전스 온스테이지 경험Cisco TelePresence On-stage Experience'이 시스코의 '글로벌라이제이션 센터 이스트 Globalization Centre East' 개원식의 첫 무대를 장식했다. 세계 최초로 캘리포니아 산호세San Jose에서 인도의 방갈로Bangalor로 실시간 홀로그래픽 비디오 이미지가 전송되었다. 홀로그래픽 텔레프레전스는 청중을 흥분의 도가니로 몰아넣었고, 향후 우리 눈앞에 펼쳐질 놀라운 비주얼 기술의 미래를 잠시나마 보여 주었다.

방갈로 무대에 선 시스코 CEO인 존 챔버스John Chambers는 산호세에 있던 이머징 기술사업부 수석 부사장 마틴 드 비어Marthin De Beer와 텔레프레전스 총 책임자인 척 스터키Chuck Stucki의 홀로그래픽 이미지를 실시간으로 화면에 띄웠다. CEO인 챔버스는 비어 수석 부사장과 스터키 총 책임자와 시스코 텔레프레전스의 미래에 대해서 1:1로 의견을 나누었다. 이 시연에 참석한 청중은 시스코 텔레프레전스의 가공할만한 능력을 목격할 수 있었다.

이 시연을 통해, 청중은 현재의 2D 이머시브 설루션immersive

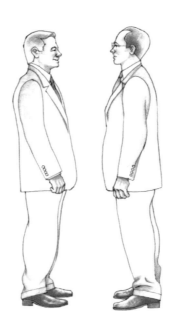

[두 사람 중 한 사람은 실제 인물이 아니라 홀로그래픽 이미지이다]

solution에서 3D 이머시브 설루션으로의 대전환의 시기가 왔음을 깨달을 수 있었다. 그것은 마치 홀로그램 이미지로 상대방과 의사소통할 수 있는 영화 《스타 트렉Star Trek》에서나 볼 수 있는 최첨단 기술이다. 시스코는 가까운 장래에 현재의 비디오 컨퍼런스가 홀로그래픽 회의로 대체될 것이라고 전망한다.

만약 시스코의 계획이 차질 없이 실현된다면, 3D 홀로그래픽 컨퍼런스는 우선 대규모 전시와 컨퍼런스에서 이용되고 점차 기업 차원에서도 소규모 이벤트로 확대될 것이다. 그때가 되면 영업 관리자는 가상 공간에 있는 고객의 사무실에 들러 영업에 관한 대화를 세부적으로 나눌 수 있다. 그의 홀로그래픽 아바타는 인터넷이 연결되는 곳이라면 오지라도 갈 수 있다. 한편, CEO는 전 세계에 퍼져 있는 직원들을 찾아가 새로운 전략을 발표할 수 있다. 직원들은 마치 그가 직접 앞에 있는 것처럼 비언어적 신호까지 모두 파악할 수 있을 것이다.

미래의 리더십

21세기는 변화의 연속이다. 직원도, 기술도, 글로벌 비즈니스 환경도 새로운 것으로 교체되어 결국 '협력'이라는 한 단위로 귀결될 것이다. 새로운 인력은 협력을 요구하고 기술의 발전은 협력을 가능하게 하며, 미래의 '국경 없는 조직'에서 미래의 생산성은 조직과 국가의 국경을 초월한 협력을 통해서만 배양될 수 있을 것이다.

새로운 리더십 모델은 새로운 비즈니스 환경에서 나온다. 즉, 명령과 통제는 투명성과 포용으로 대체될 것이다. 리더의 새로운 역할은 직원들이 스스로를 가치 있고 권한을 부여 받은 존재라는 생각이 들도록 유도하고, 직원들이 자신의 지식 기반을 구축하고 대인 관계를 확장해 나갈 수 있도록 지원하는 것이다. 이러한 새로운 역할을 성공적으로 수행하기 위해서 리더는 '높은 자리'에 앉아 지시만을 내리는 호사를 더 이상 누릴 수 없다는 점을 깨달아야 한다. 이제 리더들은 현장으로 내려와 코치와 팀 플레이어가 되어야 한다.

그리하여 업무 현장에 뛰어들어 팀원들과 함께 땀을 흘려야 할 것이다. 뿐만 아니라, 높은 수준의 감성 지능을 보여 주어야 한다. 즉, 부하 직원들을 이해하고 지원하고 돌볼 수 있어야 할 것이다. 이러한 협력적 리더십을 성공적으로 구사하기 위해서는 말보다는 행동이 우선되어야 하며, 이러한 협력적 리더십의 핵심 스킬인 신체 언어의 완벽한 구사가 차세대 리더십의 성공을 판가름 낼 것이다.

**신체 언어의
미래에 대한 예측**

높은 자리에 편하게 안주하기를 원하는 리더는, 이제 '편한 것을 포기하고 적극적으로 나설 것인지', 아니면 '아예 퇴진할 것인지'에 대해 마음의 결정을 내려야 한다. 그 이유는 다음과 같다.

예측 1 : 비주얼 기술의 혁신적 발전이 계속되면서 신체 언어 스킬의 중요성이 더욱 커질 것이다

비디오 컨퍼런싱 기술의 발전으로 사람들은 서로를 직접 볼 수 있으며, 이를 통해 유대 관계 및 대인 관계가 개선될 것이다. 그러나 이제 더 이상 텍스트 메시지 또는 컴퓨터 스크린 뒤로 숨을 수 없기 때문에 긴장감은 심화될 것이다.

리더의 일거수일투족은 이미 오래 전부터 관심의 대상이었지만, 이제 멀티미디어 기술이 혁신적으로 발전함에 따라 리더의 신체 언어는 앞으로 더욱 더 사람들의 눈에 잘 띄게 될 것이고 평가의 대상이 될 것이다. 따라서 리더는 언어적/비언어적 스킬을 개발하여 멀티미디어 도구를 효과적으로 활용해야 한다.

예측 2 : 리더십 교육을 받고 있는 차세대 리더들은 비언어적 커뮤니케이션 교육이 추가적으로 필요하다

기술이 우리의 삶을 바꾸어 놓고 있다는 사실을 모르는 사람은 없을 것이다. 그러나 우리의 뇌까지 바꿀 수 있다는 사실을 알고 있는가? UCLA의 기억 및 노화 리서치 센터Memory and Aging Research Center 소장인 게리 스몰Gary Small에 따르면, 인간의 뇌가 기술의 영향을 받는 것이 사실이라고 한다. 특히 '디지털 세대' 의 경우 더욱 그러하다. 노트북과 휴대폰, 문자 메시지, 트위터를 하루 종일 이용하는 세대, 하루에 8시간 이상을 디지털 기기에 시간을 보내는 세대, 사람을 직접 만나기 보다는 디지털 기기를 통해 의사소통을 하는 세대의 경우에 뇌에 큰 변화가 일어났다고 한다.[3]

이러한 뇌의 변화 중 일부는 미래의 고용주들에게 긍정적 의미를 지닌다. 즉, 신경 회로에 변화가 일어나서 복잡한 정보 속에서도 핵심적 세부 사항을 정확하게 포착할 수 있다. 이는 복잡한 사고 작용이나 의사 결정 능력을 향상시키는 효과를 낸다. 그러나 온라인 소셜 네트워킹의 효과적 활용을 위해 뇌의 신경 회로가 발전되는 반면, 주의력 집중 시간은 단축되고 대인 관계 스킬이 퇴보한다. 즉, 비언어적 커뮤니케이션 스킬이 퇴화하고 공감과 같은 감성 지능이 저하되는 것이다.

모든 인간은 다른 사람들의 신체 언어를 이해하는 능력을 갖추고 있으며 신세대도 이러한 능력을 가지고 태어났다. 다만, 1:1 의사소통이

점차 사라짐에 따라 능력이 퇴보했을 뿐이다. 차세대 리더십은 협력 스킬을 반드시 갖추어야 한다. 협력 스킬을 배양하기 위해서 젊은 세대는 비언어적 커뮤니케이션에 관한 기본적 소양에 대해 반드시 코칭을 받아야 한다.

예측 3 : 성공적 리더의 신체 언어는 '온화함'이 핵심이다

8장에서 부하 직원들이 리더에게서 찾고자 하는 신체 언어 신호가 두 가지 있다고 언급한 바 있다. 하나는 온화함과 공감이고, 또 다른 하나는 위엄과 권한이다. 오늘날 이 두 가지 요소는 성공적 리더십에 필요하며, 미래에도 성공적 리더십의 핵심적 요소가 될 것이다. 그러나 만약 여러분이 조직의 구조와 철학을 '협력'이라고 생각한다면 성공적인 리더십은 힘보다는 관계 수립에 초점을 두어야 할 것이다.

따라서 협력적 관계를 수립하기 위해서는 신뢰, 포용, 우호적 관계를 표현할 수 있는 신체 언어를 완벽히 구사할 수 있어야 한다. 그러한 비언어적 커뮤니케이션의 '소프트 측면'이 비즈니스 목표를 달성하는데 반드시 필요한 스킬이 될 것이다. 힘과 지위, 권한을 중시하는 대부분의 리더들은 '소프트 측면'을 과소 평가하고 제대로 활용하지 않는다.

예측 4 : 신체 언어 연구는 비즈니스나 리더십의 실질적 적용 측면을 집중적으로 다룰 것이다

필자는 신경 과학을 비롯한 사회 과학, 심리학, 정보 기술 분야의 전문가들이 비즈니스 및 리더십에서의 비언어적 커뮤니케이션에 대한 연구를 지속적으로 수행하고 검증하면서 얻게 된 결론들을 수시로 접한다. 필자가 지속적으로 접하게 되는 새로운 사실들을 독자 여러분께 지속적으로 알리고 필자가 이미 습득한 스킬들을 발전시키고 싶어서 'www.SilentLanguageOfLeaders.com' 이라는 웹 사이트를 개설하였다. 이 웹 사이트를 통하여 다양한 비디오 자료와 기사를 얻을 수 있으며 여러 출처로 링크가 가능하다. 질문이나 의견 또는 요청이 있을 경우에는 'CGoman@CKG.com' 으로 이메일을 보내기 바란다.

예측 5 : 신체 언어를 통해 진실이 드러난다

필자가 참석한 컨퍼런스에서 조직 개발 및 리더십의 권위자가 강연한 적이 있었다. 한 참석자가 그에게 "리더십은 85%가 인격에 좌우된다고 말씀하신 적이 있느냐?"고 질문하자, 그는 "아마도 그랬던 것 같습니다, 그렇지만 이제는 아닙니다. 리더십은 100% 인격에 의해 좌우됩니다." 라고 답했다.

신체 언어는 그 사람의 인격을 그대로 드러낸다. 아무리 능숙한 비언어 커뮤니케이터라 하더라도, 장기간 함께 일하는 사람들에게 절대로 당신의 인격을 숨길 수는 없다. 오래지 않아, 사람들은 그의 실체를 알아챌 것이다. 훌륭한 예법 또는 완벽한 문법처럼, 신체 언어는 특정한 상황에서 '최고의 모습' 을 남에게 보여 줄 수 있는 매우 가치 있는 도구인 것이다.

만약 당신의 비언어적 습관이 비효율적이라면 이를 인식하고 바꾸어야 한다. 뿐만 아니라, 당신의 비언어적 신호가 상대방에게 어떠한 영향을 줄 것인지를 이해하는 능력도 배양해야 할 것이다. 보다 효과적인 몸짓, 자세, 표현을 익혀서 적극적으로 활용해야 한다. 그러나 무엇보다도 가장 영향력이 크고 강력한 카리스마를 뿜어내는 비언어적 표현을 구사할 수 있으려면 당신의 신념과 인간성도 그와 일치하여야 할 것이다.

저자 후기

글로벌 비즈니스 회의에서 축적한 비언어적 커뮤니케이션의 다양한 경험과 지식을 바쁜 일정에도 불구하고 흔쾌히 나누어준 Marc Wright, Paulo Soares, Helen Wang, Judette Coward-Puglisi, Jennifer Frahm, Roberto Islas, Silvia Cambie, Priya Sarma, Kazuhiro Amemiya, Sujit Patil, Saada Ibrahim Mufuruki, Laine Santana에게 감사의 말을 전하고 싶다. 특히, 이들 전문가를 찾아 연락을 취해 준 Gretchen Hoover Anderson(IABC의 글로벌 멤버십, 마케팅, 개발 담당 부회장)에게 고마움을 전한다.

또한 이 책을 편집해 준 George Kimball에게도 감사한다. 각 장을 마칠 때마다 George는 조언을 아끼지 않았고 큰 도움이 되었다.

뿐만 아니라, 조언과 격려, 지원을 아끼지 않았던 Jossey-Bass팀 (Genoveva Llosa, Byron Schneider, Gayle Mak)에게도 감사한다.

이 책의 성공을 믿고 구상을 시작할 때부터 출간 때까지 도와 준 Joe Tessitore에게도 감사의 말을 전한다.

마지막으로, 웹사이트 디자인, 일러스트레이션 등을 맡아 준 Chameleon Design의 Pat Welch에게도 고마움을 표하고 싶다. 그는 정말 최고의 아티스트였으며, 그와 함께 일한 것을 영광으로 생각한다.

역자 후기

감성경영, 창조경영, 인재경영, 블루오션 경영 등 지금까지 참으로 많은 분야에서 '경영' 이란 용어가 회자되어 왔다. 이제 '비언어적 커뮤니케이션' 이 중심에 있는 경영의 새로운 시대가 열리지 않았나 싶다. 국적과 언어, 연령, 국가적 경계 등을 초월하여 언제 어디서나 의사소통이 가능해진, 아니 그보다 더 나아가 실시간, 실제 모습 또는 아바타 등으로 상대방을 보면서 대화를 나눌 수 있는 유비쿼터스 시대가 실현되면서, 새로운 시대에 걸맞는 보다 정교한 리더십이 필요하게 되었다. 그 해결책이 바로 '국제적 감각을 갖춘 비언어적 커뮤니케이션' 이라 할 수 있다.

이 책을 번역하면서 세상의 빠른 변화에 경악을 금치 못했고 새로운 리더상을 정립할 수 있었다. 리더의 얼굴 표정, 손짓, 발짓, 옷 매무새 등 그 모든 것이 조직 전체에 끼칠 수 있는 요소라는 것이 놀라울 뿐이다. 이 책을 읽은 후 역자도 새로운 리더로 태어난 것 같은 생각이 들 정도이다. 언제 어느 곳에서건 모든 행동과 대화에 저자가 강조한 내용들을 그대로 활용하게 되는 놀라운 경험을 했다. 역자뿐만 아니라, 이 책을 읽게 될 독자 여러분 모두 위대한 리더로서 재탄생하실 수 있을 것이라 확신한다.

끝으로 독자의 관점에서 조언을 아끼지 않으셨던 한국표준협회미디어 여러분과 전두영 님께도 가슴 깊이 우러나오는 감사를 보낸다.

참고 문헌

머리말

1. Pentland, A. (2008). Honest signals: How they shape our world (정직한 신호: 정직한 신호들이 창조하는 세계). Cambridge, MA: MIT Press.

2. Tsukiura, T., & Cabeza, R. (2008). Orbitofrontal and hippocampal contributions to memory for face—name associations: The rewarding power of a smile (얼굴-이름 연상에 있어 안와 전두 피질과 해마의 역할: 미소의 강력한 힘). 온라인상의 편집되지 않은 원고. www.ncbi.nlm.nih.gov/pmc/articles/PMC2517599.

1장 : 리더십

1. Keim, B. (2008, 4월). Brain scanners can see decisions before you make them (뇌 스캐너는 당신의 의사결정을 알고 있다). Wired. www.wired.com/science/discoveries/news/2008/04/mind_decision.

2. Tracy, J. L., & Matsumoto, D. (2008). The spontaneous expression of pride and shame: Evidence for biologically innate nonverbal displays (자긍심과 수치심의 본능적 표현: 생물학적 본능의 비언어적 신호의 증거). Proceedings of the National Academy of Sciences, 105,

11655–11660.

3. Westen, D. (2007). The political brain: The role of emotion in deciding the fate of the nation (정치적 뇌: 국가의 운명을 좌우하는 감정의 역할). New York: PublicAffairs, p.294.

4. Ambady, N., & Rosenthal, R. (2000). Thin slices of expressive behavior as predictors of interpersonal consequences: A meta-analysis (대인 관계의 미래를 결정짓는 표현 행동의 얇은 조각). Psychological Bulletin, 111, 256–274.

5. Amabile, T. (1983, 3월). Brilliant but cruel: Perceptions of negative evaluators (훌륭하나 잔인한 진실: 부정적 평가의 인식). Journal of Experimental Social Psychology, 19, 146–156.

6. Goman, C. K. (2008). The nonverbal advantage: Secrets and science of body language at work (신체 언어 완벽 가이드 : 상대를 설득하는 몸짓의 비밀). San Francisco: Berrett-Koehler, pp. 17–18.

7. Thorndike, E. L. (1920). A constant error on psychological rating(심리적 평가의 지속적 오류). Journal of Applied Science, 82, 665–674.

8. Project Implicit. Implicit Associations Test (IAT) (내재적 연관 검사). https://implicit.harvard.edu/implicit/.

9. Kelly, S. D., Kravitz, C., & Hopking, M. (2004). Neural correlates of bimodal speech and gesture comprehension (두 가지 유형의 스피치와 몸짓 이해의 신경학적 상관 관계). Brain and Language, 89, 253–260.

2장 : 협상

1. Pentland, A. (2008, 가을). Understanding "honest signals" in business (비즈니스에서의 '정직한 신호' 의 이해). MIT Sloan Management Review, 50(1), 70–75.

2. Stark, P. (2004). Become a master negotiator (완벽한 협상가 되기). Everyone Negotiates.

www.everyonenegotiates.com/newsletter/archive/Master%20Nego
tiator%20issue%209.htm.

3. Nierenberg, G., & Calero, H. (1971). How to read a person like a book
(사람을 책처럼 읽기). New York: Pocket Books, p. 56.

4. Temple-Raston, D. (2007, 10월). Neuroscientist uses brain scan to
see lies form(뇌 스캔을 활용한 거짓말 탐색). NPR.
www.npr.org/templates/story/story.php?storyId=15744871.

3장 : 변화 유도

1. Goleman, D. (2002). The new leaders: Transforming the art of
leadership into the science of results (새로운 리더: 리더십 기술을 과학
의 세계로). London: Sphere, p.3.

2. Damasio, A. (2009). This time with feeling (감정의 시대). FORA.tv
interview.
http://fora.tv/2009/07/04/Antonio_Damasio_This_Time_With_Feeli
ng#fullprogramFORA.tv.

3. Barsade, S. (2001, 8월). The ripple effect: Emotional contagion in
groups (감정의 파급 효과). Yale School of Management Working
Paper Series, OB-01. http://papers.ssrn.com/abstract=250894.

4. Restak, R. (2006). The naked brain: How the emerging neurosociety
is changing how we live, work, and love (뇌의 진실: 신경 과학의 발전이
바꾸는 인간의 삶, 일, 사랑). New York: Three Rivers Press, p.103.

5. Davis, S. F., & Palladino, J. J. (2000). Psychology (3판) (심리학).
Upper Saddle River, NJ: Prentice-Hall.

6. Ekman, P. (1983). Autonomic nervous system activity distinguishes
among emotions (자율 신경계 반응과 감정의 비교). Science, 221(4616),
1208-1210.

7. Koch, S., Holland R., Hengstler M., & van Knippenberg, A. (2009).

Body locomotion as regulatory process: Stepping backward enhances cognitive control (신체 움직임과 조절 과정: 뒷걸음질과 인지적 통제 능력 향상과의 관계). Psychological Science, 20, 549-550.

8. Hanna, J. (2010, 9월 20일). Power posing: Fake it until you make it (힘의 과시: 날조된 힘). Harvard Business School Working Knowledge. http://hbswk.hbs.edu/item/6461.html.

9. Moorehead, M. V. (1992, 2월 26일). Is acting really in your blood? Scientists check out a dramatic clue to good health (연기의 피가 흐르고 있는가? 건강 백세의 비밀 병기, 연기). Phoenix NewTimes. www.phoenixnewtimes.com/1992-02-26/news/is-acting-really-in-your-blood-local-scientists-check-out-a-dramatic-clue-to-good-health/.

10. Gross, J. (2000, 7월 6일). Emotion lab (감정연구소). Quantum(양자론). ABC Television. www.abc.net.au/quantum/stories/s146172.htm.

11. Sanfey, A., Rilling, J., Aronson, J., Nystrom, L., & Cohen, J. (2003, 6월). The neural basis of economic decision-making in the ultimatum game (경제적 의사결정의 신경학적 기반). Science, 300(5626), 1755-1758.

4장 : 협력

1. Eisenberger, N. I., Lieberman, M. D., & Williams, K. D. (2003). Does rejection hurt? An fMRI study of social exclusion (소외의 상처: fMRI의 연구 결과). Science, 302(5643), 290-292.

2. Mother Teresa quotes (마더 테레사 인용문 중에서). BrainyQuotes. www.brainyquote.com/quotes/anthors/m/mother_teresa_2.html.

3. Poster presented at the 14th conference of the International Society for Research on Emotions, Bari, Italy(이탈리아 바리에서 개최되었던 제14회 국제감정연구협회), 6월 11-15, 2005.

4. Van baaren, R. B., Holland, R. W., Kawakami, K., & van Kippenberg, A. (2009). Mimicry and prosocial behavior (모방과 사회 친화적 행동). Psychological Science, 15(1), 71-74.

5. Wiltermuth, S. S., & Heath, C. (2009). Synchrony and cooperation (동시성과 협력의 상관 관계). Psychological Science, 20(1). www.glocha.info/glocha350/images/stories/pdf/wiltermuth-2009-music_evolution_synchrony_cooperation.pdf.

6. Beukeboom, C. (2008, 9월). When words feel right: How affective expressions of listeners change a speaker's language use (호응의 마력: 청취자의 호응에 따라 바뀌는 언어). European Journal of Social Psychology, 39, 747-756.

7. Rhem, J. (1999, 2월). Pygmalion in the classroom (피그말리온 효과). National Teaching & Learning Forum, 8(2). www.ntlf.com/html/pi/9902/pygm_1.htm.

8. Riggio, R. (2009, 4월). Pygmalion leadership: The power of positive expectations (피그말리온 리더십: 긍정적 기대의 힘). Psychology Today. www.psychologytoday.com/blog/cutting-edge-leadership/200904/pygmalion-leadership-the-power-positive-expectations.

9. Grifantini, K. (2009, 3월 11일). Making robots give the right glances (로봇의 놀라운 혁신). Technology Review. www.technologyreview.com/computing/22271/?a=f.

10. Ambady, N., Laplante, D., Nguyen, T., Rosenthal, R., Chaumeton, N., & Levinson, W. (2002, 7월). Surgeons' tone of voice: A clue to malpractice history (의사의 목소리: 의료 사고의 전조). Surgery, 132(1), 5-9.

11. Ethofer, T., Van De Vill, D., Scherer, K., & Vuilleumier, P. (2009, 6월 23일). Decoding of emotional information in voice-sensitive cortices (목소리로 풀리는 사람의 감정 비밀). Current Biology, 19, 1028-1033.

12. Marmot, M. (2004). The status syndrome: How social standing affects our health and longevity (지위 신드롬: 사회적 지위가 결정하는 건강과 수명). New York: Owl Books.

13. Kunst-Wilson, W. R., & Zajonc, R. B. (1980). Affective discrimination of stimuli that cannot be recognized (자극의 정서적 구분). Science, 207(4430), 557–558.

5장 : 가상 공간 커뮤니케이션과 1:1 커뮤니케이션

1. Lojeski, K. (2009). When distance matters: An overview of virtual distance (거리의 의미: 가상 거리란 무엇인가). White paper posted on www.virtualdistance.com.

2. Kruger, J., Epley, N., Parker, J., & Ng, Z. W. (2005). Egocentrism over e-mail: Can we communicate as well as we think? (자기 중심적 이메일의 한계) Journal of Personality and Social Psychology, 89, 925–936.

3. Pearn Kandola. (2006, 9월). The psychology of effective business communications in geographically dispersed teams (지역적으로 분산된 팀에게 효과적인 의사소통의 심리). News@Cisco. http://newsroom.cisco.com.

4. Medina, J. (2008, 3월 16일). The brain cannot multitask (여러 가지 일을 동시에 해내지 못하는 뇌). Brain Rules. http://brainrules.blogspot.com/2008/03/brain-cannot-multitask_16.html.

5. Ferran, C., & Watts, S. (2008, 9월). Videoconferencing in the field: A heuristic processing model (현장에서의 비디오 컨퍼런싱: 체험적 탐구 모델). Management Science, 54, 1565–1578.

6. van Wassenhove, V., Skipper, J., Nusbaum, H. C., & Small, S. (2007). Hearing lips and seeing voices: How cortical areas supporting speech production mediate audiovisual speech

perception (입 모양을 듣고 목소리를 본다: 시청각 인식의 놀라운 힘). Cerebral Cortex, 17, 2387-2399.

7. IBM. IBM virtual world guidelines (IBM 가상 세계 지침서). http://domino.research.ibm.com/comm/research_projects.nsf/pages/virtualworlds.IBM VirtualWorldGuidelines.html.

8. Yee, N., & Bailenson, J. (2007). The Proteus effect: The effect of transformed self-representation on behavior (프로테우스 효과: 스스로의 인식에 따라 나타나는 행동의 차이). Human Communication Research, 33, 271-290.

9. Harvard Business Review Analytic Services. (n.d.). Managing across distance in today's economic climate: The value of face-to-face communication (원거리 경영의 비결: 1:1의사소통의 가치). Harvard Business Review. http://hkg.grants.ba.com/harvard-business-review.pdf.

10. Phone interview with Terry Pearce, 2010년 4월 22일.

11. Lewis, T., & Lannon, R. (2000). A general theory of love (사랑을 위한 과학). New York: Random House, pp. 35-65.

12. Goman, C. K. (2004). This isn't the company I joined: How to lead in a business turned upside down (기업의 혁신을 주도하는 비법). Berkeley, CA: KCS Publishing, pp. 169-170.

13. Scafidi, F. A., Field, T. M., Schanberg, S. M., Baucer, C. R., Tucci, K., Roberts, J., Morrow, C., & Kuhn, C. M. (1990). Massage stimulates growth in preterm infants: A replication (조산아의 성장을 촉진시키는 마사지). Infant Behavior and Development, 13, 167-188.

14. Carey, B. (2010, 2월 23일). Evidence that little touches do mean so much (터치의 놀라운 효과). New York Times. www.nytimes.com/2010/02/23/health/23mind.html.

15. Geddes, D. (1998, 7월 9일). CU study: Restaurant customers give better tips to server with touch (터치와 레스토랑 팁과의 상관 관계).

Cornell Chronicle.
www.news.cornell.edu/chronicle/98/7.9.98/touch_study.html.

16. Hertenstein, M., & Keltner, D. (2006). Touch communicates distinct emotions (터치에 의해 전달되는 감정). American Psychological Association, 6(3), 528-533.

6장 : 남과 여

1. University of California, Irvine. (2005, 1월 22일). Intelligence in men and women is a gray and white matter (여성과 남성의 인지 능력: 회백질과 백질의 차이). ScienceDaily. www.sciencedaily.com/release/2005/01/050121100142.htm.

2. Brizendine, L. (2010). The male brain (남성의 뇌). New York: Broadway Books, pp. 96-98.

3. Marcozzi, G., Liberati, V., Madia, F., Centofanti, M., & de Feo, G. (2003). Age- and gender-related differences in human lacrimal fluid peroxidase activity (눈물과 성, 연령과의 상관 관계). Opthalmologica, 217, 294-297.

4. Wang, J., Korczykowski, M., Rao, H., Fan, Y., Pluta, J., Gur, R. C., McEwen, B. S., & Detre, J. A. Gender differences in neural response to psychological stress (심리적 스트레스에 대한 신경 반응에 있어 성별의 차이). Center for Functional Neuroimaging, University of Pennsylvania. www.cfn.upenn.edu/perfusion/stress.pdf.

5. Wickelgren, I. (2010, 4월 19일). Under threat, women bond, men withdraw (위협에 대한 성별의 차이: 여성은 뭉치고, 남성은 홀로 남는다). Scientific American. http://scientificamerican.com/article.cfm?id=under-threat-women-bond.

6. Butler, D., & Geis, F. L. (1990). Nonverbal affect responses to male and female leaders: Implications for leadership evaluations (성별에

따른 리더에 대한 비언어적 정서적 반응의 차이: 리더십 평가에 있어 성별이 끼치는 영향). Journal of Personality and Social Psychology, 58(1), 48-59.

7. Rosenthal, R., Archer, D., Koivumaki, J. H., DiMatteo, M. R., & Rogers, P. L. (1974, 1월). Assessing sensitivity to nonverbal communication: The PONS test (비언어적 신호에 대한 민감도 측정: PONS 테스트). Division 8 Newsletter (Division of Personality and Social Psychology of the American Psychological Association), pp. 1-3.

8. Brescoll, V., & Uhlmann, E. L. (2008). Can an angry woman get ahead? (분노는 여성 승진의 적인가, 동지인가?) Psychological Science, 19, 268-275.

9. Clark, N. (2009, 6월 15일). An interview with Madeleine Albright (매들린 올브라이트와의 대담). Women's Media. www.womensmedia.com/work/131-an-interview-with-madeleine-albright.html.

10. Academy of Management. (2008, 7월). Flirting is a money loser in negotiations, new research finds (애교가 협상에 끼치는 영향). Press release. Academy of Management. www.aomonline.org/aom.asp?ID=251&page_ID=224&pr_id=398.

7장 : 글로벌 팀과의 협업

1. Hall, E. T. (1976), Beyond culture (문화를 넘어서). Garden City, NY: Anchor Press/Doubleday.

2. Chen, M. - J. (2001). Inside Chinese business: A guide for managers worldwide (중국 비즈니스 정복의 노하우). Boston: Harvard Business School Press, p. 94.

3. Johnson, C. Y. (2008, 8월 18일). The winners' body language - it's biological (승자의 신체 언어). Boston Globe.

www.boston.com/sports/other_sports/olympics/articles/2008/.

4. Ekman, P. (2003). Emotions revealed (감정의 발견). New York: Owl Books.

5. Matsumoto, D. Subtle expression recognition training (표정 인식 훈련). Humintell. www.humintell.com/subtle-expression-recognition-training/.

6. Ekman, P. (1992). Telling lies (거짓말하기). New York: Norton.

9장 : 리더십의 비언어적 미래

1. Cisco Systems. (2010, 2월 23일). Cisco retail banking survey finds Generation Y consumers' needs will transform retail banking (시스코 은행권 설문 조사 결과, Y세대가 은행권 변혁의 핵심적 주체임이 밝혀졌다). Press release. http://newsroom.cisco.com/dlls/2010/prod_022310.html.

2. Bailson. J., & Yee, N. (2005, 10월). Digital chameleons: Automatic assimilation of nonverbal gestures in immersive virtual environments (디지털 카멜레온: 가상 환경에서 비언어적 몸짓의 표현). Psychological Science, 16, 814-819.

3. Lin, J. (2008, 10월 15일). Research shows that Internet is rewiring our brains (인터넷이 몰고 온 뇌 변혁). UCLAToday-Faculty and Staff News. www.today.ucla.edu/portal/ut/081015_gary-small-ibrain.aspx.

찾아보기

가

가상 거리virtual distance 134

가상 세계의 행동 지침virtual worlds
   conduct policy 143

가상 조직virtual organization 130

가상 홀웨이virtual hallway 135

감성의 정치학The Political Brain 27

감정 몰입emotional overflow 16

감정 억압emotional supperession 16

감정 전이emotional contagion 16

감정의 기억emotional memory 80

감정의 전이emotional contagion 76

감정적 뇌emotional brain 36

개인적 매력(첫인상)curb appeal
   15, 27, 78

거울 효과mirroring 16, 99, 104

경청 능력listening skill 165

계층적 리더십 스타일hierarchical
   leadership style 163

고무줄 시간rubber time 177

고배경 문화high context culture(HCC)
   177, 179, 216

공감 능력effective display of empathy
   165

공적 영역public zone 115

관계형 금융realationship banking 55

교감 신경계sympathetic nervous
   system 118

국경 없는 조직borderless organization
   237

국제 커뮤니케이션 전략International
   Communications Strate gy 194

권위와 파워power and authority
   164

근접학 proximity 114

금성과 화성의 이분법Venus-Mars

dichotomy 173

기능적 자기 공명 이미징functional magnetic resonance imaging(fMRI) 13, 23, 59, 94, 100

긴밀한 개인적 영역 closed personal zone 115

긴장 완화 행동pacifier 86

나

내성적 문화reserved culture 182

내재적 연관 검사 Implict Association Test(IAT) 36

노출 효과the mere exposure effect 127

뇌간brain stem 22, 24

뇌도insula 22

뇌량corpus callosum 22, 153

뇌의 법칙Brain Rules 137

뇌파 전위 기록 장치 electroencephalograph(EEG) 37

눈 맞춤 eye contact 10, 46

다

다문화 세계multicultural world 176

닷컴 열풍dot-com boom 230

대공황 시대The Great Depression 229

대뇌 피질 뇌cortical brain 21, 22

대상 회cingulated gyrus 22

대인 관계 스킬people skills 163

동심원concentric 122

등쪽dorsal portion 100

디지털 세대digital natives 239

라

라이브 스트리밍 비디오live streaming video 232

로보비Robovie 109

리더십 전략 leadership strategy 172

리치 미디어richer media 135

리치 커뮤니케이션rich communication 134

린 미디어lean media 135

린 커뮤니케이션lean communication 132

마

말석below-the-salt 212

멀티태스킹multitasking 136

메가트렌드Megatrends 148

메소드 액팅method acting 79, 80

명시적 지식explicit knowledge 127

명함 business cards 200

몸짓 connective gesture 110

무반응silence 135

문화적 편견cultural biases 37

미러 신경 세포mirror neuron 102, 103

미묘한 표정 인식 훈련subtle expression recognition training 188

미세 표정 micro expression 189

바

배려와 친교tend-and-befriend 155
백질white matter 153
베이비붐 세대baby boomers 230
변연계limbic system 24
변연계 뇌limbic brain 21, 23
변화 관리change management 72
변화 동기motivating change 75
변화 리더십transformational
    leadership 230
변화 유도leading change 72
변화 전략change strategy 72
보스 기질take-charge attitude 190
보편적 감정 표현universal emotional
    expressions 186
부적절한 눈 맞춤dysfunctional eye
    contact 136
분노의 효과anger effect 162
분석 후 해결analyze-and-fix-it 154
분석적 뇌 analytic brain 36
분석적 재능analytical gifts 173
브레인 파워brain power 99
블랙베리BlackBerry 130
블링크Blink 28
비밀 병기secret weapon 18
비언어적 신호 silent signal 159
비언어적 신호에 대한 민감도 측정
    profile of nonverbal sensitivity 159
비언어적 이점 The Nonverbal
    Advantage 35
비언어적 지능nonverbal
intelligence 11, 16
비언어적 커뮤니케이션nonverbal
    communication 125
비언어적 행태nonverbal behavior
    178

사

사건과 관련된 잠재적 힘event-
    related potentials 37
사람을 책처럼 읽는 방법How to Read
    a Person Like a Book 58
사일로 멘탈리티silo mentality 99
사회 신경 과학social neuroscience 100
사회적 신호social signal 134
사회적 영역social zone 115
사회적 지위social status 183
사회적 지지social support 155
삼위일체 뇌triune brain 24
상석above-the-salt 212
상징적 행동emblem 86
상징적 행동symbolic behaviors 94
상징적인 몸짓emblematic gesture
    185
새로운 지도자New Leaders 74
섬기는 리더십servant leadership 230
성공의 의상dress for success 125
세컨드 라이프second life 140
소뇌cerebellum 22
소셔미터Sociometers 13, 43
소셜 미디어social media 12
소프트 측면soft side 240

수뇌부brain centers 153
순종 효과compliance effect 149
스타 트렉Star Trek 237
시각 매체visual media 231
시각적 기술 혁신visual technology
　　revolution 12
시스코 시스템즈Cisco Systems
　　12, 136
시스코 텔레프레전스 온스테이지 경험
　　Cisco TelePresence On-Stage
　　Experience 235
신경 시스템nervous system 78
신경망neural network 153
신세대 인력new generation of workers
　　228
신체 언어body language 8
신피질neocortex 24
실루엣Silhouette 232
실리콘 밸리Silicon Valley 228
실물 크기life size 140
싱크로나이즈드 오디오synchronized
　　audio 232
싸울 것인가, 도망갈 것인가fight or
　　flight 155

아

아바타avatar 100, 142, 233
안락 지대comfort zone 91
안와 전두 대뇌 피질orbitofrontal
　　cortice 14
안와 전두 피질orbital frontal cortex 22

암묵적 지식tacit knowledge 127
언어 집중speech convergence 114
여러 몸짓gesture cluster 47
예의상 미소polite smile 108
오픈 정책open door 146
옥시토신oxitocin 149
우뇌right brain 22
웹 프레젠테이션web presentation 135
웹캠webcam 231
위급함burning platform 75
위기 의식crisis motivation 75
위키wiki 133
유튜브YouTube 231
음성적 신체 언어vocal body language
　　112
음성적 행태vocal behavior 114
의미 전달 행동illustrator 86
이머시브 설루션immersive soultion 236
인도 시간 Indian Standard Time(IST)
　　205
인스턴트 메시징instant messaging(IM)
　　132
인지 능력cognitive funtioning 153
1 : 1 face-to-face 17
1 : 1 커뮤니케이션face-to-face
　　communication 17, 130
X세대Generation X 230
Y세대Generation Y 231

자

자기 충족적인 예언self-fulfilling

prophecy 107

자위 증후군The Status Syndrome 125

저배경 문화low context culture(LCC) 177, 179, 217

전두 대피질anterior cingulated cortex 100

전전두엽prefrontal cortex 22, 75, 155

전측 뇌섬엽anterior insula 94

조금 먼 개인적 영역par personal zone 115

존재감physical presence 164

좌뇌left brain 22

좌석 배치seating arrangement 119

준언어적 커뮤니케이션paralinguistic communication 112, 113

준언어학paralinguistics 17

지나친 열정too enthusiastic 182

지식 축적knowledge-hoarding 99

직장에서 애완 동물 키우기pets at work 230

진정한 미소genuine smile 107, 108

진화적 특성evolutionary predisposition 152

차

차세대 신기술new generations and new technology 228

차이나 드림The Chinese Dream 193

첨탑 손짓steeple gesture 67

체험적 신호heuristic cue 139

측두엽-두정엽 연접부temporal- parietal junction 154

측정 가능한 진전measurable progress 180

친밀한 영역intimate zone 115

카

카푸치노 머신capppuccino machines 230

커뮤니케이션 리더십Leading Out Loud 145

코티졸cortisol 80, 149

타

테스토스테론testosterone 79

텔레컨퍼런스teleconference 130, 135

텔레프레전스TelePresence 12, 136, 140

통제를 유도하는 위치control position 120

파

파충류 뇌ancient reptilian brain 21

페이셜 피드백facial feedback 77

편도체amygdale 22, 75, 91

포드캐스트podcast 135

포드캐스팅podcasting 232

포춘Fortune 20, 193

프로락틴prolactin 154

프로젝트 라이프라이크Project Life Like 232

프로테우스 효과Proteus effect 143

프리 마사지free massages 230

플라워 파워flower power 230
피그말리온 효과Pygmalion in the
 Classroom 106, 107

하

하버드 비즈니스 리뷰Harvard
 Business Review 144
하이 테크, 하이 터치high tech, high
 touch 148
해마hippocampus 22
행동의 얇은 조각thin slices 28
행동적 비가시성behavioral invisibility
 133
현장 경영management by wandering
 around(MBWA) 146
현장 회의town hall 9
협력을 유도하는 위치collaborative
 position 120

형식을 중시하는 문화formal culture 184
형식적인 것을 싫어하는 문화informal
 culture 183
호감more likeable 171
홀로그래픽 텔레프레전스 holographic
 telepresence 235
홀로그램 기술holographic technology
 140
화성에서 온 남자, 금성에서 온 여자
 Men are from Mars, Women are
 from Venus 173
회백질gray matter 153
후광 효과halo effect 36
훌륭하지만 잔인한Brilliant and
 Cruel 30